Die Deutsche Bibliothek – CIP-Einheitsaufnahme
365 Vorlesegeschichten / Josef Carl Grund
Illustrationen: Sigrid Gregor
1. Aufl. – Bindlach: Loewe, 1994
ISBN 3-7855-2712-8

ISBN 3-7855-2712-8 – 1. Auflage 1994
© 1994 by Loewes Verlag, Bindlach
Umschagzeichnung: Sigrid Gregor
Umschlagtypographie: Karin Roder
Satz: DTP im Verlag

Josef Carl Grund

365
Vorlesegeschichten
zum Schmunzeln, Kuscheln und Nachdenken

Zeichnungen von Sigrid Gregor

Loewe

Inhalt

Märchen- und Sagenhaftes

Der Fischkönig 8
Zwei Wünsche 9
Hänsel und Gretel 9
Schatzsucher 10
Nicht zu kaufen 11
Au! 11
Der Zauberer mit der Zahnlücke 12
Zwei Träume 13
Die Heinzelmännchen 13
Rübezahl 14
Der Apotheker auf der Tanne 15
Rübezahl hilft einer Mutter 15
Der Leopard 16
Rübezahl und die Räuber 16
Przibrz 17
Das Teufelsloch 17

Seltsame Leute

Die Schildbürger 18
Der Salzacker 19
Das Urteil 19
Die Nixgripser 20
Der böse Stein 21
Das Ratespiel 21
Eulenspiegel 22
Der falsche Hase 23
Der gute Rat 23
Der Lügenbaron 24
Münchhausen erzählt von einer
Hasenjagd 25
Münchhausens Meisterstück 25
Münchhausen erzählt von
einem tollen Ritt 26
Münchhausen erzählt von
seiner Gefangenschaft 26
Münchhausen erzählt von
einem naschhaften Bären 27
Münchhausen erzählt von
seiner Heimkehr 27
Ein berühmter Mann 28
Der Käse rollt 29
Tooooor!! 29

Gespenster und Vampire

Die Gespensterburg 30
Der feurige Reginald 31
Nur keine Angst 31
Hilf mir tragen 32
Die weiße Frau 33
Der Angeber 33
Das Gespensterschiff 34
Haaa-tschi 35
Das Buschgespenst 35
Adalbert und Bedalbert 36
Cedalbert und Dedalbert 36
Die Erlösung 37
Das Traumgespenst 37
Vampi 38
Wanja 39
Vampire haben kein Spiegelbild 39

Als die Dinosaurier lebten

Der Riese von Berlin 40
Der Kampf der Kolosse 41
Anlauf – krach 41
Hilfe von oben 42
Der Eierdieb 43

Der Störenfried 43
Nessie 44
Nessie ist lieb 44
Der Turmsaurier 45
Das Ende 45

Kleine und große Tiere

Verwandlungen im Teich 46
Dreizehn Spaghetti 47
Danke schön, Frau Huber! 47
Robin Hood, Supermann und
Hannelore 48
Der Hamster Herkules 48
Der Papagei 49
Kater Kasimir 49
Der Dackel Ui 50
Miauuuuu! 51
Micki und Mucki 51
Jakob im Sauerkraut 52
Isabella hat Angst 53
Das entführte Krokodil 53
Uropa Prikuleit erzählt 54
Die Lorbeerliesl 55
Kampf gegen Wölfe 55
Und dann geht's los 56
Der König der Tiere 57
Elefanten mit Herz 57

Ritter und Burgen

Die Kuh vom Drachenstein 58
Aus einer alten Chronik 59
Das Geheimnis von Falkenberg 59
Die Streithammel 60
Die Falle 61
Der kleine Ritter 61
Der schwarze Ritter 62
Der neue Name 63
Graf Ludwig braucht Hilfe 63
Der Raubritter Eppelein 64
Eppelein betrügt einen Schmied . . . 65
Eppelein und der Doktor 65
Eppelein als Hochzeitsgast 66
Eppeleins Rache 66
Eppelein wird verraten 67
Eppeleins Meisterstück 67
Don Quichotte kämpft gegen
Windmühlen 68
Don Quichotte und der Löwe 69
Don Quichotte siegt – und muß
bezahlen 69

Räuber und Piraten

Ali Baba und die vierzig Räuber 70
Gesetzlos, gefährlich und vogelfrei . . . 71
Pech für Jan 71
Die geprellten Räuber 72
Der tapfere Willibald 73
Rotnase gegen Plattfuß 73
Hunger tut weh 74
Der Bankraub 74
Benitos letzter Streich 75
Benito Baritoni 75
Piraten 76
Der Retter 77
Die Wette 77
Kapitän Seeteufel 78
Ab in die Hölle 79
Freie Fahrt 79

Indianer und Cowboys

Das Amulett des Häuptlings 80
Die Klapperschlange 81
Die Botschaft des Großen Adlers . . . 81
Es brennt 82
Gerettet? 82
Ein guter Mensch 83
Lang ist es her 83
Mister Simmons rettet den Frieden . . . 84
Der Martersitz 85
Das Roß ohne Seele 85
Pferdediebe 86
Pedros Meisterstück 87
Au weh! 87
Regenzauber 88
Was Cowboy Bill antwortete 89
Ein derber Spaß 89

Fasching, Fastnacht, Karneval

Der Faschingskönig 90
Karneval mit Mond und Sternen . . . 91
Fastnachtsspaß im Märchenland . . . 91
Der Glückskrapfen 92
Guten Appetit 92
Der größte Narr 93
Karneval in Köln 93
Faschingsparty mit Zungenbrecher . . . 94
Karneval der Tiere 95
Schulfasching 1994 95
Der Dumme von Klughausen 96
Fastnacht in Dummsdorf 97
Faschingsbandwurmwörter 97
Die Schneemannwärmer 98
Wie der Fasching nach Bayern kam . . . 99
Der Chinesenfasching 99

Frühlingszeit – Osterzeit

Danke schön, ihr lieben Leut'! 100
Ostern, Osterei und Osterhase 101
Wieso „Palmkätzchen"? 101
Die Königin der Berge 102
Der Frühling 103
Gackerlein beschwert sich 103
Die gefährliche Vier 104
Herr Ostermaier erzählt 105
Spuren im Schnee 105
Drei mal drei 106
Frohe Ostern 107
Das Schönheitswasser 107
Die Auferstehung 108
Die Himmelfahrt 109
Brot für Rajna 109
Der Schatz im Schlangenstein 110
Die teuersten Ostereier 111
Peter und der Osterhase 111
Ein wunderschönes Kälbchen 112
April, April! 112
Tor und Sieg! 113
Vorsicht! 113

Sommer und Ferien

Ein besonderer Tag 114
Tra-ri-ra 115
Schweinebraten mit Ehrenwort 115
Mit der Bimmelbahn in die Ferien . . . 116
Das große Geheimnis 117
„Buona notte" heißt „gute Nacht" . . . 117
Rapunzel im Märchenwald 118
Willkommen auf Schloß Hubertuseck . . 119

Peters und Monikas zweiter Streich . . . 119
Peters und Monikas dritter Streich . . . 120
Auf Wiederseh'n 120
Filmstar Tobias 121
Da freuten sich alle 121
Die schönsten Ferien 122
Sommersprossen 123
Vorsicht, Gift! 123

Auf dem Bauernhof

Träumen ist auch schön 124
Michaels und Andreas Kunstwerk . . . 125
Willkommen 125
Die erste Reitstunde 126
Harte Arbeit 126
Kostbare Gräser 127
Der Wetterprophet 127
Wenn es keine Bauern gäbe 128
Die schlaue Bäuerin 129
Der wilde Stier 129

Herbst- und Wintergeschichten

Zwetschgen mit Buttermilch 130
Der Pflaumenkern 131
Drachensteigen 131
Drei Nußzweiglein 132
Die Herbst- und die Winterhexe 133
Der Hirschensprung 133
Die wilde Jagd 134
Sabine und die Rehe 135
Der Weltrekord 135
Komm runter! 136
Der Schneewunderpfad 137
Das geheimnisvolle Licht 137
Wetten, daß 138
Der Eishund 138
Frau Holle mag nicht mehr 139
Der Yeti 139

Weihnachtszeit

Advent 140
Warum der Teufel hinken muß 141
Die Adventsfee 141
Der Weihnachtswunsch 142
Mhmmmm! 143
Barbarazweige 143
Der Engelmann-Engel 144
Der Softi-Weihnachtsmann 145
Peter hört die Engel singen 145
Der Stern von Bethlehem 146
Das Krippenwunder 147
Ein Lämmchen für das Jesuskind . . . 147
Raketen 148
Besuch am Heiligen Abend 148
Der Hugelsdorfer Weihnachtsbaum . . . 149
Das umgetauschte Weihnachtsgeschenk 149
Die Weisen aus dem Morgenland 150
Die Flucht nach Ägypten 151
Siggi hätte es besser gemacht 151
Der S-ternsinger Florian 152
Guten Appetit! 153
Kaspar, Melchior, Balthasar 153

In der Schule

Martins erster Schultag 154
Der zweite Schultag 155
Der Schulbesuch 156
Waldi und die Schule 156
Lausebengel 157
Geheimnisvolle Bäume 157
Der Trichtermeister 158

Das Schlitzohr 159
Du hast Freunde, Irina 159
Dank auch für den Mist 160
Dämpfer für einen Angeber 160
Mick, mack, meck – ich bin weg 161
Kaiser Karl und die Faulen 161
Würstchen für Nicki 162
Sechs und vier ist eins 163
Drei Bananen 163

Freunde

Der verlorene Sohn 164
Wer wird zu Stein? 165
Babsi und Tapsi 165
Wir bleiben Freunde 166
Die allerbeste Freundin 167
Freunde und Feinde 167
Julias besondere Freunde 168
Der beste Freund 168
Freund Bello 169
Mein lieber Freund und
Zwetschgenröster 169

Helfer in der Not

David und Goliath 170
Die Gänse von Rom 171
Das Mäuslein 171
Die Kinder von Dinkelsbühl 172
Der Meistertrunk 172
Räuber als Nothelfer 173
Im letzten Augenblick 173
Es brennt 174
Kasperl macht piks 175
Hans-Dieter hat Zahnweh 175
Piet in der Pfütze 176
Wo ist Lisa? 177
Pips und das Nashorn 177
Die Bergwacht hilft 178
Komm, Oma! 179
Geld oder Leben 179
Im Kinderdorf zu Hause 180
Der Barmherzige 181
Der größte Nothelfer 181

Heute wird gefeiert

Speckknödel 182
Der 80. Geburtstag 183
Das Heimatfest 183
Mutti ist wieder da 184
Die Kaiserlein 185
Ein Fest für Peter 185
Lang solln sie leben! 186
Kommst du mit? 186
Seid ihr alle da? 187
Muttertag bei Billermanns 187

Kaperltheater

Schnitzel mit Bratkartoffeln 188
Der Kasperl angelt 189
Hü, Teufel, hüüü! 189
Kartoffeldampf in Kasperls Nase . . . 190
Wünsch dir was! 191
Der Hexenmeister Fitzliputz 191
Kasperls Gretel ist verschwunden . . . 192
Kasperl und der Polizist 193
Blumenkohl für Teufels Oma 193
Der Kasperl überlistet zwei Halunken . 194
Der Kampf mit dem Riesen 194
Kasperl und der Wassermann 195
Der Held 195
Pülverchen für Hurraxdax 196

Was Großmutter erzählte 197
Gretel hilft ihrem Kasperl 197

Im Zirkus

Peppo und Bubbo 198
Der Affe Koko 199
Spring, Tiger, spring! 199
Sebastian Flunkerstein erzählt 200
Dina 201
Weiße Mäuse 201
Die dreifachen Seilmädchen 202
Der Riese Atlas 202
Flunkersteins letzte Geschichte 203
Künstler aus dem Weltraum 203
Der schwarze Panther 204
Was der Zirkusbär geträumt hat 205
Der Supermann 205

Denk-mit-Geschichten

Onkel Herberts Abenteuer 206
Frau Sparsam kriegt Ärger 207
Das Ratespiel 207
Hilfe, ein Ungeheuer! 208
Hannemanns Lebkuchen 209
Musikanten 209
Krach – bumm! 210
Der Haupttreffer 211
Oma Hansen erzählt 211
Herr Mogelmeier in Australien 212
Hallo, Riche, meldet euch! 213
Die Ampel zeigt Rot 213
Thomas möchte Geld verdienen 214
Hin und zurück 215
Falscher Honig 215
Der Grenzgockel 216
Übermorgen müssen wir gewinnen! . . . 216
Ein Minister beschwert sich 217
Die Frühlingswiese 217
Cowboy Bobby 218
Wie sich Tiere wehren 219
Die Bergwanderung 219
Das Auslands-Autospiel 220
Herr Maier wird ausgelacht 221
Fips 221

Kinder in anderen Ländern

Der Große Tafelspitz 222
Die Wallfahrt der Familie Jakubowski . . 223
Weintrauben mit Ohrfeige 223
Der Karpfen Swoboda 224
Emilio hat Hunger 225
Die Wundertulpe 225
Achmed muß zurück 226
Eine Geschichte aus Spanien 227
Turm in Salat 227
Fast wie im Märchen 228
Fjodor weint 229
Die Hexen kommen 229
Karim wandert nach Wien 230
Schulzeit in Indien 231
Der japanische Jungentag 231
Gut gemacht, Anwar 232
Die Brosche für einen Dollar 233
Ein Glückstag für Tuttu 233

Verrückte Welt

Sonja fliegt 234
Plemplem ruft um Hilfe 235
Familie Nobelmaier reitet aus 235
Alles verdreht 236
Da stimmt was nicht 236

Märchen- und Sagenhaftes

Der Fischkönig

Es war einmal ein Fischer, der hatte den ganzen Tag lang nichts gefangen. Mißmutig warf er am Abend noch einmal die Angel aus – und hatte Glück. Ein großer Fisch zappelte am Haken. Mit Mühe zog ihn der Fischer ins Boot. Da sah er, daß der Fisch goldene und silberne Schuppen hatte und auf dem Kopf ein Krönchen aus Perlen trug.

„Ich werde dich dem Kaiser, bringen", sagte der Fischer. Er wird mir einen hohen Preis bezahlengehalten." Dann erschrak er, denn der Fisch sprach mit menschlicher Stimme: „Ich bin der König der Fische. Gib mich ins Wasser zurück."

„Mein Töchterchen ist vor zwei Monaten gestürzt und seither an beiden Beinen gelähmt", sagte der Fischer. „Unser Dorfdoktor kann ihr nicht helfen; und einen Arzt aus der Hauptstadt konnte ich mir nicht leisten. Mit dem Geld des Kaisers könnte ich es."

„Laß mich am Leben", bettelte der Fisch. „Du wirst es nicht bereuen." Das sagte er so traurig, daß der Fischer Mitleid mit ihm hatte. „Meinetwegen", murmelte er und ließ den Fisch ins Wasser gleiten. „Danke!" rief dieser und tauchte unter.

Mit leeren Händen ging der Fischer nach Hause. Wie staunte er, als ihm sein Töchterchen und seine Frau jubelnd entgegenliefen!

Im selben Augenblick, in dem der Fischer seinem Gefangenen die Freiheit geschenkt hatte, war das Mädchen geheilt worden. Auf dem Küchentisch lag eine große Muschelschale mit kostbaren Perlen darin. Da hatte alle Not ein Ende, und die Fischersleute dankten es dem Fischkönig ihr Leben lang.

Ein russisches Märchen

Zwei Wünsche

Es war einmal eine gute Fee. Die wollte einem Kind eine ganz große Freude machen. Sie schrieb die Namen aller Kinder, die sie kannte, auf kleine Zettel und warf diese in eine Schale. Dann schloß sie die Augen und nahm einen der Zettel wieder heraus. Der Name „Julia" stand darauf. Die gute Fee schwebte zu Julia und sagte: „Ich erfülle dir zwei Wünsche. Überlege gut, bevor du sie ausprichst."

Julia dachte eine Weile nach, dann sagte sie: „Mein erster Wunsch ist, daß du mich jedes Jahr wieder besuchst. Als zweites wünsche ich mir, daß du mir bei jedem Besuch einen neuen Wunsch erfüllst."

Die gute Fee sah Julia erstaunt an. Dann lächelte sie und nickte ihr zu.

Errätst du, warum die gute Fee gelächelt hat?

Hänsel und Gretel

Es waren einmal zwei Kinder, die hießen Hänsel und Gretel. Sie verliefen sich im Wald und fürchteten sich sehr.

Wenn es im Gestrüpp raschelte, duckten sie sich ängstlich; und wenn dürre Ästchen knackten, zuckten sie zusammen. Sogar vor einem schwarzen Eichhörnchen, das auf einer Fichte herumturnte, liefen sie davon. Dann kamen sie an ein Häuschen, das ganz aus Pommes frites gebaut und mit Kaugummi gedeckt war. In dem Bächlein, das an dem Häuschen vorbeifloß, war kein Wasser, sondern Cola. Und es schwammen keine Fischlein darin, sondern Hamburger. In dem Teich hinter dem Häuschen war auch kein Wasser, sondern Ketchup.

Da aßen Hänsel und Gretel und kauten und tranken, bis sie nicht mehr konnten. Und dann?

Nein, dann kam keine Hexe.

Dann – dann wurde ihnen schlecht.

Schatzsucher

Meine Großmutter konnte wunderbar Geschichten erzählen. Viele hatte sie selbst erfunden. Hier ist ihre Geschichte von einem Schatzsucher:

Es war einmal ein Korbflechter; der verdiente nur so viel, daß es gerade zum Leben reichte. Seine Frau war gestorben, Kinder hatte er nicht. Eines Nachts hörte er im Traum eine Stimme. „Geh zum Höllenstein", sagte sie. „Genau um Mitternacht – wenn das alte Jahr zu Ende ist und das neue beginnt – kannst du dort dein Glück machen."

„Höllenstein", nannten die Leute einen Fels in der Nähe. Es hieß, daß böse Geister dort ihr Unwesen trieben.

Als der Korbflechter erwachte, murmelte er: „Warum soll ich nicht hingehen? Schaden kann es nicht."

In der Silvesternacht stapfte er zum Höllenstein hinaus. Der Schnee lag hoch. Schnaufend erreichte der Korbflechter den Fels. Genau um Mitternacht öffnete sich der Höllenstein. Licht schien aus dem Berg heraus. Ein Zwerg winkte dem Korbflechter. „Folge mir", sagte er. „Von dem Gold, das du sehen wirst, nimm so viel, wie du tragen kannst. Doch sprich kein Wort, was immer auch geschieht!"

Der Korbflechter folgte dem Zwerg in den Berg hinein. Dort sah es zum Fürchten aus. Von der Stollendecke hingen Spinnweben, in denen große Spinnen auf der Lauer saßen. Auf dem Fußboden krochen Schlangen durcheinander. Fledermäuse schwirrten umher. Unsichtbare Hände zwickten und zwackten den Korbflechter. Er biß die Zähne zusammen und sagte kein Wort.

Dann kamen sie in einen hell erleuchteten Saal. In der Mitte stand eine große Truhe, in der viele Goldstücke schimmerten. „Greif zu", sagte der Zwerg.

Der Korbflechter lief zu der Schatztruhe und stolperte über einen Stein. „Hoppla!" brummte er ärgerlich.

Da dröhnte ein Donnerschlag, und alles Licht erlosch. Der Korbflechter wurde gepackt und ins Freie geworfen. Er landete im Schnee. Der Goldschatz war für ihn verloren ...

„Ja", sagte meine Großmutter, „so kann's einem gehen, der den Mund aufmacht, wenn er ihn halten soll."

Nicht zu kaufen

Vor langer Zeit lebte ein Handelsherr. Der war so reich, daß ihn selbst der König beneidete. Aus aller Welt brachten ihm Warenzüge und Frachtschiffe wertvolle Ladungen, die er mit großem Gewinn verkaufte.

Er wohnte in einem Palast, trug die teuersten Kleider und speiste mit silbernen Löffeln, Gabeln und Messern vom teuersten Porzellan. „Er kann alles kaufen, was er möchte", sagten viele Leute. – Aber das stimmte nicht. Alles konnte der reiche Handelsherr nicht kaufen. – Den Schlaf zum Beispiel.

Der reiche Handelsherr konnte oft lange nicht einschlafen. Und wenn er eingedöst war, schreckte er immer wieder auf. Er fürchtete, daß Diebe seinen Palast ausrauben könnten. Er bezahlte die besten Wächter, doch die Angst vor Einbrechern blieb. – Der reiche Handelsherr schlief weiterhin nur mühsam ein und schreckte dann immer wieder auf. „Eigentlich ist er arm dran", sagte einer seiner Freunde.

Au!

„In der Walpurgisnacht (das ist die Nacht vor dem ersten Mai) reiten die Hexen auf ihren Besen zum Brocken", sagten abergläubische Leute in früherer Zeit. Der Brocken, der höchste Berg im Harz, galt als Hexentanzplatz.

„Das ist Unsinn", sagten schon damals vernünftige Leute. „Es gibt keine Hexen."

Da war einmal ein Mann, der es genau wissen wollte. Er stieg am Abend vor dem 1. Mai auf den Brocken und setzte sich in ein Gebüsch. Es war kalt. Der Mann zog seinen Mantel fest um sich. – Die Zeit verging, der Mann schlief ein.

Als er erwachte, war heller Tag. Der Mann hatte keine Hexen gesehen und keine gehört. Nicht einmal im Traum waren sie ihm erschienen.

Der Mann stand auf, rutschte aus, rief: „Au!" und hielt sich den Rücken. Stechender Schmerz zuckte ihm bis in die Zehen hinein. Mühsam humpelte der Mann den Berg hinunter. Er hatte einen Hexenschuß bekommen.

Der Zauberer mit der Zahnlücke

Es war einmal ein alter Zauberer. Der war so unglücklich auf die Nase gefallen, daß er sich zwei Schneidezähne ausgeschlagen hatte. Seither konnte er kein „s" und kein „sch" mehr sprechen. Statt „s" und „sch" sagte er „f". Wenn er „Das ist schön" sagen wollte, sagte er „Daf ift fön." Das klang ulkig, aber dem alten Zauberer war gar nicht lustig zumute. Jetzt konnte er nämlich sein Zauberwort „Simsalabim" nicht mehr richtig aussprechen. Es wurde „Fimfalabim" daraus.

Was das bedeutete, merkte er, als er sein Mittagessen auf den Tisch zaubern wollte: Schweinebraten mit Sauerkraut. Er sagte: „Feinebraten mit Fauerkraut auf den Tif. Fimfalabim!" Dazu fuchtelte er mit den Händen in der Luft herum – und erschrak. Der Teller füllte sich mit rostigen Nägeln. Darauf lagen Schnürsenkel, die nach Essig rochen.

„Weg!" rief der alte Zauberer. „Daf kann ich nicht effen! Fimfalabim!" Der Teller mit den Nägeln und den Schnürsenkeln darauf verwandelte sich in einen geflügelten Igel, der durch das offene Fenster davonflog. Der alte Zauberer kochte sich nun sein Essen selbst. Dann versuchte er noch einmal zu zaubern. „Pfanne, Kochtopf, Teller, Trinkbecher, Gabel und Meffer faubermachen!" befahl er streng. „Fimfalabim!"

Ein kleiner Geist erschien. Doch statt das Geschirr und das Besteck abzuwaschen, wie er es sonst getan hatte, zerschlug er alles mit einem Hammer. Dann warf er die Scherben zum Fenster hinaus und verschwand.

Bevor weiteres Unheil geschah, ging der alte Zauberer zum Zahnarzt. Der war kein Zauberer, aber er half. Der alte Zauberer bekam zwei Zähne in die Zahnlücke eingesetzt. Da konnte er wieder „s" und „sch" und „Simsalabim" sagen.

Und er bekam seinen Schweinebraten mit Sauerkraut, und der kleine Geist machte keine Zicken mehr.

Zwei Träume

Ein ausgedienter Soldat, der im Krieg ein Bein verloren hatte, zog als Leierkasten
Der Zauberer mit der Zahnlück
mann durch das Land. Oft mußte er Hunger leiden. Da hörte er im Traum eine Stimme. Sie sagte: „An der Kirchentür von Haindorf wirst du dein Glück finden."

Warum nicht? dachte der Soldat und humpelte in das Dorf hinein. Auf den Stufen vor der Kirchentür saß ein Bettler. „Wie mein Glück siehst du nicht aus", brummte der Soldat. „Wie meinst du das?" fragte der Bettler. Der Soldat erzählte ihm von seinem Traum. „Träume sind Unsinn", sagte der Bettler. „Ich träumte, daß in der Burgruine über dem Dorf ein Schatz vergraben sei." Er lachte. „Wenn ich es glaubte, wär' ich ein Narr." Da wußte der Soldat, daß er sein Glück gefunden hatte. Er warf dem Bettler ein paar Kreuzer zu und humpelte eilig davon.

Noch in derselben Nacht grub er in der Burgruine eine Kiste aus, die bis zum Rand mit Silbermünzen gefüllt war.

Die Heinzelmännchen

Vor langer Zeit führten die Kölner ein feines Leben. Wer nicht arbeiten wollte, ließ es bleiben und faulenzte in den Tag hinein. In der Nacht kamen die Heinzelmännchen und erledigten, was liegengeblieben war.

Sie backten Brot, machten Schinken und Würste, besohlten Schuhe, webten Tücher, zimmerten Dachstühle und schmiedeten Hufeisen. Am nächsten Morgen war alles fertig, und die Faulenzer freuten sich. Nur sehen ließen sich die Heinzelmännchen nicht.

Und da war ein Schneider, der sollte dem Bürgermeister einen Staatsrock nähen. „Das sollen die Heinzelmännchen tun", sagte er und legte sich aufs Ohr.

Seine Frau war neugierig. Sie wollte die Heinzelmännchen sehen. Am Abend streute sie Erbsen in den Hausgang und wartete ...

Als die Wichtlein kamen, glitten sie auf den Erbsen aus, purzelten durcheinander und jammerten. Mit brennender Kerze eilte die Schneidersfrau herbei. Die Heinzelmännchen verschwanden und kamen nie wieder.

Nach August Kopisch

Rübezahl

Rübezahl, der Berggeist des Riesengebirges, ist ein mächtiger Zauberer. Mit vielen Zwergen haust er in seinem unterirdischen Reich. Auf die Erde fährt er nur hinaus, wenn es ihm in der Unterwelt langweilig wird. Den Spottnamen „Rübezahl" erhielt er vor dreihundert Jahren.

Und so war es geschehen:

Der Berggeist war wieder einmal auf die Erde hinausgefahren. Dort sah er die wunderschöne Prinzessin Emma. Die muß meine Frau werden, dachte er und entführte sie in seine Unterwelt. Er verwandelte sich in einen jungen Fürsten und sagte zu Emma: „Alle Schätze meines Reiches gehören dir, wenn du meine Gemahlin wirst."

Sie antwortete: „Dein Gold und deine Edelsteine mag ich nicht. Ich will unter Menschen leben."

Der Berggeist schenkte ihr einen Korb voll Rüben und einen Zauberstab. „Mit diesem Stab kannst du die Rüben in Menschen und Tiere verwandeln", sagte er eifrig. „Wenn sie schrumpelig geworden sind, hole ich neue Rüben von meinem Feld auf der Erde oben." Da hatte Emma eine Idee. „Wenn ich deine Gemahlin werden soll, mußt du mir einen kleinen Wunsch erfüllen", sagte sie listig. Der Berggeist nickte. „Sprich!"

„Laß mich das Rübenfeld sehen", bat Emma. „Und dann verrate mir, wie viele Rüben darauf wachsen."

„Komm mit", sagte der Berggeist. Emma nahm den Zauberstab und fuhr mit dem Berggeist zu dem großen Rübenfeld hinauf. „Zähle die Rüben", bat sie.

Sssssssst! Schon sauste der Berggeist durch die Beete und zählte. Hinter seinem Rücken zog Emma eine Rübe aus und verwandelte sie in ein Reitpferd. Sie sprang in den Sattel und galoppierte davon. Zu spät merkte der Berggeist die List. Er schleuderte Emma einen Blitz nach; doch dieser zerschmetterte nur eine Grenzfichte. Die Prinzessin war schon aus dem Geisterreich hinausgaloppiert. Und der Berggeist bekam den Spottnamen „Rübenzähler", kurz: „Rübezahl".

Der Apotheker auf der Tanne

Der Berggeist Rübezahl kann sich winzig klein, riesengroß, sichtbar und unsichtbar machen und in jede Gestalt verwandeln, die er sich vorstellt. Er ist gutmütig und böse, lieb oder grob. „Launisch wie das Wetter im April", sagen die Leute.

Wehe allen, die in seinem Reich den Spottnamen „Rübezahl" rufen!

Das bekam ein Apotheker aus der Stadt Trautenau zu spüren. Er hatte behauptet, daß es den albernen Rübezahl gar nicht gebe. Als er im Gebirge Kräuter sammelte, rief er den Spottnamen dreimal laut.

Der Berggeist hörte es. Er verwandelte sich in einen riesigen Adler, packte den Apotheker beim Kragen und hängte ihn mit dem Hosenbund an die Spitze der höchsten Tanne. Einen Tag und eine Nacht lang zappelte der Spötter dort oben. Dann befreiten ihn seine Leute, die ihn gesucht hatten. Über Rübezahl spottete er nie wieder.

Rübezahl hilft einer Mutter

An einem Sommertag saß der Berggeist Rübezahl auf einem Stein und genoß die Wärme. In der Nähe sammelte eine Frau Brennholz. Sie sah traurig aus. Der Berggeist verwandelte sich in einen Jäger, ging zu ihr und fragte sie nach ihrem Kummer. „Ach Herr", seufzte die Frau, „ich bin eine arme Witwe, habe drei Kinder und weiß nicht, wie ich sie durchbringen soll."

Der Berggeist sagte: „Geh nach Hause. Alles wird gut werden." Die Frau schulterte ihren Korb und ging heimzu. Unterwegs wurde das Brennholz immer schwerer. Schließlich warf die Frau „das verhexte Zeug" weg.

Wie staunte sie, als sie nach Hause kam. In dem Korb lagen noch fünf Holzstücke, die – zu Gold geworden waren. Die Frau lief zu dem Platz zurück, an dem sie den Korb geleert hatte, doch da war nichts mehr. Das Gold reichte trotzdem zu einem guten Leben. Und die Beschenkten dankten dem Wohltäter.

Der Leopard

Der Berggeist Rübezahl wollte wieder einmal Menschen erschrecken. Er fuhr auf die Erde hinaus und sah Bauersfrauen, die Butter und Käse zum Markt trugen. Er verwandelte sich in einen Leoparden und sprang ihnen auf einem Bergpfad fauchend entgegen. Die Frauen schrien auf und rannten so rasch nach rückwärts davon, daß Butter und Käse aus den Körben fielen. Der Berggeist überkugelte sich vor Lachen.

Am nächsten Tag packten beherzte Männer ihre Schießgewehre und liefen ins Gebirge, um die Bestie zu erlegen. Rübezahl rannte ihnen in der Gestalt des Leoparden entgegen. Sie rissen ihre Gewehre hoch – und erschraken. Die Flinten flogen davon!

Und der Leopard rief mit menschlicher Stimme: „Weidmannsheil, ihr Schwachköpfe!"

Da wußten sie, daß sie auf Rübezahl hereingefallen waren, und atmeten auf, daß er ihnen nichts Schlimmeres angetan hatte.

Rübezahl und die Räuber

Im Reich des Berggeistes Rübezahl lebte der Kleinbauer Jörg mit seiner Frau und zwei Kindern. Im Stall standen eine Kuh und eine Ziege.

Eines Abends schlichen sich vier Räuber an. Sie schlugen die Bauersfamilie nieder, raubten das Vieh und verschwanden. Das sah Rübezahl, der in der Gestalt eines Raben vorbeiflog. Jörg war sein Freund, und der Berggeist griff ein.

Die Räuber kamen nicht weit. Eine unheimliche Kraft hielt sie plötzlich fest. Die Kuh und die Ziege verschwanden. Als die Starre wich, waren die Räuber alte Männer geworden. Ihre Hände zitterten, und jedem waren die Zähne ausgefallen. Da rannten sie davon, als ob sie der Teufel jagte ...

Als die Bauersleute aus ihrer Ohnmacht erwachten, hatten sie keine Beulen an den Köpfen. Im Stall standen zwei Kühe und zwei Ziegen.

„Danke, Berggeist!" rief Jörg. „Bitte sehr!" dröhnte eine tiefe Stimme vom Berg herunter.

Przibrz

Weit drüben im Osten – dort, wo die Sonne aufgeht – lebte der Zauberer Przibrz. Er hatte vor niemandem Respekt, nicht einmal vor seinem Landesfürsten.

Eines Tages gab der Fürst seinen vornehmen Freunden ein Gastmahl. Um sie zu erheitern, lud er auch Przibrz ein.

Der Zauberer kam, und die Vornehmen rümpften die Nasen. Przibrz war wie ein Waldmensch gekleidet. Bei Tisch schmatzte er laut. Dann kratzte er sich auch am Hals. „Ein Floh", erklärte er. „Der plagt mich schon lange." „Pfui", sagte eine Prinzessin zu dem Fürsten, „lassen Sie dieses Ferkel hinauswerfen."

Przibriz hörte es. „Ich wurde eingeladen, werte Dame", knurrte er, „und jetzt geh' ich von selbst. Sie haben zu viele Flöhe, meine Herrschaften."

„Hinaus mit ihm!" riefen die Herren. Da war der Zauberer auch schon verschwunden.

Kurz darauf kratzten sich der Fürst und seine Gäste wie verrückt. Przibrz hatte ihnen zweitausend Flöhe angezaubert.

Das Teufelsloch

Es geschah vor langer Zeit, bei schrecklich schlechtem Wetter. Der Regen verwandelte die Straße in Sumpf. Da, wo sie zwischen Felswänden hindurchführte, blieb ein Fuhrmann mit seinem Pferdegespann im Schlamm stecken. Schreien und Peitschenhiebe halfen nicht. „Da soll doch der Teufel helfen", wetterte der Fuhrmann – und schon stand der Satan vor ihm. „Ich helfe dir", sagte er, aber du mußt mir ein Stück von deinem Körper dafür geben." – „Es gilt", antwortete der Fuhrmann. Der Teufel schnippte mit den Fingern, und der Wagen rollte aus dem Schlamm. „Bezahle!" befahl der Satan.

Der schlaue Fuhrmann schnitt mit seinem Messer ein kleines Stück seines Daumennagels ab und reichte es dem Teufel. „Da hast du ein Stück von meinem Körper", spottete er.

Der Teufel schrie auf und fuhr durch die nahe Felswand. Das Loch, das er hinterließ, heißt heute noch „das Teufelsloch".

Eine Sage aus Südtirol

Seltsame Leute

Die Schildbürger

Vor langer Zeit gab es irgendwo die Stadt Schilda. Ihre Einwohner waren die „Schildbürger". Sie galten als Spinner. Überall lachte man über ihre „Schildbürgerstreiche". Den ersten leisteten sie sich mit ihrem neuen Rathaus. Das alte war baufällig geworden und mußte abgerissen werden. Das neue Gebäude sollte etwas Besonderes sein.

Die Schildbürger beschlossen, ein dreieckiges Rathaus zu bauen. „Das gibt es sonst nirgendwo auf der Welt", sagte der Bürgermeister. Beim Bau halfen alle Männer mit. Die Mauern standen nach eineinhalb Monaten. Durch ein prächtiges Tor konnte man vom Marktplatz her eintreten.

Dann wurde das Dach aufgesetzt und das Prachtstück eingeweiht. Doch wie erschraken die Schildbürger, als sie es betraten. Im ganzen Rathaus war es stockfinster!

Alle berieten lange, bis einer erklärte: „Die Dunkelheit kommt daher, daß im neuen Rathaus kein Licht ist."

Da sagte der Schmied: „Wenn es in einem Haus kein Wasser gibt, tragen es die Leute in Eimern hinein. Das machen wir mit dem Licht genauso."

Am nächsten Morgen liefen die Schildbürger mit Eimern, Fässern und Töpfen auf den Marktplatz und schaufelten und kehrten den Sonnenschein mit Schaufeln, Gabeln und Besen in die Gefäße. Einige ließen das Licht in Säcke scheinen und banden sie zu, Ein ganz Schlauer fing es mit einer Mausefalle.

Dann rannten alle zum Rathaustor, schütteten das Licht in die Finsternis und liefen zurück, um neues zu fangen. So schufteten sie bis zum Abend.

Doch wie erschraken sie, als es im Rathaus weiterhin finster war!

Erst nach Wochen erkannte ein Stadtrat, daß die Bauleute die Fenster vergessen hatten.

Die wurden nun rasch in die Mauern gebrochen, und der Bürgermeister hängte dem Schlaumeier einen Orden um den Hals.

Der Salzacker

Einst wurde das Salz sehr teuer. Da sagte ein Schildbürger: „Was wir brauchen, wächst auf den Feldern. Säen wir doch die Hälfte unseres Salzvorrates auf dem Gemeindeakker aus. Dann bekommen wir Salz genug."

Die Schildbürger pflügten den Acker um und säten das Salz hinein. Die Pflanzen wuchsen rasch. Nach sechs Wochen pflückte der Stadtschreiber ein Salzblatt ab und zuckte zusammen. Es brannte wie Feuer. Er rannte in die Stadt und rief: „Das Salz ist reif! Es brennt wie verrückt!"

Die Schildbürger liefen zum Salzacker und überzeugten sich. Sie verbrannten sich die Finger und vor allem die Zungen. „Warum steckt ihr die Brennesseln in den Mund?" spottete ein Fremder, der gerade vorbeiritt.

Da schämten sie sich. Und der Mann, der das Salzsäen vorgeschlagen hatte, ließ sich eine Woche lang nicht mehr blicken.

Das Urteil

Eines Tages zappelte ein Krebs auf dem Marktplatz von Schilda herum. „Er ist ein Schneider", sagte der Schneidermeister von Schilda, „denn er hat zwei Scheren. Ich werde ihn auf die Probe stellen." Er legte ein Tuch auf das Pflaster, setzte den Krebs darauf und befahl: „Schneide einen Sonntagsrock zurecht!"

Der Krebs kroch auf dem Tuch herum, aber er schnitt nicht. „Er zeigt mir, wie ich schneiden soll", sagte der Schneidermeister. Er nahm seine Schere und schnitt das Tuch so zu, wie der Krebs krabbelte. Nach kurzer Zeit war es in wertlose Schnippsel zerschnitten.

„Das Tuch bezahlst du mir!" schrie der Schneider. Der Rat von Schilda verurteilte den Krebs zum Tod durch Ertränken. Die Schildbürger trugen den Verurteilten zum See hinaus und warfen ihn ins Wasser. Warum sie von anderen dafür ausgelacht wurden, begriffen sie nicht.

Die Nixgripser

Nicht weit von Schilda entfernt lag das Städtchen Nixgrips.
„Die Nixgripser sind sehr nett", sagten die anderen Leute, „aber da oben fehlt es ihnen." Dazu tippten sie sich mit dem Finger an die Stirn. Da lag einmal auf der schmalen Bergstraße, die von Nixgrips nach Schilda führte, ein großer, schwerer Felsblock. Er war so groß, daß er die ganze Straße versperrte, und so schwer, daß ihn die stärksten Männer nicht wegwälzen konnten.

Da fuhren zwei Nixgripser Wagen heran; der eine von der rechten, der andere von der linken Seite. Jeder Wagen wurde von zwei Pferden gezogen.

Der eine Fahrer stieg ab, spannte seine Pferde aus und warf ein Seil um den Felsblock. Dann spannte er die Pferde davor, knallte mit der Peitsche und rief: „Hüü!" Die Gäule zogen an, doch der Felsblock bewegte sich nicht.

„Ich helfe dir!" rief der Fahrer von der anderen Seite herüber.

Er spannte seine Pferde aus, warf ein Seil um den Felsblock, spannte die Pferde davor und rief: „Hüü!" Gleichzeitig trieb der erste Fahrer seine Pferde auch wieder an.

Die Gäule zogen, so stark sie konnten – zwei nach rechts und zwei nach links.

Der Felsblock blieb liegen. Er zitterte nicht einmal um Haaresbreite.

„Wenn ihn vier Pferde nicht wegziehen können, muß er verhext sein!" riefen die Fuhrleute.

Und sie fuhren dorthin zurück, woher sie gekommen waren.

Über den verhexten Felsblock ließen die Nixgripser eine Brücke bauen.

Der böse Stein

Eines Tages ging die Tante des Nixgripser Bürgermeisters an einem Fels vorbei. Da fiel ihr von oben ein Stein auf den Kopf. Die Tante rief: „Au!" Doch weil ihr Kopf sehr hart war, bekam sie nur eine kleine Beule. Trotzdem war sie wütend.

Sie hob den Stein auf und brachte ihn dem Bürgermeister. „Du mußt ihn bestrafen und den Fels dazu", sagte sie. „Es gehört sich nicht, daß ein böser Fels der Tante des Nixgripser Bürgermeisters einen bösen Stein auf den Kopf schmeißt!"

Der Bürgermeister rief die Stadträte ins Rathaus. Sie berieten und fällten folgendes Urteil: „Die Tante des Bürgermeisters darf dem bösen Stein sieben Ohrfeigen geben, vier links und drei rechts. Der böse Fels, von dem der böse Stein gefallen ist, erhält von jedem Nixgripser drei kräftige Fußtritte. Damit keine Schuhe beschädigt werden, sind die Fußtritte barfuß zu verabreichen."

Das Ratespiel

Die Nixgripser bezahlten mit kleinen, mittleren und großen Silbergroschen.

Bei einem Fest, an dem viel Bier getrunken wurde, sagte der Nixgripser Bürgermeister zu seinem Stadtschreiber: „Rate mal, wie viele kleine Silbergroschen ich in der Tasche habe. Wenn du es errätst, bekommst du alle fünf."

Der Stadtschreiber dachte lange nach, dann sagte er: „Sieben."

„Falsch geraten!" rief der Bürgermeister. Ein Nixgripser Lausbub, der in der Schule als der Dümmste galt, hatte zugehört. „Darf ich mitraten?" fragte er.

„Meinetwegen", brummte der Bürgermeister. „Also dann: „Wie viele kleine Silberstücke hab' ich in meiner Tasche? Du kriegst alle fünf, wenn du es errätst."

„Fünf!" rief der Lausbub.

„Da hast du sie", sagte der Bürgermeister. „Wie hast du es bloß herausbekommen?"

21

Eulenspiegel

Till Eulenspiegel lebte vor langer Zeit. Er war ein Spitzbub, der die Leute zum Narren hielt. Wer ihm traute, hatte zum Schaden auch noch den Spott dazu.

Der Junge wuchs in einem Dorf am Saalefluß auf. Sein Vater starb früh, und die Mutter seufzte oft über den Sohn. Der hatte nur Dummheiten im Kopf und keine Lust, ein Handwerk zu lernen.

Eines Tages spannte er zwischen dem Haus seiner Mutter und dem Haus gegenüber ein Seil über die Saale, von einem Dachboden zum anderen. Dann gab er bekannt, daß er Kunststücke auf dem Seil zeigen werde. Die Leute liefen zusammen. Eulenspiegel stieg auf das Seil und alberte darauf herum.

Seine Mutter schämte sich, daß er sich so lächerlich machte. Sie lief auf den Dachboden, wo das Seil angebunden war, und schnitt es durch. Eulenspiegel purzelte ins Wasser. Die Leute lachten ihn aus, und die Burschen verspotteten ihn. „Den Spott zahl' ich euch heim", knurrte Eulenspiegel, als er aus dem Wasser kroch.

Eine Zeit danach spannte er das Seil zum zweitenmal und versprach den Leuten ein ganz besonderes Kunststück. Die Mutter konnte ihm nicht dazwischenkommen, sie war in die Stadt gegangen. Als sich die Leute versammelt hatten, sagte Eulenspiegel zu den Burschen: „Gebt mir eure linken Schuhe. Damit zeige ich euch mein bestes Kunststück auf dem Seil." Die Burschen zogen ihre linken Schuhe aus und gaben sie ihm. Es waren viele Schuhe.

Eulenspiegel band sie mit einer Schnur zusammen, stieg mit dem Bündel auf das Seil, setzte sich und schaukelte hin und her. Die Leute reckten die Hälse.

„Aufgepaßt!" rief Eulenspiegel – und zerschnitt die Schnur, mit der er die Schuhe zusammengebunden hatte. Sie purzelten ins Wasser. „Sucht eure Schuhe wieder!" spottete der Spitzbub und verschwand.

Die Burschen stürzten sich in die Saale, und es kam zu Raufereien. Bald balgten sich auch die Alten mit ...

Und Eulenspiegel ließ sich vier Wochen lang nicht mehr blicken.

Der falsche Hase

Eines Tages kam Eulenspiegel nach Leipzig. Dort hörte er, daß ein reicher Mann einen Wildbraten für ein Festmahl suche. Eulenspiegel nähte eine Katze in ein Hasenfell, steckte sie in einen Sack, verkleidete sich als Bauer und ging zum Reichen. „Wollt Ihr einen fetten Hasen kaufen?" fragte er. „Her damit", antwortete der Reiche und bezahlte den Spitzbuben gut. Eulenspiegel steckte das Geld ein und verschwand eiligst. Der reiche Mann rief seine Frau in den Garten, um ihr den Festbraten zu zeigen. Als er den Hasen freiließ, sprang der Haushund kläffend heran. Der Hase kletterte auf den nächsten Baum und schrie kläglich: „Miauu!" Der reiche Mann sah sich betrogen, doch Eulenspiegel war auf und davon.

Die Katze lief nach Hause. Das Frauchen erkannte sie an der Stimme und befreite sie vom Hasenfell.

Der gute Rat

Eines Tages trieb Eulenspiegel ein schlimmes Spiel mit den Schneidern. Er ließ bekanntmachen, daß er ihnen einen Rat geben könne, von dem sie und ihre Nachkommen das ganze Leben lang Nutzen hätten. Als Lohn verlange er von jedem einen Silbergroschen. Am Freitag vor Pfingsten sollten sie nach Rostock kommen. Dort werde er ihnen seine Weisheit verraten.

Am Freitag vor Pfingsten versammelten sich Schneidermeister aus nah und fern auf dem Rostocker Marktplatz. Jeder bezahlte einen Silbergroschen. Eulenspiegel stieg in das oberste Stockwerk eines Hauses, öffnete ein Fenster und rief: „Ehrenwerte Meister, hört nun meinen Rat! Wenn ihr die Nadel eingefädelt habt, vergeßt nicht, in das Fadenende einen Knoten zu machen. Das ist alles!" „Betrug!" riefen die Schneider. „Das wissen wir längst!" Und sie forderten ihr Geld zurück. Eulenspiegel verschwand vom Fenster und ließ sich in Rostock nie wieder blicken.

Der Lügenbaron

Der Freiherr Hieronymus von Münchhausen lebte vor 250 Jahren. Als Reiteroffizier der russischen Zarin (Kaiserin) nahm er an zwei Kriegen gegen die Türken teil.

Bekannt wurde er als „Lügenbaron", weil er so viele Flunkergeschichten erzählte. Wenn sie auch geflunkert sind, so sind sie doch lustig zu lesen und anzuhören.

Lassen wir den Lügenbaron erzählen:

Mitten im Winter war ich in Rußland unterwegs. Der Schnee lag hoch. Ich fand weder Weg noch Steg. Nirgendwo entdeckte ich ein Dorf.

Als es dunkel wurde, sah ich die Spitze einer Stange aus dem Schnee herausragen. Ich band mein Pferd mit den Zügeln daran. Dann nahm ich zur Sicherheit meine beiden Pistolen in den Arm, wickelte mich in meinen Mantel und legte mich auf der Schneedecke schlafen.

Als ich erwachte, war heller Tag. Ich lag mitten auf einem Dorffriedhof. Mein Pferd war verschwunden. Ich rief nach ihm. Es antwortete aus der Höhe herunter. Als ich nach oben blickte, sah ich, daß es mit den Zügeln am Turmkreuz der nahen Kirche hing. Da erriet ich, was geschehen war. Das Dorf und die Kirche waren über Nacht völlig zugeschneit gewesen. Gegen Morgen hatte plötzlich warmes Wetter eingesetzt und den Schnee weggetaut. Ohne zu erwachen, war ich auf der schmelzenden Schneedecke sanft niedergesunken. Die Stangenspitze, an die ich mein Pferd gebunden hatte, war in Wirklichkeit die Spitze des Kirchturmkreuzes.

Ich nahm eine meiner Pistolen, zielte genau und schoß die Zügel entzwei. Mein braves Pferd fiel vom Kirchturm, ohne sich weh zu tun. Ich sprang in den Sattel und ritt weiter.

Münchhausen erzählt von einer Hasenjagd

Einst jagte ich zwei Tage lang hinter einem Hasen her. Mein braver Jagdhund trieb ihn mir immer wieder zu; doch ich kam nicht zum Schuß. Sobald ich die Flinte anlegte, zischte mir der Langohrige wie der Blitz aus einer Wolke davon. Er lief so schnell, daß ich beinahe an Zauberei glaubte.

Am Abend des zweiten Tages war es endlich soweit. Der Hase kam mir so nahe, daß ich ihn erlegen konnte.

Da sah ich, warum er so schnell gewesen war. Er hatte acht Beine: vier unter dem Bauch und vier auf dem Rücken. Wenn die zwei unteren Läufe müde geworden waren, hatte er sich herumgeworfen und war auf den Rückenläufen weitergerast.

Nachher habe ich nie wieder einen solchen Hasen gesehen.

Münchhausens Meisterstück

Damit du die folgende Geschichte verstehst, muß ich etwas erklären: Zu Münchhausens Zeit trug der vornehme Herr eine Perücke, an der ein geflochtener Haarzopf hing. Und jetzt erzählt der Flunkerer Münchhausen:

Mein braves Pferd konnte ausgezeichnet springen. Kein Graben war ihm zu breit, kein Zaun zu hoch.

Da kam ich einmal an einen Sumpf, der mir nicht allzu breit schien. Ich ließ mein Pferd Anlauf nehmen, rief: „Hopp!", und es sprang. Der Sumpf war breiter, als ich gedacht hatte. Dicht vor dem anderen Ufer landete das Roß im Morast, und wir sanken unter. Da packte ich mich beim Schopf, klammerte die Beine fest um das Pferd und zog uns beide an meinem Haarzopf ans Ufer.

25

Münchhausen erzählt von einem tollen Ritt

Im Krieg belagerten wir eine Festung, die wir nicht erstürmen konnten. Da wollte unser General wissen, wie es hinter den Festungsmauern aussah und wo wir an einer schwachen Stelle durchbrechen könnten. Ich meldete mich als Spion. Dann stellte ich mich neben unser größtes Geschütz. Als es gegen die Festung abgefeuert wurde, sprang ich auf die Kanonenkugel, hielt mich fest und ritt dem Feind entgegen. Unterwegs kamen mir Bedenken. Spione werden gehängt, überlegte ich. Was dann, wenn mich die Feinde gefangennehmen und als Spion erkennen?

Zum Glück flog eine Kanonenkugel aus der Festung auf unser Lager zu. Als sie dicht an mir vorbeikam, sprang ich von meiner Kugel auf die feindliche und ritt zu unseren Leuten zurück. Obwohl ich nichts ausspioniert hatte, klopfte mir der General auf die Schulter und nannte mich einen Teufelskerl.

Münchhausen erzählt von seiner Gefangenschaft

Trotz meiner Tapferkeit wurde ich eines Tages von hundert feindlichen Kriegern überwältigt und zum Sklaven gemacht. Jeden Morgen mußte ich die Bienen des türkischen Sultans auf die Weide treiben, tagsüber bewachen und abends in ihre Stöcke zurückbringen. Als Waffe gegen Räuber bekam ich eine silberne Axt. Eines Abends entdeckte ich zwei Bären, die eine meiner Bienen ihres Honigs wegen zerreißen wollten. Ich schleuderte meine Axt nach ihnen. Sie verfehlte die Bestien, doch diese flohen, und die Biene kam frei.

Leider hatte ich zuviel Schwung genommen. Die silberne Axt sauste in die Höhe und landete – auf dem Mond! Zum Glück fiel mir ein, daß türkische Bohnen sehr schnell emporwachsen. Rasch pflanzte ich eine. Sie wuchs mit Windeseile und rankte sich am unteren Horn des Mondes fest. Ich kletterte hinauf, fand die Axt und brachte sie glücklich auf die Erde zurück.

Münchhausen erzählt von einem naschhaften Bären

Als Bienenhüter des Sultans hatte ich viel Ärger mit Bären, die Honig stehlen wollten. Einer trieb es besonders arg. Da kam mir ein guter Gedanke. Ich bestrich die Deichsel eines Ackerwagens mit Honig und legte mich hinter einem Busch auf die Lauer.

Der Duft des Honigs lockte den frechen Bären an. Er kam und begann so gierig an der Deichsel zu lecken, daß er sich die ganze Stange durch das Maul, den Hals und den Magen hindurchleckte, bis sie hinten wieder herauskam.

Da lief ich zu ihm und steckte durch das Loch vorn in der Deichsel einen Pflock. Jetzt konnte der Bär nicht mehr zurück. Er saß fest.

Als der Sultan das sah, lachte er so sehr darüber, daß er Bauchweh bekam ...

Kurz darauf war der Krieg vorbei, und ich wurde aus der Gefangenschaft nach Rußland entlassen.

Münchhausen erzählt von seiner Heimkehr

Im Winter kehrte ich aus Rußland in meine deutsche Heimat zurück. Es war so kalt, daß der Atem gefror. Ich reiste in einer Postkutsche. Als wir in einen engen Hohlweg einbogen, setzte der Postillion das Horn an den Mund, um entgegenkommende Fahrzeuge zu warnen. Wir hätten ihnen und sie uns nicht ausweichen können. Der Postillion blies mit aller Kraft – das Horn blieb stumm.

Am Abend wärmten wir uns in einer Herberge. Der Postillion hängte sein Horn an einen Nagel beim Küchenfeuer. Plötzlich schmetterte es so laut, daß wir erschraken. „Täterää!" schmetterte es, „Täterääää!!!"

Da wußte ich, warum der Postillion vor dem Hohlweg vergebens geblasen hatte. Die Töne waren im Horn festgefroren. Nun tauten sie in der Wärme auf und schmetterten los. „Täteräää!! – Täterääää!!!"

Ein berühmter Mann

Dagobert Ulkmeier ist ein großer Erfinder, aber er hat noch nie etwas Vernünftiges erfunden. Er ist durch seine Verrücktheiten berühmt geworden.

So hat er sich den aufblasbaren Kugelschreiber und die unzerbrechliche Leberwurst ausgedacht. Er hat den Osterhasen gebastelt, der im Rückwärtsgang läuft und dazu „Heute kommt der Weihnachtsmann" singt. Er hat den Kaugummi erfunden, der „Guten Appetit" sagt, wenn ihn jemand in den Mund steckt, und die Zahnpasta mit Knoblauchgeruch und Käsegeschmack.

Anfangs kauften nur wenige Leute diese verrückten Dinge. Es waren Frauen und Männer mit so viel Geld, daß sie nicht wußten, wie sie ihre Tausender loswerden konnten. Einige Filmschauspieler, Fernsehstars und Schlagersänger waren dabei. Das war Dagobert Ulkmeiers Glück.

Da gibt es nämlich viele Leute, die gar nicht reich sind, aber alles nachmachen möchten, was ihnen ihre Film-, Fernseh- und Schlagerlieblinge vormachen.

Weil diese Dagobert Ulkmeiers verrückte Erfindungen kauften, kratzten die vielen weniger reichen Leute ihre paar Mark zusammen und kauften die Dinge ebenfalls. Bald wurden die unzerbrechliche Leberwurst, der Heute-kommt-der-Weihnachtsmann-Osterhase, der Guten-Appetit-Kaugummi und die Knoblauch-Käse-Zahnpasta in großen Fabriken hergestellt.

Für jedes verkaufte Stück kriegt Dagobert Ulkmeier eine Mark zwanzig. Davon kann er gut leben.

Jetzt bastelt er an einer neuen Erfindung herum.

Es soll eine Badewanne werden, die Saxophon bläst.

Der Käse rollt

Wo Hirning liegt, verrat' ich nicht. Berühmt wurden die Hirninger durch ihren Käse. Sie stellen ihn in runden Käselaiben her: in großen, die so groß und breit wie Autoreifen sind; in halb so großen, mittleren und in kleinen, tellergroßen Käselaibchen. Eines Tages trug eine Hirninger Bauersfrau einen großen, mittleren und kleinen Käselaib zum Markt. Sie ging auf einem schmalen Bergsteig. Als sie eine Rast einlegte, schwankte der Korb. Der kleine Käse fiel heraus und kullerte den Berghang hinunter. Die Bauersfrau erschrak nicht. Sie erinnerte sich daran, daß ihre kleine Tochter einmal davongelaufen und von ihrer größeren Schwester zurückgeholt worden war. Das kann mein Käse auch, dachte die Bäuerin. Sie rollte den mittleren den Hang hinunter und rief: „Hol den kleinen zurück!" – Als beide nicht wiederkamen, befahl sie dem großen Käse: „Bring mir die zwei!" und rollte ihn hinterher.

Dann wartete sie lange. Und wenn es ihr nicht zu dumm geworden ist, wartet sie immer noch.

Tooooor!!

Ein berühmter spanischer Fußballklub reiste zu einem Freundschaftsspiel in eine Kleinstadt. Die Weltstars kamen, weil einer ihrer Stürmer dort geboren war. Da prahlte der schlechteste Spieler des Kleinstadtvereins: „Ich schieß' ein Tor!" Alle lachten ihn aus. Und der Vereinsvorstand sagte: „Mein lieber Pedro, wenn du in dem Freundschaftsspiel ein Tor schießt, bezahl' ich ein halbes Jahr lang das Benzin für dein Motorrad."

„Die Wette gilt", antwortete Pedro.

Zu dem Spiel kamen Leute von nah und fern. Und Pedro hielt sein Versprechen. Kurz vor Spielende schoß er den Ball – ins eigene Tor. Die Zuschauer schrien auf.

Pedro hatte seine Wette gewonnen. Die Vereinskameraden vertrimmten ihn. Der Vereinsvorstand hatte Humor und bezahlte das Benzin. Sehr viel machte das Eigentor ja nicht aus. Die Kleinstädter hatten mit 13 : 2 verloren.

Gespenster und Vampire

Die Gespensterburg

Auf dem Hohenstein – da, wo heute von Unkraut und Gestrüpp überwucherte Mauerreste liegen – stand einst eine Burg. Der Ritter und seine Leute lebten gottesfürchtig und taten niemandem unrecht. In einer finsteren Nacht überfielen Räuber die Burg.

Sie schonten kein Leben, rafften alle Schätze zusammen und brannten nieder, was nicht feuerfest war. Mit ihrem Raub kamen sie nicht davon. Eine unheimliche Macht verwandelte sie in Gespenster, die keine Ruhe fanden ...

Danach hörten die Leute, die an der Ruine vorbeikamen, dumpfes Gepolter, ohne daß sich jemand sehen ließ. Von da an hießen die Trümmer „die Geisterburg" ...

Zweihundert Jahre nach der Zerstörung rastete ein armer Handwerksbursch auf dem Hohenstein. Da winkte ihm in der Abenddämmerung eine graue Gestalt. Er folgte ihr, und sie führte ihn in einen unterirdischen Saal. Dort saßen dreißig bleiche Männer. An der Rückwand standen neun goldene Kegel. „Willst du mit uns Kegel schieben?"

„Warum nicht?" sagte der Bursche furchtlos. Dann staunte er. Jedes Gespenst nahm den Kopf herunter und schob ihn als Kegelkugel. Nach jedem Schub flog der Kopf auf den Hals seines Gespenstes zurück. Der beste Schub brachte acht geworfene Kegel ein.

Als die Reihe an den Handwerksburschen kam, erhielt er eine goldene Kugel. Er schob – und legte alle neun Kegel um.

Da jubelten die Gespenster, und eines sagte: „Wir sind die Räuber von damals. Zur Strafe mußten wir so lange Gespenster sein, bis uns ein ehrlicher Mensch im Kegelspiel besiegte. Nun hast du uns erlöst. Nimm die goldene Kugel zum Dank, und leb wohl!"

Dann verschwand der Spuk. Der Handwerksbursch erwachte in der Ruine, doch hatte er nicht geträumt. Die goldene Kugel lag neben ihm. Und er hatte Glück sein Leben lang.

Einer Tiroler Sage nacherzählt

Der feurige Reginald

In Schottland gibt es viele alte Schlösser. Die Schotten behaupten, daß in jedem zweiten Schloß ein Gespenst herumspuke.

Davon wollte sich ein Amerikaner überzeugen. Er besuchte einen ihm bekannten schottischen Grafen, in dessen Schloß es besonders gruselig spuken sollte.

„Das stimmt", sagte der Graf. „Hier spukt mein Ahnherr Reginald. Er erscheint als Ritter in glühender Rüstung, trägt seinen Kopf unter dem Arm und knurrt wie ein wütender Wolf."

Der Amerikaner fieberte der Geisterstunde entgegen, und dann – geschah nichts.

Am nächsten Morgen war ein Zettel mit einem Dolch an die Zimmertür des Amerikaners geheftet. Auf dem Zettel stand:

Für Gäste spuke ich nicht!
Der feurige Reginald.

Dann begriff der Amerikaner nicht, warum der zwölfjährige Sohn des Grafen beim Frühstück so unverschämt grinste.

Nur keine Angst

Mein Opa erzählte mir ein Abenteuer, das sein Großvater, also mein Ururopa, mit einem Gespenst erlebt hatte.

Mein Ururgroßvater war zwei Meter groß und von Beruf Schmiedegeselle. Einmal war er spät in der Nacht allein unterwegs. Da trat ihm im Wald ein Gespenst entgegen. Es sah wie ein Bettuch mit einem Hundekopf darauf aus. „Huhuu!" heulte es drohend. „Huhuuu!!" Mein Ururgroßvater fürchtete sich nicht. Er legte die Fäuste an den Kopf und streckte die Zeigefinger so ab, daß sie wie Hörner aussahen. Dann riß er die Augen auf, bleckte die Zunge, stieß die Hände vor und fauchte: „Hahaa! – Hahaaa!! – Hahaaaaa!!!"

Da erschrak das Gespenst und zischte ab, als ob der Satan hinter ihm her wäre. Und es ließ sich in diesem Waldstück nie wieder blicken.

31

Hilf mir tragen

Ein reicher Mann war so geizig und hartherzig, daß er armen Leuten keinen Pfennig und Hungernden kein Stückchen Brot gab. Nach seinem Tod traf ihn die Strafe. Mit einem schweren Geldsack auf dem Rücken mußte er als Gespenst rast- und ruhelos durch das Land ziehen. Er konnte nur erlöst werden, wenn ihm ein Mitleidiger die Geldlast tragen half.

Das war eine schwere Bedingung, denn das Gespenst durfte sich nur einmal im Jahr den Menschen zeigen: in der ersten Sommernacht von zwölf bis ein Uhr mitternachts. Dann erschien es den Leuten als zerlumpter Bettler mit grauem Gesicht, zerzaustem Haar und zwei Haarbüscheln, die ihm wie Teufelshörner vom Kopf wegstanden. Dazu murmelte es mit dumpfer Stimme: „Hilf mir tragen!"

Die meisten Leute liefen erschrocken davon. Einige taten, als sähen sie den Spuk nicht, andere beschimpften ihn. So blieb es hundertzehn Jahre lang.

In der ersten Sommernacht des hundertelften Jahres traf das Gespenst mit einem Bettler zusammen. Es war auf einer Heide. Die Nacht war sternenklar. „Hilf mir tragen!" murmelte das Gespenst.

Der Bettler sah es an und meinte: „Dir geht es ja noch schlechter als mir." Er griff nach dem schweren Geldsack. „Gib schon her!" Da stand das Gespenst plötzlich in hellem Lichtschein. „Du hast mich erlöst", sagte es mit klarer Stimme. „Ich danke dir." Und der Spuk verschwand.

Der Bettler stand allein. Statt des Geldsacks hielt er einen Kupferpfennig in der Hand. „Wenigstens etwas", brummte er und legte sich unter einem Haselstrauch schlafen.

Als er erwachte, hatte er keinen Kupferpfennig, sondern einen Silbertaler in der Tasche. So blieb es an jedem Morgen.

Der Beschenkte war kein Bettler mehr. Und wenn ihn Notleidende um Hilfe baten, half er.

Die weiße Frau

In einem Kärntner Schloß soll in mondhellen Nächten ein weißes Gespenst durch die Räume gehen. Es ist der ruhelose Geist einer Gräfin, die vor 350 Jahren starb. Die Sage erzählt:

Einst gab die Gräfin ein üppiges Gastmahl im Schloß. Auf den Tischen türmten sich leckere Speisen, und der Wein floß in Strömen. Im Schloßhof drängten sich Arme und Bettler. Sie baten um Brot.

Da wollte die Gräfin ihren hohen Gästen ein lustiges Schauspiel bieten. Sie ließ halbwilde Hunde auf „das Bettelvolk" hetzen. Die armen Teufel flohen, so rasch sie konnten. Die Herrschaften lachten schallend über das Durcheinander. Ein halbgelähmter Greis verwünschte die Gräfin, bevor er starb. Sein Fluch erfüllte sich. Seit ihrem Tod geistert die Verwünschte als „Weiße Frau" durch das Schloß.

eine Sage aus Kärnten

Der Angeber

Peter war siebzehn Jahre alt, nicht sehr gescheit, aber ein ganz großer Angeber. „Ich fürchte mich nicht einmal vor den Gespenstern im Hinkelwald", prahlte er vor den Kameraden im Turnverein. – Im Hinkelwald, hieß es, trieben sich Gespenster herum. Sie drehten jedem, der ihnen zur Geisterstunde entgegenkomme, die Nase ins Genick. – „Ich geh' ihnen entgegen", prahlte Peter ...

Kurz vor Mitternacht ging er mit einigen Freunden zum Hinkelwald hinaus. Die Freunde blieben am Waldrand zurück. Peter ging in den Wald hinein. Dort war es stockfinster – und er erschrak. Drei feurige Monster mit Teufelsköpfen liefen ihm entgegen. Sie heulten und griffen mit spitzen Krallen nach ihm.

Peter rannte zurück. – Dann lachten ihn die Freunde und – die Gespenster aus. Die Monster waren Kumpel, die sich verkleidet hatten.

Von da an gab Peter nicht mehr so an.

Das Gespensterschiff

Zur Zeit der Segelschiffe geriet ein Dreimaster in einen Sturm und sank. Nur ein Matrose rettete sich auf eine Planke. Eine Nacht lang trieb er auf den Wellen.

Am Morgen kam ein großes Segelschiff auf ihn zu. Er rief und winkte, doch niemand antwortete. Die Wogen trugen ihn zum Schiff. Er faßte ein herabhängendes Tau und kletterte an Deck. Dort ließ sich kein Mensch blicken. Nur Ratten huschten umher. Die Lebensmittel an Bord waren längst verdorben. Der Matrose nahm alle Kraft zusammen und steuerte das Schiff in Richtung Land. Am Abend band er das Ruder fest und schlief ein. Um Mitternacht weckte ihn Lärm. Er sprang auf und sah Seeleute um sich stehen. Der Kapitän hieß ihn herzlich willkommen und erzählte seine Geschichte:

„Wir waren Seeräuber. Vor hundert Jahren überfielen wir ein Handelsschiff, raubten es aus und versenkten es dann mit allem, was darauf lebte. Der Steuermann verwünschte uns, bevor das Wasser über ihm zusammenschlug. Du und deine Ratten sollen so lange als Gespenster weitersegeln, bis ich euch verzeihe!' rief er mit lauter Stimme. Wir lachten ihn aus; doch bald darauf verging uns der Spott. Wir waren plötzlich in Ratten verwandelt. Unser Schiff bewegte sich im Kreis. So blieb es Jahr um Jahr. Nur zwischen zwölf und ein Uhr nachts erhielten wir die menschliche Gestalt wieder. Fremden Schiffen blieben wir verborgen. Daß du auf das Geisterschiff gekommen bist, ist ein Wunder."

Da sagte der Schiffbrüchige: „Hundert Jahre Buße sind genug. So wisset, daß der Steuermann damals gerettet wurde. Er war mein Urahn. Ich vergebe euch in seinem Namen."

Da jagte das Gespensterschiff mit vollen Segeln dem Lande zu. Dort zerfiel es samt den Erlösten zu Staub.

Der Retter bekam keinen Lohn in Gold; doch hatte er von da an Glück in allem, was er unternahm.

Haaa-tschi

Wenn jemand niesen mußte, sagte man früher „Helf dir Gott" zu ihm. Darauf antwortete er: „Vergelt's Gott" ...

Da lebte einst ein Fürst, der harte Steuern von seinen Untertanen erpreßte. Im ganzen Land jammerten die Leute über ihr trostloses Leben.

Als der Fürst gestorben war, tuschelten sie, daß er als Gespenst umgehe. Er müsse für jede Träne, die seinetwegen geweint worden war, einmal niesen. Das Gespenst, hieß es, erscheine jede Nacht in einem anderen Haus und niese laut. Es könne nur erlöst werden, wenn jemand „Helf dir Gott" zu ihm sage.

Das tat niemand, und so mußte der Unselige Jahr um Jahr durch das Land geistern.

Eines Nachts nieste er in einer Köhlerhütte. Dabei wachte die siebenjährige Tochter der Köhlerleute auf und murmelte schlaftrunken: „Helf dir Gott."

„Vergelt es dir Gott!" rief das Gespenst. „Du hast mich erlöst!" Es verschwand und kam nie wieder.

Das Buschgespenst

Auf einem Dorfanger hatte ein Wanderzirkus sein Zelt aufgeschlagen. Den Kindern gefielen besonders die Kunststücke des Affen Koko und die Späße der Clowns.

In der Nähe des Dorfangers wohnte die alte Therese in einem kleinen Haus. Im Garten davor wuchsen Büsche und Bäume.

Als die alte Therese nach einer Abendvorstellung aus dem Zirkus nach Hause kam, erschrak sie. Aus einem Fliederbusch glotzten zwei Augen. Sie schimmerten im Mondlicht. „Hilfe!" kreischte die alte Therese. „Ein Gespenst!" Sie eilte zum Zirkus zurück und bat um Hilfe. „Gott sei Dank!" rief der Zirkusdirektor und eilte in Thereses Garten. „Komm", lockte er dort, „komm zu Herrchen!" Da sprang das Buschgespenst aus dem Strauch heraus und dem Zirkusdirektor in die Arme. Es war – der Affe Koko, der nach der Vorstellung entwischt war.

Adalbert und Bedalbert

Es waren einmal zwei Gespenster, die spukten in zwei Burgruinen, die nahe beieinander lagen. Zu Lebzeiten waren sie die Ritter Adalbert und Bedalbert und außerdem Brüder gewesen. Immer wieder hatten sie gegeneinander gekämpft, weil jeder auch die Burg des anderen haben wollte.

Nun sollten sie so lange Gespenster sein, bis sie sich vertrugen. „Denkste!" brummten sie und gaben auch jetzt keine Ruhe. Jede Nacht beschimpften sie einander. „Du Rabenaas!" rief Adalbert. „Du Mistkäfer!" schrie Bedalbert zurück. So ging es hin und her: „Mickerich!" und: „Geisterzwerg!", „Lahme Ente!" und: „Hundesohn!" – und so weiter und so fort.

Sie beleidigten einander so lange, bis ihnen keine Schimpfwörter mehr einfielen. Da schlossen sie einen Nachdenkfrieden, um neue Kraftausdrücke zu erfinden. Der Friede dauerte hundert Jahre lang. Was dann geschah, erzählt die nächste Geschichte.

Cedalbert und Dedalbert

Hundert Jahre lang hatten die Gespenster Adalbert und Bedalbert Schimpfwörter gesucht und kaum neue gefunden. „Du Cedalbert!" rief Bedalbert dem Adalbert nach hundert Jahren zu. „Du Dedalbert!" spottete Adalbert. Dann ging es weiter mit: „Edalbert!" – „Efdalbert!" – „Gedalbert!" – „Hadalbert!" und so fort – das ganze Abc hindurch. Mit „Zetdalbert!" war es zu Ende.

Da wollten Adalbert und Bedalbert richtig zuschlagen. Als Gespenster konnten sie fliegen. In der fünfzehnten Nacht zischten sie aufeinander los. Es sah gespenstisch aus, wie zwei gepanzerte Ritter durch die Luft segelten. Da riß ihnen eine höhere Macht die Schwerter aus den Fäusten, die Schilde aus den Händen, die Helme von den Köpfen und die Rüstungen ab. Adalbert und Bedalbert schwebten in Hemd und Unterhose umeinander herum. „Auf Wiedersehn!" riefen sie wütend und flogen in ihre Ruinen zurück.

Die Erlösung

Die verfeindeten Gespensterbrüder Adalbert und Bedalbert überlegten angestrengt, was sie einander noch antun könnten.

Da geschah das Unerwartete. In einer Vollmondnacht tauchte ein drittes Gespenst auf. „Hohoooo!" rief es mit lauter Stimme. „Da sind ja gleich zwei Burgruinen für mich!" „Denkste!" wetterten Adalbert und Bedalbert. „Wir sind doch Brüder", sagte einer zum anderen. „Gegen den Fremden halten wir zusammen!" Und gemeinsam vertrieben sie den Eindringling auf Nimmerwiedersehn.

Damit erlösten sie sich; denn sobald sie sich vertrugen, war der Bann gebrochen. Das war jetzt geschehen. Adalbert und Bedalbert mußten nicht länger Gespenster sein. Am nächsten Morgen waren die Ruinen, in denen die Brüder gehaust hatten, dicht überwuchert; die Ruine des Adalbert von weißen Rosen, die des Bedalbert von roten.

Das Traumgespenst

Es war einmal ein sehr liebes Gespenst, das erschien vielen Kindern im Traum. Es sah wie ein weißes Bettuch mit drei schwarzen Löchern aus. Sie waren dort, wo bei Menschen der Kopf sitzt. Zwei gehörten zum Sehen, das Loch darunter zum Sprechen. Das Gespenst redete eine seltsame Sprache. Jedes Kind, das sie verstand und richtig antwortete, fand am nächsten Morgen einen ganz lieben Teddybären neben dem Bett.

Das Gespenst sagte: „Gutun Ubund, lubus Kund. Wunn du mur ruchtug untwurtust, bukummst du unun gunz lubun Tuddubur. – Nun sug mur un dunur Spruchu, wus uch dur gusugt hubu."

Das sagte es dreimal nacheinander. Dann mußte das Kind antworten.

Ob du auch einen Teddybär bekommen hättest?

37

Vampi

Der kleine Vampi war ein unzufriedener Vampir. Er wollte kein Nachtgespenst mehr sein, das die Leute erschreckt. Jeden Morgen, wenn er sich in seinem Keller schlafen legte, murmelte er: „Wenn ich doch ein Mensch wäre!" Er stellte sich das Sonnenlicht, von dem er nur gehört hatte, wunderschön vor. Als Vampir durfte er es nicht sehen; die Sonnenstrahlen hätten ihn vernichtet. So träumte er tagsüber nur von ihnen. Er träumte auch vom frischen Grün des Grases und den leuchtenden Farben der Blumen, die im Mondlicht nur blaß waren.

Die Sehnsucht machte ihn krank. Seine roten Vampiraugen wurden trüb, und das Fliegen mit dem Vampirmantel freute ihn nicht mehr.

Drago, der älteste Vampir, merkte bald, daß mit Vampi etwas nicht stimmte. Er befahl alle Vampire in den großen Keller seiner Burg. Sie trafen um Mitternacht zusammen. Fackeln flackerten gespenstisch.

„Was ist los mit dir, Vampi?" fragte Drago. „Ich – ich möchte – ein Mensch sein", stotterte der Kleine. Da heulten die anderen, daß die Burg zitterte.

Drago sah Vampi in die Augen. „Sie schimmern grünlich", sagte er.

„Pfui!" rief eine Vampirin. „Unsere Farbe ist Rot!"

„Worauf hast du Appetit, Vampi?" fragte Drago. „Auf etwas Grünes", antwortete der Kleine ehrlich. „Von Rot wird mir übel."

Die anderen heulten empört. Drago leuchtete Vampi mit einer Fackel an. „Er wirft einen Schatten", stellte er fest. „Vampire werfen keinen. Vampi ist an einer gefährlichen Seuche erkrankt, die ihn zum Menschen machen wird – weil er es will. Die Seuche ist ansteckend. Niemand berühre den Kranken!" Er hob die Stimme. „Verschwinde, Vampi, und komm nie wieder!"

„Nie wieder!" heulten die anderen Vampire. „Gern!" rief der Kleine, breitete die Arme unter seinem Vampirmantel aus und flog in die Freiheit. „Ich werde ein Mensch!" jubelte er so laut, daß sich zwei Fledermäuse vor Schreck überkugelten.

Wanja

Der kleine Vampir Vampi war von den anderen Vampiren davongejagt worden. Am Abend des zweiten Tages traf er das Menschenmädchen Nina. „Bist du ein Vampir?" fragte sie.

„Ja, aber – ich will ein Mensch werden" stotterte er.

„Mein Vati ist Vampirforscher", sagte Nina. Er hat eine Vampir-in-Mensch-Umwandlungsmedizin erfunden, die er ausprobieren möchte. Komm mit!"

Der Forscher stellte fest, daß Vampi schon ein halber Mensch geworden war. Die Medizin wirkte dann rasch. Aus dem kleine Vampir wurde ein kleiner Mensch. Der Forscher und seine Frau nahmen ihn als Sohn an und nannten ihn Wanja. Und weil er ein netter Junge war, tauften andere Leute ihre neugeborenen Söhne auch auf diesen Namen. „Wanja" war „in", und Vampi freute sich mächtig.

Vampire haben kein Spiegelbild

Vor Jahren lebten in rumänischen Bergdörfern noch Leute, die an Vampire glaubten. Am meisten fürchteten sie, selbst Vampire zu werden. Zum Glück half da der alte Nicolai.

Er führte den Furchtsamen in eine düstere Kammer, hielt ihm einen Handspiegel vor und fragte: „Was siehst du?" Der Kunde sah nichts. „Nur Vampire haben keine Spiegelbilder", erklärte Nicolai. „Du bist in Gefahr, doch ich kann dir helfen." Dann murmelte er Beschwörungen und befahl: „Sieh in keinen Spiegel mehr! Iß jeden Tag drei Knoblauchzehen, und komm übermorgen wieder!" – Beim zweiten Besuch war die Kammer hell. Der Besucher sah sich im Spiegel und bezahlte.

Eines Tages betrat ein Fremder die düstere Kammer. Auch ihm hielt der Alte den Spiegel vor. Mit raschem Griff nahm ihn der Fremde an sich. „Da ist ja kein Glas drin", spottete er. „Also deshalb kein Spiegelbild!"...

Als der Schwindel bekannt wurde, verschwand der alte Nicolai auf Nimmerwiedersehn.

39

Als die Dinosaurier lebten

Der Riese von Berlin

Die kleine Monika riß die Augen sperrangelweit auf. Sie staunte mit offenem Mund. „Ui", sagte sie. „So groß sind die Dinosaurier im Fernsehen nicht gewesen."

„Sie sind dir nicht so groß vorgekommen", sagte der Vater. Er hatte Monika in das Berliner Naturkundemuseum geführt, zu dem riesigen Skelett eines Sauriers. „Es ist länger als zwanzig Meter und höher als zehn", erklärte er. „Forscher haben es in Afrika ausgegraben. Es ist das Skelett eines Brachiosaurus, der vor hundertfünfzig Millionen Jahren gelebt hat. Das ist so lange her, daß es sich kein Mensch vorstellen kann."

„Wie haben sich die Leute damals gewehrt?" fragte Monika. „Gar nicht", antwortete der Vater. „Damals gab es noch keine Menschen. Und die Brachiosaurier waren friedliche Pflanzenfresser."

„Im Fernsehen sind aber gefährliche Dinosaurier gewesen", wandte Monika ein.

„Die gab es auch", sagte der Vater. Und auf dem Nachhauseweg erzählte er Monika von der Welt, in der die Riesen gelebt hatten.

Er nannte schwierige Tiernamen, die meist auf „-saurus" endeten. Den Brachiosaurus kannte Monika schon.

„Der gefährlichste war der Tyrannosaurus", erzählte der Vater. „Dieser Räuber war ein ganz schrecklicher Tyrann, daher sein Name. – Übrigens war vieles, was heute klein ist, damals riesengroß. Farne und Schachtelhalme waren hohe Bäume. Die Luft war schwül und warm wie in einem Treibhaus."

Monika hörte gespannt zu. Was Vater erzählte, war wie ein Krimi – nur ohne Menschen ...

In der Nacht träumte sie davon. Und weil im Traum alles möglich ist, war sie in der Urwelt von damals.

Monika erlebte einen Kampf der Kolosse. Es ging um Leben und Tod.

Der Kampf der Kolosse

Zwei Saurier weideten am Flußufer. Jeder hatte drei Hörner am Kopf – eines über der Nase, zwei in Augenhöhe – und im Nacken eine Knochenplatte als Schild. Das ältere Tier war so groß wie ein ausgewachsenes Nashorn. Es war eine Triceratopsmutter mit ihrem Jungen. Sie waren friedliche Tiere. Hörner und Schild trugen sie nur zu ihrem Schutz. Noch sahen sie den Tyrannosaurus nicht, der sich vom Uferfeld her anpirschte.

Er war das größte Raubtier jener Zeit. Seine sieben Tonnen Gewicht ruhten auf starken Hinterbeinen. Die vorderen Gliedmaßen waren verkümmert. Aus dem riesigen Maul drohten messerscharfe Dolchzähne.

Da knackte ein Ast. Die Triceratopsmutter wirbelte herum. Der Tyranno warf sich auf sie. Das Junge stand starr. Der Kampf war kurz. Diesmal unterlag der Räuber. Die Hörner des Muttertieres drangen ihm in den Leib. Schwer angeschlagen wankte er ins Gehölz zurück. – Die Dreihörner grasten weiter.

Anlauf – krach!

Dickschädel krachen oft mit den Köpfen zusammen. Das war schon bei den Sauriern so. Da gab es vor vielen Millionen Jahren den Dickkopfsaurier. Gescheite Leute nennen ihn „Pachycephalosaurus". Ich sage „Pachy", das ist leichter zu merken. Also dann:

Pachy war fünf Meter lang, hatte lange Hinter- und Vorderbeine, einen kräftigen Schweif und eine dicke Schädeldecke. Er war der Anführer der Dickkopfsaurierherde, die im Gebirge lebte. – Eines Tages tauchte ein fremder Pachy auf, der Herr über die Herde werden wollte. Es kam zum Kampf.

Die Gegner stellten sich einander gegenüber und schlugen wild mit den Schweifen. Die Herde sah zu. – Anlauf – krach! Die Kämpfer prallten so fest mit den Stirnen zusammen, daß ihre Köpfe wackelten. Dann guckten sie dämlich. Zweiter Gang: Anlauf – krach! Das geschah siebenmal nacheinander. Dann gab der Eindringling auf und verschwand. Pachy hatte gesiegt. Das war einen Brummschädel wert.

Hilfe von oben

Es war früh am Morgen. Die Sonne ging auf. Aus dem nahen Sumpf stiegen Nebelschwaden hoch. Die Nacht war kühl gewesen.

Eine kleine Stegosaurierherde hatte im Schutz des Waldes geschlafen. In der Kühle der Nacht waren die Tiere starr gelegen.

Jetzt stapften sie ungelenk ins Freie. Neun Meter lang und mehr als drei Meter hoch waren die stärksten Bullen; doch auch die kleineren Tiere sahen gefährlich aus. Alle trugen eine Doppelreihe starker dreieckiger Knochenplatten auf dem Rücken und vier große Stacheln an den Schwanzspitzen. Dabei waren sie keine Raubtiere. Stacheln und Platten dienten der Verteidigung und zum Aufheizen nach kühlen Nächten.

Bevor die Herde Schilf und Blätter abweidete, legte sie sich in die Sonne. Die schräg abstehenden Knochenplatten nahmen die Wärme auf und machten die Körper gelenkig ...

Erwacht waren auch zwei Allosaurier, die in der Nähe geschlafen hatten, riesige Ungetüme mit gewaltigen Reißzähnen. Sie waren ausgehungert und gierten nach Beute. In weiten Sprüngen jagten sie auf ihren massigen Hinterbeinen zur Herde.

Aufgeregt trieben die erwachsenen Stegosaurier die Jungtiere zusammen und schlossen einen Kreis um sie. Dann wandten sie den Angreifern die Hinterteile zu und drohten mit den gefährlichen Stacheln.

Einer der Allosaurier bremste im Lauf, der andere griff an – und bekam die Stacheln zu spüren. Sie peitschten ihm gegen die Brust und in die Flanken. Er taumelte zurück. Dann half auch noch der Himmel. Er verdunkelte sich rasend schnell. Eines der fürchterlichen Urzeitgewitter brach los. Der erste Blitz schlug zwischen den Allosauriern ein. Sie flohen Hals über Kopf.

So schnell das Unwetter begonnen hatte, so schnell verzog es sich wieder.

Und am Wasser war Friede.

Der Störenfried

In den Meeren, die vor vielen Millionen Jahren auch Teile unseres Landes bedeckten, tummelten sich Fischsaurier aller Größen. Flugsaurier segelten durch die Luft. In Küstennähe trafen sie häufig aufeinander. Da ging es nicht immer friedlich zu.

Ein Mosasaurus, eine schwimmende Riesenechse von zehn Metern Länge, scheuchte vor Felsklippen Knochenfische auf. Über dem Koloß kreiste ein Pteranodon, ein Flugsaurier mit Fledermausflügeln, scharfen Krallen und einem langen, kräftigen Schnabel. Die ausgebreiteten Flügel hatten eine Spannweite von sieben Metern. Sie ließen den Körper größer erscheinen, als er war.

Der Mosasaurus schoß auf einen aufgescheuchten Knochenfisch los. Da zischte der Flugsaurier dicht am Rachen der Riesenechse vorbei. Sie ließ vom Fisch ab, schnappte nach dem Störenfried – und hatte das Nachsehen. Der Flugsaurier wich blitzschnell aus, packte den Fisch und flog mit der Beute davon.

Der Eierdieb

Mit eineinhalb Metern Länge gehörte der Oviraptus (das bedeutet „Eierdieb") zu den kleinen Sauriern. Seine langen, kräftigen Hinterbeine und die kurzen vorderen Gliedmaßen wiesen ihn als Räuber aus. Seine Lieblingsspeise waren Dinosauriereier.

Es war spät am Nachmittag. Ovi stelzte durch die Sanddünen zwischen Wald und Fluß. Sein Magen knurrte.

Da bewegte sich der Sand! Ovi lief darauf zu und scharrte die Stelle frei. Vor ihm lagen neun Eier, die ein Tyrannosaurus-Weibchen gelegt hatte. Drei Schalen waren durchgebrochen. Die in der Wärme ausgebrüteten Jungen hatten sich freigraben wollen und den Sand bewegt. Nur wenige Augenblicke lang sahen sie das Tageslicht.

Die sechs noch nicht ganz ausgebrüteten Eier knackte Ovi dann schnell.

Langsam stelzte er in den Wald zurück. Sein Magen war schwer.

Nessie

Loch Ness ist ein See in Schottland. Harry ist mein schottischer Freund. Eines Abends unterhielten wir uns über Dinosaurier. „Schade, daß sie ausgestorben sind", sagte ich. „Es gibt sie noch", behauptete Harry. „Im Loch Ness lebt der gewaltigste Saurier aller Zeiten. Wir Schotten nennen ihn ,Nessie, die Seeschlange'. Ich hatte ein gefährliches Abenteuer mit ihr." Und er erzählte:

„Am ersten Juli kreuzte ich mit meinem Motorboot auf dem See. Plötzlich rauschte es vor mir. Aus dem brodelnden Wasser tauchte ein Drachenkopf auf, dem ein langer Hals und ein gewaltiger Drachenleib folgten. Nessie packte mein Boot mit den Zähnen und schob es in rasender Fahrt dem Ufer zu. Dort schleuderte sie mich mitsamt dem Kahn in dichtes Gestrüpp und tauchte ab. Ein Lastwagenfahrer brachte mich später nach Hause." „Wer hat Nessie damals noch gesehen?" fragte ich. „Niemand", antwortete Harry. „Aber wenn du mir nicht glaubst ..." Er zuckte die Achseln. „Ja,– dann glaubst du mir eben nicht."

Nessie ist lieb

„Die Seeschlange im Loch Ness ist ein echter Saurier", sagte mir ein alter schottischer Kapitän. „Manche Leute nennen sie ein Ungeheuer, aber das stimmt nicht. Nessie ist lieb. Sie hat mir das Leben gerettet." Er hob den Finger. „Ich hab' sie sogar fotografiert."
„Erzählen Sie", bat ich ihn.

Er trank einen Schluck Bier und berichtete: „Vor langer Zeit geriet ich mit meinem Fischerkahn auf dem Loch Ness in einen Sturm. Der Kahn kenterte und sank. Ich schwamm um mein Leben, bis mich die Kraft verließ. Da tauchte Nessie auf. Ganz sanft faßte sie mich mit ihren Zähnen am Hosenbund, setzte mich auf ihren Rücken und brachte mich sicher an Land. Dort merkte ich, daß ich meinen wasserdichten Fotoapparat umgehängt trug, und fotografierte sie."

„Kann ich das Foto sehen?" fragte ich rasch. Er schüttelte den Kopf. „Leider nein. Der Film wurde mir gestohlen."

Der Turmsaurier

In vielen Märchen und Sagen wird von Drachen erzählt. Sie erinnern an die ausgestorbenen Flugsaurier. Daß es noch heute einen gibt, erfuhr ich von einem bayerischen Burgführer. Er erzählte von einem Drachen, der alle hundert Jahre einmal um den großen Turm fliege. „Drachen gibt es nicht", behauptete eine Frau. „Richtig", sagte der Burgführer. „Unser Drache ist in Wirklichkeit der Geist eines jener Flugsaurier, die vor Millionen Jahren hier gelebt haben. In der Umgebung werden immer wieder Saurierknochen ausgegraben. Unser Turmflieger war einer der größten."

„Warum kurvt er heute noch herum?" erkundigte sich ein junger Mann.

„Weil sein versteinerter Körper unter dieser Burg liegt", erklärte der Burgführer. „Dort hat er Ruhe und wird nicht ausgebuddelt. Alle hundert Jahre sieht er nach, ob die Burg noch steht. Wenn ja, schläft er hundert Jahre weiter. – Wenn nicht, packt der Geist den Körper und wandert mit ihm aus. Sauriergeister können das." Dazu zwinkerte er mit den Augen und schmunzelte.

Das Ende

Aus dem Krater des Vulkans, der lange Zeit geruht hatte, drang leises Grollen. Rauch quoll aus dem Inneren des Berges. Das Grollen wurde stärker.

Die Stegosaurierherde, die am Fuß des Vulkans weidete, wurde unruhig.

Dann brüllte der Berg. Der Krater spie Feuer, glühende Steine und heiße Asche aus. In panischer Angst stob die Herde davon. Der Ausbruch wurde zur Hölle. Bäume und Sträucher brannten lichterloh.

Ein altersschwacher Stegosaurier, der nicht mehr so schnell auf den Beinen war, brach unter dem Steinschlag zusammen ...

Millionen Jahre später gruben Forscher das Skelett aus. Unter der vulkanischen Asche war es gut erhalten geblieben.

Nun erzählt es den Forschern von uralten Zeiten.

Kleine und große Tiere

Verwandlungen im Teich

Ein warmer Maitag geht zu Ende. Es ist Feierabend. Auch für die Wasserfroschmama, die erschöpft am Teichufer hockt. Sie hat einige hundert Eier gelegt und die Ruhe verdient. Als gelber Klumpen liegen die Eier im Wasser. Sie sind in Schleim gehüllt, der den Ballen zusammenhält. Das Ausbrüten überläßt die Froschmama den Sonnenstrahlen ...

Hoppla! Was einige Zeit später aus den Eiern schlüpft, sind gar keine Fröschlein! Es sind winzige schwarze Teufelchen, die nur aus einem Stecknadelkopf und einem winzigen Ruderschwänzchen bestehen. Sie heißen Kaulquappen, quirlen durcheinander und lutschen an weichen Wasserpflanzen.

Feinde fallen über sie her: Raubfische, Wasserkäfer, Wasserspinnen und hungrige Libellenlarven. Wenn die Froschmama nicht so viele Eier gelegt hätte, würde kaum eines der Jungen überleben. So kommt noch eine ganze Menge durch.

Dann geschieht wieder Seltsames. Den schwarzen Kobolden wachsen Hinterbeine mit Füßen und Schwimmhäuten zwischen den Zehen. Der Ruderschwanz verkümmert. Nach einigen Tagen wachsen auch die Vorderbeine. Jetzt ähneln die Knirpse ihrer Mama ...

Nur wenige sind übriggeblieben und richtige Fröschlein geworden. Drei Monate hat die Verwandlung gedauert. Die Fröschlein kriechen an Land. Sie müssen Luft schnappen. Als Kaulquappen konnten sie im Wasser wie Fische atmen. Als Frösche haben sie Lungen bekommen und können nur so lange unter Wasser bleiben, bis ihnen die Luft ausgeht.

Neunzehn Tierchen sind von dem Eierklumpen übriggeblieben, den die Froschmama an jenem warmen Maitag ins Wasser gelegt hat. Aber sie ist nicht die einzige Mama gewesen. Viele andere haben dasselbe wie sie getan. Und so kriecht an diesem schönen Augustnachmittag eine ganze Menge roßkäfergroßer Wasserfröschlein aufs Trockene.

„Ein richtiger Froschregen", sagen die Leute.

Dreizehn Spaghetti

Wir haben eine Menge Amseln in unserem Garten. Einige sind seit Jahren Stammgäste. Besonders gern beobachte ich sie bei der Futtersuche.

Wenn hungrige Junge in den Nestern piepsen, müssen die Alten besonders viel Futter sammeln.

Festmahlzeiten sind Regenwürmer. Kaum zu glauben, wie viele in einem Amselschnabel Platz finden! Mit einem einzigen Regenwurm fliegt keine Amsel ins Nest.

Immer wieder stoßen die Schnäbel ins Gras. Bald hängen die Würmer wie Spaghetti zu beiden Schnabelseiten herunter.

Besonders erfolgreiche Amseln beobachtete ich mit dem Fernglas und zählte.

Dreizehn Regenwürmer waren bisher der Rekord.

Wenn das keine Leistung ist!

Danke schön, Frau Huber!

An einem wunderschönen Sommerabend fuhr Frau Huber in ihrem Kleinwagen nach Hause. Draußen dämmerte es. Aus dem Autoradio klang Frau Hubers Lieblingsschlager. Sie summte ihn mit. Auf der Bundesstraße war wenig Verkehr. Nur einmal sauste ein Raser auf der Gegenfahrbahn vorbei. Frau Huber schimpfte ihm nach. Dann biß sie die Zähne zusammen.

Auf der Gegenfahrbahn lag ein Igel. Er war langsamer gewesen als das Auto, das ihn überfahren hatte.

Frau Huber trat plötzlich auf Kupplung und Bremse. Die Reifen quietschten, der Wagen stand.

Im Licht der Scheinwerfer marschierten drei Igel über die Straße, ein großer und zwei kleine; wahrscheinlich eine Igelmama mit ihren Kindern. Nach wenigen Augenblicken verschwanden sie im Straßengraben ...

Was sie wohl gesagt hätten, wenn Igel sprechen könnten? Ich denke, sie hätten „Danke schön, Frau Huber" gesagt.

Robin Hood, Supermann und Hannelore

In der Eisenbahn unterhielten sich Pendler über Untugenden ihrer Haustiere. „Mein Schäferhund Rex knurrt Briefträger an", erzählte Herr Müller. „Das kann ich ihm nicht abgewöhnen."

„Mein Kater Hannibal kratzt Kinder", seufzte Frau Schmittchen. „Warum, weiß ich nicht." So erzählten alle nacheinander ...

Zum Schluß blieb Herr Maier übrig. „Haben Sie keine Haustiere?" fragten die anderen. „Doch", antwortete er. „Sie heißen Robin Hood, Supermann und Hannelore. Sie beißen, kratzen, lärmen und verschwinden nie."

„Das gibt es nicht", sagte Frau Hämmerlein. „Doch", erklärte Herr Maier.

„Es sind drei Goldfische. Sie schwimmen ruhig und friedlich im Aquarium. Die Namen hat ihnen meine Tochter gegeben. Robin Hood und Supermann kennt sie aus dem Fernsehen. Hannelore heißt ihre Lieblingstante. Der Goldfisch Hannelore ist ganz besonders lieb."

Der Hamster Herkules

Zum siebten Geburtstag bekam Evi ein eigenes Kinderzimmer und einen Goldhamster. Sie nannte ihn Herkules.

Leider war das Zimmer nicht rechtzeitig fertig geworden. Der Möbelhändler hatte die Matratze ohne Bettgestell geliefert. Es sollte am nächsten Tag folgen.

Den Käfig mit dem Goldhamster stellte Evi in ihrem Zimmer neben der Matratze ab. Die Käfigtür ließ sie offen. Herkules sollte sich in der ersten Nacht nicht eingesperrt fühlen ...

Als Mutti am nächsten Morgen in das neue Kinderzimmer sah, schrie sie auf. In die Matratze waren vier Löcher gefressen. Eine Spur aus Schaumgummistückchen führte von ihnen zu dem Bücherregal in der Ecke. Dort, im untersten Fach, schlief Herkules auf einem Schaumgumminest. Als ihn Mutti im Genick packte und in den Käfig steckte, regte er sich auf.

Evi mochte ihren Herkules trotzdem.

Der Papagei

Zum Geburtstag bekam Peter einen Papagei geschenkt. „Das Sprechen mußt du ihm selbst beibringen", sagte Vater. „Sag ihm einzelne Wörter so lange vor, bis er sie nachspricht."

„Mach' ich", sagte Peter. (Und jetzt mußt du wissen, daß er eine Schwester hat, mit der er öfter streitet. Das soll es ja geben.) Der Vogelkäfig kam in Peters Zimmer. „Sag Peter", redete der Junge dem Papagei immer wieder zu. „Sag Peter!" Der Vogel hielt den Kopf schief und schwieg.

„Du Schwachkopf!" schimpfte Peter immer häufiger. Und immer öfter guckte seine Schwester zur Tür herein und spottete: „Ätsch, du Armleuchter!" Der Vogel hörte zu. Er sagte keinen Pieps, bis Onkel Johann zu Besuch kam. Peter zeigte ihm den Papagei.

Der Onkel tippte an den Käfig und flötete: „Was bist du doch für ein nettes Vögelchen." Da sagte der Papagei laut und deutlich: „Sag Peter, du Schwachkopf! – Ätsch, du Armleuchter!"

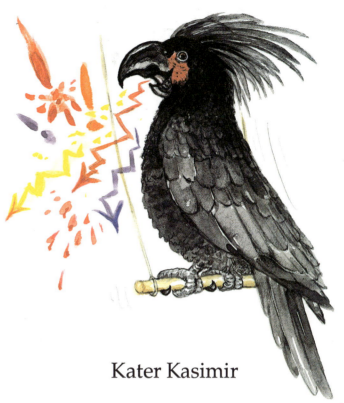

Kater Kasimir

Tante Lia lebte mit Kater Kasimir in einem Häuschen am Stadtrand. Während eines Hausputzes hatte sie in der Eile die Flasche mit dem Klosettreiniger unverschlossen auf das Fensterbrett gestellt. Die Klotür und das Klofenster standen offen. Durch das Fenster schwirrte eine Schwalbe, durch die Tür sprang Kater Kasimir herein. Die Schwalbe entwischte. Kasimir stieß die Flasche mit dem Kloreiniger um und bekam ätzende Spritzer auf die Nase. Er schrie gottserbärmlich.

Tante Lia bestrich die verätzte Schnauze mit Brandsalbe. Und weil sich Kasimir jetzt nicht mehr selbst putzen konnte, säuberte sie sein Fell mit einem feuchten Lappen.

Die Nase heilte – doch Kasimir ließ sich weiterhin putzen. Wie bisher stupste er Frauchen morgens, mittags und abends zum Fellsäubern an. Wenn sie zögerte, miaute er durchdringend ...

Und wenn er nicht gestorben ist, putzt ihn die Tante noch heute.

49

Der Dackel Ui

Sieberts fuhren aus dem Urlaub nach Hause. Zur Familie gehörten Vater und Mutter, die acht Jahre alten Zwillinge Tanja und Alexander und das Auto Methusalem, ein alter Opel mit einem neuen Motor. Auf einem Rastplatz an der Bundesstraße legten sie eine Pause ein. Vater und Mutter vertraten sich die Beine. Die Zwillinge spielten Ballwerfen und -fangen.

Beim fünften Wurf täuschte Tanja den Bruder. Der Ball flog an ihm vorbei und kullerte den Abhang hinunter. Die Zwillinge rannten hinterher.

Oben auf der Straße sauste ein Raser vorüber. Kurz nach dem Parkplatz warf er etwas Dunkles aus dem Wagen. Es rollte den Abhang hinab und fing sich im Schlehenstrauch neben dem Ball. „Ui!" jammerte es. „Uiii!" Tanja hob es auf. Das kleine braune Ding kuschelte sich an sie. Es war ein junger Dackel. Als Tanja seinen linken Hinterlauf berührte, winselte er erbärmlich.

„Da muß Vati helfen", sagte Alexander. Vater Siebert war Tierarzt.

Tanja trug den Dackel nach oben. „Er wurde aus einem Auto geworfen", schimpfte Alexander. „So was Gemeines!"

„Das tun manche Leute in der Urlaubszeit", sagte Vater Siebert. „Da sind ihnen ihre vierbeinigen Lieblinge plötzlich im Wege. Statt sie in Pflege zu geben, werfen sie die unbequemen Freunde einfach weg." Er wies auf den Dackel. „Sein Herrchen hat ihm das Halsband mit der Hundemarke abgenommen, damit es nicht erkannt wird." Er spuckte aus. „Pfui Teufel!"

„Ist das Dackelchen schlimm verletzt?" fragte Tanja.

„Das krieg' ich hin", sagte Vater Siebert. So kam der Dackel in die Familie. Er wurde gesund und der Liebling aller großen und kleinen Sieberts.

Sie nannten ihn „Ui", weil er im Schlehenstrauch „Ui" gejammert hatte.

Micki und Mucki

„Ich hab' zwei Kätzchen", sagte Julia ihrer Freundin Tanja am Telefon. „Komm rüber, ich zeig' sie dir."

Tanja kam. Julia führte sie in ihr Zimmer. Dort stand ein Weidenkorb. Darin lagen auf einem Kissen zwei Kätzchen und blinzelten verschlafen. Beide waren tiefschwarz und hatten auf der Kehle einen weißen Fleck. „Sie heißen Micki und Mucki", erklärte Julia. „Ich hab' sie aus dem Tierheim. Da solltest du mal hingehen. Ich war mit Vati und Mutti dort. Am liebsten hätte ich eine ganze Menge Tiere mitgenommen. Du müßtest sie in ihren Käfigen sehen, Tanja. Sie werden gut behandelt und regelmäßig gefüttert, aber sie haben ganz traurige Augen." – Julia wies auf die Kätzchen. „Die da mochte ich gleich. ‚Es sind zwei Mädchen', sagte der Mann aus dem Tierheim. Er hatte sie in einem durchlöcherten Pappkarton vor dem Haus gefunden. – Jetzt sollen sie's gut haben."

„Bei dir bestimmt", sagte Tanja.

Miauuuuu!

Im Garten, ganz oben auf dem Zwetschgenbaum, pfiff ein Zeisig sein Lied. Unten im Gras schlich die Miezekatze Mausi heran. Sie war erst sechs Monate alt, aber auf Beute schon ganz versessen. Rasch kletterte sie am Baumstamm hinauf. – Dann klappte es nicht. Als sie auf den Zeisig zusprang, flog er ihr dicht an der Nase vorbei. Der Ast schwankte. Mausi hielt sich krampfhaft fest. Vor dem Abstieg hatte sie plötzlich Angst. Sie miaute kläglich. Ihr Jammern riß Herrchen aus der Hollywoodschaukel. „Du bist doch eine Katze, Mausi!" rief er. „Komm runter!"

„Miauuuuu!" schrie Mausi in höchster Not. Herrchen zog die Schuhe aus und kletterte zu ihr hinauf. Er packte sie im Genick und stieg ab. Dann brach der unterste Ast. Herrchen plumpste ins Gras. Mausi landete wohlbehalten auf allen vieren. Dem stöhnenden Herrchen schenkte sie keinen Blick. Mit erhobenem Katzenschweif stolzierte sie davon. Seither mag Herrchen keine Zwetschgen mehr.

Jakob im Sauerkraut

Hausmeister Hellwig hatte ein Dohlenjunges heimgebracht. Es war am Fuße eines verfallenen Turmes gelegen und hatte jämmerlich gepiept. Das Dohlennest in der Ruine war zerstört worden. – Der Tierdoktor verarztete den verknacksten Flügel der Dohle. „Sie ist ein Männchen", erklärte er. Herr Hellwig taufte den Patienten auf den Namen Jakob und behielt ihn bei sich.

Jakob wurde gesund und dann frech. Er zwickte den Kater Murr in den Schwanz, hackte Löcher in Hausschuhe, zupfte Blumen aus den Vasen und schimpfte laut, wenn ihn Frau Hellwig in den Käfig steckte.

Mittags war Herr Hellwig allein in der Hausmeisterwohnung. Seine Frau arbeitete tagsüber in einer Fabrik. Das Mittagessen für ihren Mann kochte sie am Abend vorher. Herr Hellwig wärmte es dann auf ...

Es geschah an einem Montag. Herr Hellwig servierte sich Reste der Sonntagsmahlzeit auf seinem Teller: Schweinebraten, Kraut und rohe Klöße. Da rief eine Mieterin an, daß sich ein Wasserhahn nicht mehr zudrehen lasse. Herr Hellwig erhob sich seufzend und ging. Jakob sah ihm vom Küchenschrank herunter nach.

Herr Hellwig reparierte den Schaden in kurzer Zeit. Als er zurückkam, erlebte er sein blaues Wunder.

Jakob stand im Teller und beutelte den letzten Krautrest im Schnabel hin und her. Die Wände waren mit aufgewärmtem Sauerkraut bepflastert. Am Telefon klebten Knödelstücke, und der Schweinebraten lag auf dem Fußboden. „Jakob!" stöhnte Herr Hellwig.

„Jakob", krächzte der Übeltäter und flatterte auf. Dabei warf er den Teller auf den Sessel, daß die Bratensoße appetitlich über das Sitzpolster lief. Dann entwischte er durch das offene Fenster ins Freie.

Zwei Tage lang blieb er weg. Dann kam er – pünktlich zum Mittagessen – zurück, legte Herrchen eine tote Maus auf den Reisbrei und krächzte: „Jakob."

Herrchen war gerührt und nahm den Sünder gnädig wieder auf.

Isabella hat Angst

Manche Hausente legt Eier und brütet sie nicht aus. Dann schiebt die Bäuerin die Enteneier einer Gluckhenne unter. Die Henne brütet, bis die Entchen schlüpfen. Dann führt sie die Kleinen aus und zeigt ihnen, wie sie Futter aufpicken müssen. Wenn ein Entchen wegläuft, lockt sie es mit Glucksen zurück. (Deshalb heißt sie Gluckhenne.) – Jetzt mußt du wissen, daß Enten Wasservögel sind und Hühner nicht schwimmen können. Und so passierte es eines Tages.

Die Gluckhenne Isabella hatte sechs Entenküken ausgebrütet und kam mit ihnen auch an den Hofteich. Fröhlich piepsend sprangen die Entchen ins Wasser und tummelten sich darin. Die Henne Isabella lief am Ufer hin und her und lockte – vergebens. Sie schlug mit den Flügeln und schrie sich heiser vor Angst.

Da sprang der Hofhund Bello ins Wasser. Ob er die Hühnersprache verstand? – Jetzt erschraken die Entchen und krabbelten an Land. Erleichtert glucksend ging Isabella zum Hof zurück. Die Entchen folgten ihr im Gänsemarsch.

Das entführte Krokodil

Zum neunten Geburtstag bekam Ulla von ihren Eltern ein Krokodil geschenkt; kein lebendiges, sondern eine Brosche zum Anstecken. Das Krokodil war aus glänzendem Schmuckstein, sieben Zentimeter lang und hatte blitzende Augen im Kopf. „Danke!" rief Ulla.

Sie lief zum offenen Fenster und hielt das Prachtstück ins Sonnenlicht. „Seht nur, wie es leuchtet!" rief sie begeistert.

Da schoß etwas Dunkles heran, packte zu und verschwand. „Mein Krokodil!" jammerte Ulla entsetzt. Die Eltern liefen zum Fenster. Ein großer schwarzweißer Vogel flog dem Waldrand zu. „Eine Elster", sagte Vater. „Elstern sammeln Glitzerndes und tragen es in ihre Nester. Daß sie auch aus der Hand stibitzen, hätte ich nicht gedacht." Ulla weinte.

„Morgen kaufen wir dir eine ähnliche Brosche", versprach Mutter, und Ulla war getröstet ...

Was aus dem entführten Krokodil wurde? – Sicher ist, daß sich die Elster daran freute.

Uropa Prikuleit erzählt

Uropa Johannes Prikuleit ist achtzig Jahre alt und kerngesund. Früher ist er in Ostpreußen zu Hause gewesen. Dort hatte sein Vater Pferde gezüchtet.

Heute, an seinem achtzigsten Geburtstag, erzählt der Uropa den Urenkeln aus seiner Kinderzeit. „An meinem zehnten Geburtstag", erzählt er, „schenkte mir mein Vater ein Pferd."

Es war die dreijährige Schimmelstute „Schneeflöckchen", die der kleine Johannes noch nie hatte reiten dürfen. Sie war eines der besten Pferde im Gestüt, galt jedoch als eigensinnig. Sie hatte schon manchen Reiter abgeworfen. Johannes war stolz, daß ihm Vater so viel zutraute. Beim Dankeschön stotterte er vor Freude. Dann schenkte ihm der Vater auch noch einen neuen Sattel, Zaumzeug und Reitstiefel. „Da sind keine Sporen dran", meinte der Junge ein wenig enttäuscht.

„Die schenke ich dir nicht", sagte Vater sehr ernst. „Mit Sporenhieben machst du dir kein Pferd zum Freund. Wenn du ihm immer wieder die Eisen in die Flanken stößt, wird es bald bösartig sein. Zum Antreiben taugen Zurufe und ein kräftiger Schenkeldruck viel besser."

„Entschuldige", bat Johannes. „Das hab' ich nicht überlegt. Ich möchte mit Schneeflöckchen gut Freund werden. Ich hatte bis jetzt ja auch keine Sporen. Darf ich reiten?"

„Aber ja", sagte der Vater.

Johannes klopfte der Stute den Hals und redete ihr leise zu.

Sie spitzte die Ohren, ließ sich satteln und zäumen.

Reiten hatte Johannes schon längst gelernt. Doch jetzt ritt er sein eigenes Pferd! Er schwang sich in den Sattel.

Ein heller Zuruf, ein leichter Schenkeldruck. Schneeflöckchen trabte an. Johannes ritt durch das Hoftor ins Freie. Dann gab er dem Pferd die Zügel frei und jauchzte hellauf.

Die Stute fiel in Galopp ...

Zwei Stunden später brachte sie ihr neues Herrchen wohlbehalten zurück.

„Ich bin stolz auf dich, mein Sohn", sagte der Vater.

Die Lorbeerliesl

Liesl war müde geworden. Zehn Jahre lang hatte sie Urlauber durch die Umgebung der Kurstadt gezogen; im Sommer im Kutschwagen, im Winter im Schlitten. Vorher hatte sie auf einem Bauernhof gearbeitet. Für Kurgäste und Urlauber war sie das netteste Zugpferd, das sie sich denken konnten.

Nun hatte sie das Pensionsalter erreicht. „Sie bekommt das Gnadenbrot, solange sie lebt", sagte ihr Herr.

Nach der letzten Fahrt schenkten ihr dankbare Feriengäste einen Kranz aus echten Lorbeerblättern. Der Kutscher hängte ihn in Liesls Stallbox ...

Am nächsten Morgen hing nur noch das Kranzgerippe vor Liesls Nase. Die Blätter waren ratzekahl abgefuttert.

„Ich wußte nicht, daß sie Lorbeer zum Fressen gern hat", sagte Liesls Herr.

Seither heißt sie „die Lorbeerliesl".

Kampf gegen Wölfe

„Als ich zehn Jahre alt war", erzählte Uropa Prikuleit, „litten wir in Ostpreußen unter Wölfen. Meist schlichen sie in der Abenddämmerung an. In unser Gestüt kamen zwei am hellen Nachmittag.

Mein Vater und ich sahen sie in die Koppel springen. Dort hielten sich nicht nur ausgewachsene Pferde auf, sondern auch Jungtiere. Vater packte sein Gewehr, riß das Fenster auf – und brauchte nicht zu schießen.

Unsere Hengste ‚Donner' und ‚Blitz' galoppierten auf die Wölfe zu. Die anderen Pferde drängten sich in einer Ecke zusammen.

Der erste Wolf fletschte Blitz die Zähne entgegen und knurrte drohend. Der Hengst stieg – und bevor die Bestie ausweichen konnte, trafen sie die Vorderhufe tödlich.

Der zweite Wolf sprang an Donner vorbei – und wurde von dessen auskeilenden Hinterhufen erlegt.

Der Kampf war zu Ende, kaum daß er begonnen hatte. Donner und Blitz wieherten triumphierend."

Und dann geht's los

Bettina und Tobias machten mit ihren Eltern Urlaub in einem italienischen Landgasthof. Bettina war neun, Tobias zehneinhalb Jahre alt.

Für Urlauberkinder boten die Wirtsleute ein Pony und zwei Esel zum Reiten an. Bettina hatte zu Hause schon Reitstunden genommen, Tobias nicht.

„Reiten kann ich auch so", prahlte er. „Ich steig' auf, und dann geht's los."

„Auch mit Cäsar?" spöttelte Bettina. Der Esel Cäsar galt als eigensinnig.

„Wetten, daß ich ihn schaffe?" sagte Tobias. Sie wetteten um den Nachtisch-Eisbecher.

Kurz darauf ritten sie los; Tobias auf Cäsar, Bettina auf dem Pony. Der Esel zeigte sich friedlich.

„Na also", triumphierte Tobias.

„Abwarten", sagte Bettina.

Nach knapp fünf Minuten blieb Cäsar stehen und knabberte an einer Distelstaude.

„Hüü!" rief Tobias.

Der Esel wackelte mit den Ohren und futterte weiter.

Tobias versuchte es mit gutem Zureden, dann mit Schimpfen, und schließlich schlug er mit dem Zügel zu.

Bettina galoppierte auf ihrem Pony davon. „Mistesel!" wetterte Tobias. Cäsar stieß eine Art Grunzen aus – und trabte an. Aber nur deshalb, weil er die Distelstaude kahlgefressen hatte.

Die zweite stand nicht weit entfernt. Auch hier genoß Cäsar den seltsamen Leckerbissen. Tobias tobte vergebens. Nicht einmal das Anspornen mit den Fersen half. Zum Glück war die zweite Staude kleiner als die erste. Dann kam die dritte, und Tobias wurde es zu dumm. Wütend zog er Cäsar an den Ohren. Das war zuviel. Der Esel stöhnte, „I-aaa" und warf die Hinterbeine hoch. Tobias flog über den Eselskopf in die Distel hinein. Cäsar trabte nach Hause zurück. Tobias hinkte hinterher; und Bettina verdrückte zwei Eisbecher zum Nachtisch.

56

Der König der Tiere

So wird der Löwe genannt. Mit seinem mächtigen Kopf und der langen Mähne sieht er majestätisch aus. Die meiste Zeit döst er vor sich hin. Die Löwinnen sind kleiner als er. Sie tragen keine Mähnen und schuften für die ganze Familie. – Was ich erzähle, geschieht in der afrikanischen Steppe immer wieder.

Eine Antilopenherde weidete im Steppengras. Vier Löwinnen hatten sich angeschlichen und so verteilt, daß sie ihre Beute in die Zange nehmen konnten. Dann ging es Schlag auf Schlag. Eine Löwin jagte auf die Herde zu. Die Antilopen galoppierten davon. Die drei anderen Löwinnen hetzten ihr entgegen. Sie trennten ein Tier von der Herde – und schon war es geschehen. Die Beute lag leblos.

Löwenkinder tapsten heran. Gefährliches Knurren hielt sie zurück. Der Löwe kam. – Erst als er seine Mahlzeit beendet hatte, durften auch Frauen und Kinder speisen. – Die nächste Beute, ein Zebra, gehörte den Löwinnen und ihren Jungen allein. Der König war satt.

Elefanten mit Herz

Brütende Hitze lag auf der afrikanischen Steppe. Wochenlang war kein Regen gefallen. Viele Wasserstellen waren vertrocknet. Das Gras war verdorrt. Welk hingen die Blätter an Sträuchern und Bäumen.

Eine Elefantenherde wanderte dem weit entfernten Fluß zu. Ihr Gefühl trieb sie dorthin. („Instinkt" sagen die Menschen dazu.) Ein altersschwaches Tier blieb immer weiter zurück. Es drohte zusammenzubrechen.

Bevor es niedersank, stapften zwei Elefantenbullen zu ihm. Sie stupsten es an und zwängten es in ihre Mitte. Halb tragend, halb schiebend führten sie es hinter der Herde her – meilenweit, bis zum rettenden Fluß, der Wasser und Leben gab ...

Das ist kein Märchen, sondern wirklich geschehen. Ein Forscher, der in Afrika unterwegs gewesen war, hat es gesehen und aufgeschrieben.

Ritter und Burgen

Die Kuh vom Drachenstein

Der Ritter Kunibert hauste mit seiner Familie, hundertzwanzig bewaffneten Knechten und einigen Mägden in der Burg Drachenstein. Sie stand auf einem steilen Fels. Ein einziger Weg führte in spitzen Kehren zur Höhe. Noch keinem Feind war es gelungen, die Burg zu erobern.

Jetzt rückte Graf Wetterich, Ritter Kuniberts schlimmster Feind, mit großer Streitmacht an. Seine Krieger schlossen einen Ring um den Fels, damit niemand aus der Burg entkommen konnte. „Ich werde sie aushungern", spottete Graf Wetterich. „Wenn sie nichts mehr zu beißen haben, müssen sie sich ergeben."

Die Belagerung dauerte lange. Die Drachensteiner besaßen große Vorräte. Wasser gab der tiefe Brunnen im Burghof ...

Die Zeit verrann, und die Lebensmittel wurden knapp. – Dann kam der Tag, an dem der letzte Bissen aufgezehrt war. „Wir müssen uns ergeben", sagte Ritter Kunibert.

„Vielleicht könnten wir uns mit einer List befreien", meinte seine Gemahlin. Sie erzählte ihren Plan, und die Belagerten hofften wieder.

In aller Eile stopften sie das Fell der zuletzt geschlachteten Kuh prall mit Heu und Stroh aus. Dann nähten sie die Beine und den Kopf daran. Am nächsten Morgen bewegten sie vier Männer an Stangen über der Burgmauer. Vom Tal her sah es aus, als weide ein wohlgenährtes weißes Rind das Gras hinter den Zinnen ab.

„Seltsam, daß das Vieh so fett ist", brummte Graf Wetterich – aber es kam noch besser.

Eine Stunde später erschien eine rotbraune Kuh. Der Graf staunte. Er ahnte nicht, daß die Burgleute das weiße Fell rotbraun angestrichen hatten. – In den nächsten Tagen weideten eine schwarze, eine schwarzweiße, eine weißbraune und eine buntgescheckte Kuh auf der Burgmauer.

„Weiß der Kuckuck, woher die Drachensteiner ihren Nachschub kriegen!" wetterte der Wetterich. „Sie müssen mit dem Teufel im Bunde sein!" Und er zog bei Nacht und Nebel mit seinen Kriegsknechten ab.

Die Befreiten ließen Kuniberts Gemahlin hochleben. Und der Ritter führte von da an den Kopf eines Rindes im Wappen.

Aus einer alten Chronik

Vor 700 Jahren lebte in Tirol der hartherzige Ritter von Rottenburg. Arme und Notleidende ließ er davonjagen. Reste von Mahlzeiten befahl er den Schweinen vorzuwerfen. Wer sie Hungernden zusteckte, wurde bestraft.

Im Dienste des Ritters stand auch die Magd Notburga. Sie hatte Mitleid mit den Armen, sparte sich Bissen vom Munde ab und gab sie verstohlen den Bettlern.

Eines Tages, als sie Brot in ihrer Schürze aus der Burg trug, trat ihr der Ritter entgegen. „Was schleppst du da hinaus?" fragte er streng. Zitternd öffnete Notburga die Schürze. Und siehe da – es lagen Hobelspäne darin ...

Die Chronik berichtet, daß sich der Ritter von da an gebessert habe.

In der katholischen Kirche wird die Magd Notburga als Heilige verehrt.

Das Geheimnis von Falkenberg

Der alte Graf von Falkenberg war gestorben. Johannes, sein einziger Sohn, erbte die Burg und das Land, das dazugehörte. Er galt als tapferer Ritter. – Kurz nachdem er das Erbe angetreten hatte, verschwanden er und seine Gemahlin spurlos. Vetter Edelbert ließ sie überall suchen. Die Knechte suchten vergebens.

Nun erbte der Vetter die Grafschaft. Zur Feier des Tages lud er Freunde in die Burg. Beim Gastmahl trug der Sänger Reimar Lieder zur Laute vor. Als er von den Taten des tapferen Ritters Johannes sang, höhnte Edelbert: „Dein tapferer Johannes sitzt auf verfaultem Stroh!" Er hatte zuviel getrunken und wußte kaum mehr, was er redete. Die Gäste sprangen auf. Zu spät begriff Edelbert, daß er sich verraten hatte.

Nun kam die Schandtat ans Licht. Edelbert hatte Johannes und dessen Gattin bei Wasser und Brot ins Burgverlies sperren lassen.

Jetzt brauchten sie eine Zeitlang, bis sie sich an das Tageslicht gewöhnten.

Johannes trat sein Erbe wieder an. Edelbert und seine Helfer wurden aus dem Reiche verbannt.

Die Streithammel

Die Ritter Damian der Dickschädel und Eberhard der Eisenfresser waren Feinde. („Sie lebten in Fehde", hieß das im Mittelalter.) Ihre Burgen lagen zwei Reitstunden voneinander entfernt. – Immer wieder kam es zum Kampf. Bauerndörfer gingen in Flammen auf, und die Helden holten sich blutige Köpfe. Keiner besiegte den anderen.

Die Burgfrauen versuchten ihre Männer friedlich zu stimmen. Ritter und Knechte blieben stur. Sie waren sogar stolz auf die Wunden, die sie im Kampf bekommen hatten ...

Da wurde es den Frauen zu dumm. Sie schickten heimlich Botinnen zueinander. Dann ritten sie ins Gebirge. Vor Berchtas Hütte trafen sie zusammen. Die alte Frau verstand sehr viel von Kräutern. Den Wunsch der Damen erfüllte sie gern. Sie gab jeder ein Fläschchen, das eine klare Flüssigkeit enthielt. „Das reicht für eure Helden", versicherte sie. Die Damen ritten zurück und warteten ...

Nach drei Jahren rüsteten die Streithammel wieder zum Kampf. Vorher tranken sie sich Mut an. In jedem Burghof stand ein Faß Wein. Den ersten Becher leerte der Ritter, dann tranken die Knechte. Daß Berchtas Schlaftrunk im Wein war, merkten sie nicht.

Lärmend zogen der Dickschädel, der Eisenfresser und ihre Kumpane einander entgegen. – Auf einmal kippten die Ritter aus den Sätteln, dann fiel ein Knecht nach dem anderen um. Statt Kampflärm war lautes Schnarchen zu hören.

Da eilten die Ritterfrauen mit ihren Mägden heran. Sie hatten Pferde und Wagen im Wald versteckt. Rasch luden sie die Waffen, Schilde und Helme der Schnarcher auf die Wagen und fuhren damit in die Burg zurück ...

Von da an war Friede. Die Frauen drohten, den Schnarcherfeldzug bekanntzumachen, falls die Männer noch einmal losschlagen würden. Sich im Land lächerlich zu machen konnten sich der Dickschädel und der Eisenfresser nicht leisten. Also gaben sie Ruh'.

Erst nach ihrem Tod wurde alles bekannt. Da machte es ihnen nichts mehr aus.

Einer alten Geschichte nacherzählt

Die Falle

Der Ritter Hans von Schönau besaß eine Burg mit einem engen Burghof. Sie lag nahe am See und wurde von einem Wassergraben umgeben, über den eine Zugbrücke führte.

Eines Tages forderte Robert von Rating den Schönauer auf, sich ihm zu ergeben. „Wenn nicht", sagte der Bote, „wird mein Herr Eure Burg erstürmen und Euch in Gefangenschaft schleppen."

„Ich fürchte mich nicht", antwortete der Schönauer. – Er ließ seine Fischer starke Netze zusammennähen und an Halteseilen über den Burghof spannen. Dann schickte er einen Mann zu Robert von Rating. Der angebliche Verräter versprach, die Wachen betrunken zu machen und dann die Zugbrücke herunterzulassen.

Die List gelang. In der Nacht schlichen die Angreifer über die Zugbrücke in den Burghof. Da wurden über ihnen die Halteseile gekappt, und die Überrumpelten zappelten im Netz.

Der Ratinger mußte sich ergeben, Frieden schwören und mit Schimpf und Schande abziehen.

Der kleine Ritter

Jaromir Maly war der kleinste, die Zwillinge Jan und Pavel Veliky waren die größten böhmischen Ritter. Eines Tages trafen sie in der Prager Burg zusammen. „Ein Zwerg", spotteten die Riesen. – „Greift mich an!" antwortete Jaromir. „Ich werde euch Angeber besiegen." – „Der Kampf findet morgen statt", entschied der König ...

Zum Gefecht erschienen die Zwillinge auf ihren Schlachtrossen. Der kleine Ritter kam zu Fuß in seinem Werktagsgewand. In der Hand hielt er eine brennende Fackel, am Schulterriemen trug er eine Ledertasche. „Greift an!" rief er den Zwillingen zu. – Jan galoppierte von links, Pavel von rechts heran. Jaromir griff in die Tasche und streute eine Handvoll Krümel auf die Fackel. Zwei grellrote Blitze schossen in die Höhe. Die Pferde bäumten sich auf. Jan und Pavel flogen aus den Sätteln und blieben benommen liegen. Jaromir brannte ihnen die Helmbüsche ab ...

Die Besiegten verschwanden aus Prag. Den Sieger ernannte der König zum Hofmeister.

Eine Geschichte aus Böhmen

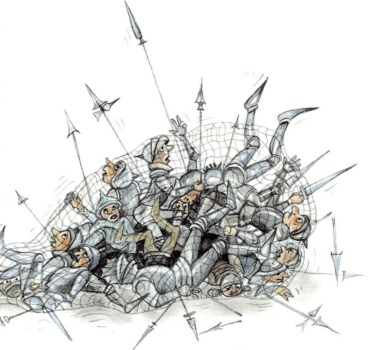

Der schwarze Ritter

Im Lande des Herzogs Adalbert ging es den Leuten gut. Der Herzog war gerecht und führte keine Kriege. Doch viele Ritter waren unzufrieden. „Wir wollen kämpfen", murrten sie. „Es gibt doch Turniere", sagten Freunde des Herzogs.

„Turniere?" spotteten die anderen. „Das sind doch nur Schaugefechte, die mit stumpfen Waffen ausgetragen werden. Der Herzog hat noch an keinem Turnier teilgenommen. Bei den meisten hat er nicht einmal zugesehen." Und Hetzer tuschelten: „Der Herzog ist feige. Wir sollten ihn beseitigen und den schwarzen Ritter zum Herzog machen."

Der geheimnisvolle schwarze Ritter hatte in fünfzig Turnieren gesiegt. Doch nie hatte er das Visier gehoben, das sein Gesicht verdeckte. Nach jedem Kampf war er unerkannt davongaloppiert. – Er trug eine schwarze Rüstung, einen schwarzen Helm, einen schwarzen Schild und ritt einen Rappen ...

Die Verschwörer beschlossen, Herzog Adalbert während des nächsten Turniers gefangenzunehmen und den schwarzen Ritter zum neuen Herzog auszurufen.

Das Turnier fand am Geburtstag der Herzogin auf dem großen Anger vor der Herzogsburg statt. Hundert Kämpfer hatten sich angemeldet, unter ihnen der schwarze Ritter.

Kurz vor Turnierbeginn erfuhren die Verschwörer, daß Herzog Adalbert verreist sei. „Jetzt rufen wir den schwarzen Ritter erst recht zum Herzog aus", bestimmte ihr Anführer ...

Fanfaren schmetterten. Das Turnier begann. In zwei Gruppen galoppierten die Ritter aufeinander zu. Stumpfe Lanzen krachten auf Schilde. Pferde wieherten grell.

Das Gefecht dauerte stundenlang. Ungefährlich war es nicht. Die Wundärzte bekamen Arbeit ...

Sieger wurde der schwarze Ritter. Er ritt zur Tribüne und verneigte sich vor der Herzogin. „Er soll unser Herzog sein!" schrien die Verschwörer.

„Zeig ihnen dein Gesicht!" bat die Herzogin den Sieger. Er nahm den Helm ab, und ein Raunen ging durch die Menge. Der schwarze Ritter war – Herzog Adalbert.

Der neue Name

In einer großen Schlacht hatte ein mutiger Ritter seinem König das Leben gerettet. Nach dem Sieg fragte ihn der König: „Wie ist Euer Name, tapferer Held?"

„Heribert von Ziegenböck, Majestät", antwortete der Ritter.

Die anderen Ritter schmunzelten. „Hättet Ihr nicht gern einen schöneren Namen?" fragte der König.

„Den Namen habe ich mir nicht ausgesucht, Majestät", antwortete der Ritter. „Mein Vater hat ihn mir gegeben."

„Zum Dank dafür, daß Ihr mir das Leben gerettet habt, gestatte ich Euch, einen schöneren Namen zu wählen", sagte der König.

Der Ritter überlegte nicht lange. „Nun denn, Majestät", sagte er lächelnd, „dann möchte ich – Heinrich von Ziegenböck heißen."

Einer alten Rittergeschichte nacherzählt

Graf Ludwig braucht Hilfe

Graf Ludwig von Hainberg war ein stolzer, jähzorniger Ritter. Als er an einem Freitag allein durch den Wald ritt, wurde er von Räubern überfallen. Sie zogen ihm die Rüstung aus, nahmen sein Pferd und seine Waffen mit und ließen ihn halb tot liegen.

Da kam ein Bauer des Weges. „Bring mich in meine Burg!" keuchte der Graf. „Ich befehle es dir!" Der Bauer ging weiter, als ob er nichts gehört hätte. Vergebens versuchte der Verletzte sich aufzurichten.

Da kam ein Händler geritten. „Bring mich in meine Burg!" herrschte ihn Graf Ludwig an.

Der Händler ritt weiter, und der Graf fürchtete um sein Leben.

Da tauchten zwei Bettler auf. „Ich bin Graf Ludwig", stöhnte der Hilflose. „Bringt mich in meine Burg, ich bitte euch!" Sie hoben ihn auf und trugen ihn behutsam.

So erfuhr der Graf, daß eine Bitte oft besser ist als ein Befehl.

Der Raubritter Eppelein

In der späten Ritterzeit wurden die Handelsstädte immer mächtiger. Sie waren von hohen Mauern und starken Türmen umgeben. Bewaffnete Stadtknechte wehrten Angreifer ab. Ritter, deren Burgen in der Nähe dieser Städte standen, verarmten. Manche wurden Raubritter. Sie überfielen Warenzüge, nahmen Handelsleute gefangen und erpreßten Lösegelder.

Einer der grimmigsten und listigsten Feinde der reichen Handelsstadt Nürnberg war der Raubritter Eppelein von Gailingen.

Einen seiner frechsten Streiche führte er am hellichten Tag vor vielen Leuten aus.

In der Peunt, einem streng bewachten Haus, bewahrten die Nürnberger wertvolle Schätze auf. Der kostbarste war ein goldener Vogelkäfig. Darin saßen keine Vögel; er war mit Edelsteinen angefüllt. Einmal im Jahr durfte das Volk die Schätze bestaunen. Bewaffnete Stadtknechte paßten auf, daß nichts gestohlen wurde.

Einmal war auch ein fremder Herr unter den Besuchern. Er trug einen weiten Mantel. Vor dem goldenen Käfig blieb er bewundernd stehen.

Da war plötzlich Krach am Eingang. Drei betrunkene Bauern griffen einen Wächter an. Die anderen Stadtknechte eilten ihm zu Hilfe. Die Leute drehten sich nach den Raufbolden um. – Blitzschnell griff der fremde Herr nach dem kostbaren Käfig, versteckte ihn unter seinem Mantel und verschwand. Die Bauern waren plötzlich nüchtern, stießen die Stadtknechte beiseite und verschwanden ebenfalls. Zu spät merkten die Nürnberger den Betrug. Der fremde Herr war der verkleidete Eppelein gewesen, die Bauern waren seine Knechte. Sie hatten die Leute abgelenkt, damit ihr Herr den goldenen Käfig samt dem kostbaren Inhalt stehlen und verschwinden konnte.

Eine Woche danach erhielt der Rat der Stadt Nürnberg einen Brief. Darin stand: „Für den Käfig und die Edelsteine dankt Eppelein von Gailingen."

Eppelein betrügt einen Schmied

Eines Tages kam der Raubritter Eppelein, als Ratsherr verkleidet, zu einem Nürnberger Schmied. „Mein Roß hat ein Hufeisen verloren, Meister Morer", sagte er. „Beschlagt es!"

Der Schmied verneigte sich vor dem hohen Herrn, beschlug das Pferd und verlangte vier Kreuzer Lohn.

„Aber, aber, mein Lieber", sagte Eppelein, „das ist zu wenig. Ich bin Ratsherr der Stadt Nürnberg und will Euch anständig bezahlen. Geht ins Rathaus, und laßt Euch vier Goldgulden geben."

Der Schmied bedankte sich vielmals.

Eppelein schwang sich auf sein Roß und ritt aus Nürnberg hinaus. Am Tor rief er den Wächtern zu: „Sagt Meister Morer einen schönen Gruß vom Ritter Eppelein!"

Im Rathaus bekam der Schmied nicht nur kein Geld, sondern wurde auch noch ausgelacht, weil er auf den Eppelein hereingefallen war.

Eppelein und der Doktor

Eines Tages schickte der Raubritter Eppelein einen Boten mit einem Brief an den Rat der Stadt Nürnberg. In dem Brief stand: „Ich habe schreckliche Schmerzen. Schickt mir Euren besten Arzt, daß er mich heile. Ich werde mich dankbar zeigen. Eppelein von Gailingen."

Die Nürnberger sandten ihren besten Arzt in Eppeleins Burg. Der Doktor untersuchte den Ritter, stellte eine Verstopfung fest und braute einen Abführtrank zusammen. Als er dem Kranken den Becher reichte, sprang Eppelein auf. „Haben dich die Nürnberger geschickt, damit du mich vergiftest?!" schrie er den Doktor an. Dann zwang er den Erschrockenen, die Hälfte der Medizin zu trinken. Als der Arzt nicht tot umfiel, trank auch Eppelein.

Der Abführtrank wirkte bei beiden.

Den Doktor ließ der Raubritter trotzdem nicht nach Hause reiten. Er hielt ihn im Turm gefangen, bis die Nürnberger 400 Goldgulden Lösegeld für ihren besten Arzt bezahlten.

Eppelein als Hochzeitsgast

Agnes Tetzel, die Tochter eines reichen Nürnberger Kaufherrn, heiratete den ebenso reichen Kaufmann Mendel. Die prächtige Hochzeit wurde im großen Rathaussaal gefeiert. Zahlreiche Gäste saßen an der Tafel. Die besten Speisen und der teuerste Wein wurden aufgetragen. Musikanten spielten fröhliche Weisen.

Da stürzte ein Bote in den Saal und rief dem Bräutigam zu: „Herr Mendel, Herr Mendel! Eure Wagen, die mit Samt und feinen Tuchen aus Polen unterwegs waren, wurden vom Eppelein ausgeraubt! Ein einziger Knecht ist aus dem Kampf entkommen. Er wartet im Hof!"

Die ganze Hochzeitsgesellschaft eilte in den Hof hinunter, doch dort stand kein Knecht. Im Hochzeitssaal raffte der Bote – der niemand anders als der verkleidete Eppelein war – die kostbarsten Hochzeitsgeschenke in ein Tischtuch, knotete es zusammen, warf es über die Schulter und verschwand.

Eppeleins Rache

300 Goldgulden boten die Nürnberger Ratsherren für die Ergreifung des gefürchteten Raubritters Eppelein von Gailingen, aber der ließ sich nicht fangen. „Er steht mit dem Teufel im Bunde", tuschelten die Leute.

Eines Tages zog eine starke Nürnberger Kampftruppe vor Eppeleins Burg Dramaus, beschoß sie mit schwerem Geschütz und eroberte sie im Sturm. Doch Eppelein war ausgeflogen. Er hatte sich mit seiner Familie und Freunden bei seinem Neffen Wolf von Wurmstein in Sicherheit gebracht. Die Nürnberger zerstörten Dramaus bis auf die Grundmauern.

Eppelein rächte sich. In einer dunklen Nacht ritt er nach Nürnberg und warf eine brennende Fackel über die Stadtmauer. Sie setzte ein Hausdach in Brand, und im Nu stand das ganze Gebäude in Flammen. Der Wind trieb das Feuer weiter. Bevor Alarm gegeben wurde, war es schon auf die Nachbargebäude und in die nächsten Gassen übergesprungen. – Mehr als 400 Häuser fielen Eppeleins Rache zum Opfer.

Eppelein wird verraten

Jahrelang hatte der Raubritter Eppelein den Nürnbergern Schaden zugefügt. Immer wieder war er den Häschern entkommen, die 300 Gulden an ihm verdienen wollten. So viel war er den Nürnberger Ratsherren wert.

Da verriet ihn ein Roßhändler aus Forchheim. Er war Eppeleins Freund, doch 300 Gulden bedeuteten ihm mehr als die Freundschaft. „Ich liefere Euch Eppelein aus", versprach er den Nürnbergern. Die Ratsherren sagten ihm die 300 Goldgulden zu.

Der Roßhändler schrieb Eppelein in einem Brief, daß er einen herrlichen Rappen gekauft habe. Aus alter Freundschaft biete er das edle Tier zuerst seinem Freund Eppelein an. Er möge nach Forchheim kommen und es ansehen. Eppelein ritt nach Forchheim. Der Händler führte ihn in den Stall. Dort stand kein Rappe. Nürnberger Stadtknechte fielen über den Verratenen her und nahmen ihn gefangen. In Ketten wurde Eppelein nach Nürnberg gebracht.

Eppeleins Meisterstück

Die Nürnberger Ratsherren verurteilten den Raubritter Eppelein von Gailingen zum schimpflichen Tod am Galgen. Das Urteil sollte auf der Nürnberger Burg vollstreckt werden. Bewaffnete Stadtknechte schirmten den Hof nach drei Seiten ab. An der vierten Seite war die Burgmauer. Dahinter fiel der Fels fünf Meter tief zum breiten Burggraben hinunter.

Nun durfte jeder Verurteilte vor seinem Tod einen letzten Wunsch aussprechen. Eppelein bat, noch einmal auf seinem Pferd reiten zu dürfen. Es wurde ihm erlaubt, denn ein Entkommen von hier gab es nicht – dachten die Richter.

Das Pferd wurde in den Hof geführt. Eppelein schwang sich in den Sattel. Er ritt eine Runde, dann spornte er das Roß zum Sprung über die Mauer an. Pferd und Reiter flogen in die Tiefe. Jenseits des Grabens setzte das Roß auf festem Boden auf und verschwand mit seinem Reiter im Wald.

67

Don Quichotte kämpft gegen Windmühlen

Vor 400 Jahren schrieb der spanische Dichter Cervantes sein berühmtes Buch über die Abenteuer des komischen Ritters Don Quichotte. („Don" bedeutet „edler Herr". Quichotte wird „Kichott" ausgesprochen.)

Damals gab es keine Ritter mehr, aber Don Quichotte wollte einer sein. Er hatte so viele Ritterromane gelesen, daß er davon ganz wirr im Kopf geworden war. Eines Tages holte er die Ritterrüstung seines Ururgroßvaters aus dem Keller und putzte sie blank. Er beulte den Helm aus, machte den Schild sauber und kratzte den Rost von den Sporen und der Lanzenspitze.

Und weil zu einem Ritter ein Knappe oder noch besser ein Stallmeister gehörte, überredete er seinen Nachbarn Sancho Pansa, mit ihm zu reiten. Er versprach, ihn zum Statthalter eines eroberten Landes zu machen. Sancho Pansa vertraute dem Edelmann und ritt mit ihm.

Don Quichotte war zaundürr und himmellang, Sancho Pansa klein und dick. Der Don ritt auf seinem zaundürren Pferd Rosinante, der Diener Sancho auf einem wohlgenährten Packesel. In der Abenddämmerung des dritten Tages sahen sie Windmühlen vor sich. Don Quichotte hielt sie für vierarmige Riesen. „Auf in den Kampf!" rief er, spornte sein Roß an und galoppierte auf die erste Mühle zu. Wind kam auf. Die Mühlenflügel drehten sich. „Und wenn du noch so wild um dich schlägst", rief Don Quichotte, „ich werde dich besiegen!" Mit aller Gewalt rammte er die Lanze in einen Windmühlenflügel. Die Kraft des Windes war stärker. Don Quichotte flog aus dem Sattel, Rosinante wurde zur Seite geschleudert.

Sancho Pansa eilte heran. „Habt Ihr Euch weh getan, Herr?" fragte er. „Ja", antwortete Don Quichotte, „aber ein Ritter darf nicht jammern." Sancho half ihm auf die Beine. Der Wind legte sich, die Mühlenflügel standen still. „Ich habe einen der Riesen besiegt", stöhnte Don Quichotte. „Das genügt für heute. Reiten wir weiter."

Don Quichotte und der Löwe

Eines Tages begegneten Don Quichotte und sein Diener Sancho Pansa zwei Männern mit einem Maultierkarren. Auf dem Karren standen zwei Käfige. Im ersten lag ein riesiger Löwe, im zweiten eine Löwin. Sie waren Geschenke eines Statthalters an den spanischen König. Gelangweilt dösten sie vor sich hin.

„Ich fordere den Wüstenkönig zum Kampf heraus", sagte Don Quichotte. „Öffnet den Käfig!"

„Nein!" riefen die fremden Männer. „Bitte nicht!" jammerte Sancho Pansa.

„Aufmachen!" befahl Don Quichotte. Und weil er so drohend mit der Lanze herumfuchtelte, öffnete einer der Männer den Käfig. Dann liefen beide davon. Der Löwe blinzelte mit einem Auge, gähnte und blieb liegen.

„Komm heraus!" rief Don Quichotte und stieß ihn mit der Lanze an. Der Wüstenkönig drehte ihm das Hinterteil zu und döste weiter.

Don Quichotte schloß die Käfigtür. „Du bist ein Feigling, Löwe", höhnte er. „Gegen Feiglinge kämpfe ich nicht. Komm, Sancho!"

Und sie ritten weiter.

Don Quichotte siegt – und muß bezahlen

An einem Sonntag nachmittag ritten Don Quichotte und sein Diener Sancho Pansa in eine kleine Stadt ein. Auf dem Marktplatz zeigten Puppenspieler ein aufregendes Stück, in dem ein christlicher Ritter von grimmigen Heiden verfolgt wurde. Viele Leute sahen zu.

Don Quichotte zog den Degen. „Platz da!" rief er, spornte sein Pferd Rosinante an und stürmte gegen die Bühne. Erschrocken sprangen die Leute zur Seite. „Nein, Herr!" schrie Sancho Pansa. „Es ist doch nur Theater!"

Don Quichotte hörte nicht auf ihn. Mit wuchtigen Hieben schlug er auf die Heiden ein. Die Puppenköpfe kugelten durcheinander. Zu spät rissen die Puppenspieler den Verrückten vom Pferd. Sie hielten ihn fest und schrien, daß er den Schaden bezahlen müsse.

Langsam dämmerte es Don Quichotte, daß er keine lebendigen Heiden, sondern nur Puppen besiegt hatte. Seufzend ergriff Sancho Pansa in den gemeinsamen Geldbeutel und bezahlte.

Räuber und Piraten

Ali Baba und die vierzig Räuber

Vor langer Zeit lebte in Persien ein junger Mann, der Ali Baba hieß. Er hauste in einer Hütte am Stadtrand. Was er zum Leben brauchte, verdiente er mit Holzfällen. Das Holz schlug er im nahen Wald, belud seine drei Esel damit und verkaufte es in der Stadt. Eines Tages, als er wieder im Wald war, sah er bewaffnete Reiter herangaloppieren. Er ahnte, daß es Räuber waren.

Hastig versteckte er seine Esel im Gebüsch, kletterte auf einen Baum und verbarg sich in den Ästen. In der Nähe des Baumes ragte ein mächtiger Fels auf. Vor diesem hielten die Reiter. Sie sprangen von den Pferden und luden schwere Säcke ab, die sie zur Felswand schleppten.

Der Anführer rief: „Sesam, öffne dich!" Der Fels tat sich auf. Die Männer verschwanden darin, und die Felswand schloß sich hinter ihnen. – Nach kurzer Zeit kamen sie zurück. Ali Baba zählte vierzig Mann. Die Säcke waren geleert. „Sesam, schließe dich!" befahl der Hauptmann, und die Wand tat sich zu.

Die Mäner sprangen auf ihre Pferde und preschten davon.

Ali Baba glitt vom Baum herunter, trat vor den Fels und sagte: „Sesam, öffne dich!" Der Fels gehorchte ihm. Ali Baba trat in eine große Halle. Durch ein Deckenfenster fiel Licht herein. An den Wänden waren reiche Schätze aufgestapelt. In vielen Kisten lagen Gold- und Silberstücke. Ali Baba stand in der Schatzkammer der Räuber.

Rasch holte er seine Esel herein und belud sie mit so viel Gold und Silber, wie sie tragen konnten. Dann führte er sie ins Freie und sagte: „Sesam, schließe dich!" Der Fels tat sich zu. Ali Baba bedeckte die kostbaren Lasten mit Reisig und kehrte nach Hause zurück. Jetzt war er reich.

Er zog in eine andere Stadt, kaufte ein großes Haus und wurde ein angesehener Handelsherr. Arme Leute segneten ihn, denn er gab reichlich Almosen …

Die Räuber suchten lange nach dem Eindringling, doch fanden sie ihn nicht.

Einer arabischen Geschichte nacherzählt

Gesetzlos, gefährlich und vogelfrei

Ein Graf hatte das gesamte Vieh aus einem Dorf wegholen und die Häuser niederbrennen lassen. – Warum? – Weil die Bauern den hohen Zins nicht zahlen konnten, den er verlangte. Die Bauern und ihre Familien flohen in die Wälder.

Die Männer wurden Räuber. Sie überfielen Wagen, die Waren in das gräfliche Schloß bringen sollten. Sie nahmen Leute des Grafen gefangen und gaben sie nur für Lösegeld frei. Verfolgern entwischten sie geschickt.

Die Gerichte erklärten „den räuberischen, gesetzlosen und gefährlichen Bauernhaufen" für vogelfrei. Das bedeutete, daß jeder, der einen dieser Bauern „unschädlich machte", ein gutes Werk tat und dafür belohnt wurde.

Der Graf galt weiterhin als Ehrenmann …

Das geschah in alter Zeit. Heute könnte es nicht mehr geschehen – oder?

Pech für Jan

Im Dreißigjährigen Krieg (vor etwa 350 Jahren) gab es viele Räuber. Besonders gefürchtet war die Bande des rothaarigen Jan.

Eines Tages erfuhr er, daß zwei Kisten voll Gold- und Silbermünzen von Nürnberg nach Prag unterwegs waren. Achtzig Landsknechte (so hießen damals die Soldaten) begleiteten die kostbare Fracht. „Mit achtzig Landsknechten werden wir einundzwanzig doch fertig", sagte der rote Jan zu seinen Banditen …

Der Überfall fand im dichtesten Wald statt. Schießend und schreiend stürmten die Räuber auf die Landsknechte zu. Die Überfallenen wehrten sich nicht! Sie ritten und rannten davon. Den vierspännigen Wagen ließen sie stehen. Der rote Jan überzeugte sich, daß unter der Plane zwei schwere Kisten standen.

„Abmarsch!" befahl er.

Im Lager machten die Räuber lange Gesichter. Die Kisten waren mit Steinen gefüllt.

Der Wagen mit dem Geld fuhr auf Nebenwegen sicher nach Prag.

Die geprellten Räuber

Ein Bauer hatte Kartoffeln auf dem Markt verkauft. Jetzt fuhr er mit leerem Wagen nach Hause. Die beiden Pferde griffen aus. Der Weg führte durch dichten Wald. Da sprangen drei Räuber aus dem Gebüsch. Sie drohten mit Pistolen und schrien: „Runter vom Wagen und Hände hoch!"

Der Bauer sprang ab und rannte in den Wald hinein. Die Räuber verfolgten ihn nicht. Sie gaben sich mit den Pferden und dem Wagen zufrieden. Schimpfend machte sich der Bauer zu Fuß auf den Heimweg. Ob die Polizei die Räuber finden würde?

Er mochte etwa eine Stunde gegangen sein, als er Geschrei hörte. Vorsichtig schlich er sich an – und sah die drei Räuber mit seinen Pferden und dem Wagen. Sie zankten sich darum, wer ein Pferd bekommen sollte.

Da kam dem Bauer ein Gedanke. Er zog den Hut tief ins Gesicht und ging auf die Räuber zu. Sie erkannten ihn nicht. Er erkundigte sich, warum sie stritten. „Wie sollen wir zwei Pferde auf drei Männer verteilen?!" schrien sie ihn an.

„Ich bin ein berühmter Schiedsrichter", sagte der Bauer. „Was gebt ihr mir, wenn ich euch helfe?"

Sie boten drei Taler.

Der Bauer war einverstanden. „Es ist ganz einfach", erklärte er. „Ihr geht ein Stück in den Wald hinein. Sobald ich auf zwei Fingern pfeife, lauft ihr zu mir zurück. Die beiden, die zuerst ankommen, erhalten die Pferde, jeder eines. Der letzte bekommt den Wagen."

„Du bist ein kluger Mann", lobten die Räuber. Jeder gab einen Taler, dann liefen sie waldeinwärts.

Der Bauer sprang auf den Wagen, faßte die Zügel und trieb die Pferde zum Galopp.

Auf den Pfiff warteten die Räuber vergebens. Der Bauer hatte nicht nur sein Eigentum wieder, sondern auch noch drei Taler „Narrengeld" dazubekommen.

Der tapfere Willibald

In der Zeit, aus der ich erzähle, gab es keine Zahnärzte wie heute. Wenn Zähne gezogen werden mußten, gingen die Patienten – zum Frisör. Der hieß damals Bader. Er schnitt die Haare, rasierte Bärte ab und verstand einiges von der Heilkunde. Kranke Zähne brach er mit einem Haken aus dem Kiefer. Zahnbrechen tat weh, doch Zahnweh war schlimmer.

Das merkte auch der tapfere Räuber Willibald, von dessen Heldentaten überall erzählt wurde. Scheußliches Zahnweh trieb ihn zu einem Dorfbader. Dieser erkannte den berühmten Räuber und fühlte sich geschmeichelt. „Für den tapferen Willibald nehme ich meinen besten Haken", sagte er, „den mit dem Silbergriff." Er drückte den Räuber in den Barbierstuhl hinein, stemmte ihm das Knie in den Magen und wollte den Haken ansetzen. Da stöhnte der Tapfere: „Das Zahnweh ist weg!" Er stieß den Bader von sich, sprang auf und rannte davon.

Von da an hieß er Willibald der Hasenfuß.

Rotnase gegen Plattfuß

Räuberhauptmann Rotnase und Räuberhauptmann Plattfuß waren einander spinnefeind.

Eines Tages überfiel Rotnases Bande eine Postkutsche und raubte eine Kassette, in der achthundert Goldgulden lagen. Das war damals sehr viel Geld.

„Wir dürfen es erst ausgeben, wenn nicht mehr nach uns gesucht wird", sagte Hauptmann Rotnase zu seinen Leuten. „Ich werde die Kassette vergraben. Sobald wir nicht mehr gesucht werden, grabe ich sie wieder aus, und jeder bekommt seinen Anteil." Alle waren einverstanden.

Sechs Monate lang suchten Polizisten und Soldaten nach den Postkutschenräubern. Dann gaben sie auf.

Hauptmann Rotnase grub die Kassette aus, öffnete sie – und prallte zurück. Statt der achthundert Goldgulden lag ein Zettel darin, auf dem in schauderhafter Schrift geschrieben stand:

„Vielen Dank von Hauptmann Plattfuß!"

Hunger tut weh

Wieder einmal stand Max Langfinger vor Gericht. Er wurde beschuldigt, einen Kaufmarkt beraubt zu haben. Mitten in der Nacht war er eingestiegen. Als er sich mit der Beute davonmachen wollte, hatte ihn der Nachtwächter geschnappt.

„Welche Ausrede haben Sie diesmal?" fragte der Richter streng. „Ich hatte Hunger", antwortete der Spitzbub. „Hunger tut weh."

Was Max Langfinger gegen seinen „Hunger" gestohlen hatte, erzählte der Nachtwächter: „Zwei große Schinken, vier Ringe Salami, zwanzig Knackwürste, fünf Beutel Pommes frites, vier Flaschen Ketchup, zwei Kilo Emmentaler Käse, drei Schokotorten, vierzig Tafeln Schokolade, fünf Pfund Bohnenkaffee, vier Flaschen Wein und zwei Flaschen Sekt."

„Stimmt", bestätigte der Verhaftete. „Alles gegen den Hunger."

„In der nächsten Zeit werden Sie nicht hungern müssen", sagte der Richter. „Im Kittchen gibt es genug zu essen."

Der Bankraub

In einer kleinen Stadt wurde ein Film über einen Bankraub gedreht. Der Schluß spielte vor der Stadtsparkasse. Der maskierte Bankräuber sollte herausstürzen, in ein wartendes Auto springen und davonrasen. Mit Mühe hielten die Filmleute neugierige Zuschauer zurück.

„Aufnahme!" rief der Regisseur. Die Tür der Sparkasse flog auf. Der Räuber rannte ins Freie. Er schwenkte den Plastikbeutel, in dem die geraubten Banknoten waren. Sein Komplize im Auto stieß die Wagentür auf.

Da hielt ein anderes Auto mit quietschenden Bremsen. Der Fahrer sprang heraus und streckte den Maskierten mit einem Kinnhaken nieder. Die Leute schrien und lachten. Erst jetzt sah der Fremde die Filmkamera. „Entschuldigung", murmelte er. „Ich dachte, es wäre ernst."

Dann staunten alle. Der Regisseur schüttelte dem Fremden die Hand. „Ihr Kinnhaken ist ein ganz toller Schluß", sagte er. „Ich werde den Film so enden lassen." Und er gab dem Fremden einen Scheck über 2000 Mark.

Benitos letzter Streich

Kurz vor seinem 65. Geburtstag wurde der Räuber Benito Baritoni aus dem Kittchen entlassen. Weil er im Gefängnis gearbeitet hatte, nahm er eine kleine Geldsumme „nach draußen" mit ...

An seinem 65. Geburtstag räuberte er zum letztenmal. In einem Hohlweg trat er einem Bauern entgegen, der zwei Kühe verkauft hatte. Er bedrohte den Erschrockenen mit einer Pistole und zischte: „Her mit dem Geld!"

„Machen Sie mich, meine Frau und meine fünf Kinder nicht unglücklich!" jammerte der Bauer. „Alle sind krank! Das Kuhgeld reicht knapp für den Doktor. Dann werden wir nicht einmal genug zu essen haben!"

„Ich bin kein Unmensch", brummte Benito Baritoni und gab dem Jammernden einige Geldscheine. „Für Essen und Trinken", murmelte er. „Es ist ehrlich verdient." Der Bauer bedankte sich und eilte davon. So ein Narr, dachte er. (Dazu muß man wissen, daß er keine Kinder hatte und als reicher Mann bekannt war.) ...

Benito Baritoni blieb lächelnd zurück. Er hatte ein gutes Werk getan, das machte ihn froh.

Benito Baritoni

Es gibt kluge und dumme Menschen. Weil Räuber Menschen sind, gibt es auch kluge und dumme Räuber. Zu den ganz dummen gehörte Benito Baritoni. Er hatte schon oft im Knast gesessen – und war immer wieder rückfällig geworden.

In einer dunklen Nacht stieg er in Emilio Martinis Juwelierladen ein. Im Schein einer Taschenlampe packte er Uhren und Schmuck in seine Aktentasche. Dabei stieß er eine Bodenvase um. Sie zerbrach scheppernd. – Und schon tappten Schritte heran.

Benito Baritoni kroch unter den Ladentisch. Der Juwelier trat ein, machte Licht und fragte: „Ist ein Räuber da?"

„Nein", antwortete Benito.

Der Juwelier drückte auf den Alarmknopf. „Ich Idiot", brummte Benito – zu spät. Kurz darauf wurde er von Polizisten abgeführt.

Eine italienische Räubergeschichte

Piraten

Piraten sind Seeräuber, die von Überfällen, Raub und Totschlag leben. Es gab sie schon in uralter Zeit. Sie überfielen Handelsschiffe, die Vieh, Getreide, Öl, Wein, Gold, Silber und Waffen geladen hatten. Sie steuerten versteckte Ankerplätze an, stürmten an Land und raubten Menschen, die sie dann als Sklaven verkauften.

Von einem solchen Überfall berichtet eine Geschichte aus dem Römischen Reich. Es geschah vor mehr als zweitausend Jahren.

Der reiche Handelsherr Antonius Magnus feierte ein Fest. Zwei seiner Frachtschiffe hatten ihm Elfenbein, Edelholz, Stoffe, Teppiche, Schmuck, kostbare Gefäße, Korn und Salz gebracht. Sie waren nicht überfallen worden, nichts war verloren gegangen.

Antonius Magnus lud Freunde und Bekannte in seine Villa am Meer ein, um mit ihnen zu feiern. Männer, Frauen und Kinder kamen. Der Festtrubel dauerte bis in die Nacht hinein. Das Licht der Fackeln spiegelte sich im Meer. Es ging laut und lustig zu. Niemand sah und hörte die Gefahr.

In einer nahen Bucht hatte ein Schiff angelegt. Im Schatten war es kaum zu sehen. Bewaffnete Männer sprangen an Land und huschten die Anhöhe hinauf, auf der die Villa stand.

Die Nacht war warm, Antonius Magnus und seine Gäste saßen im Freien.

Was folgte, ging Schlag auf Schlag. Mit erhobenen Schwertern stürzten die Seeräuber auf die Entsetzten zu.

Einen Gast, der nach seinem Dolch griff, schlug der Anführer nieder.

Bevor sich die Überrumpelten vom Schreck erholten, war der Spuk schon vorbei. Mit achtzehn Gefangenen verschwanden die Räuber so schnell, wie sie aufgetaucht waren. – Kurz darauf verschwand das Piratenschiff unter geblähtem Segel im offenen Meer ...

Die Entführten, unter ihnen der Handelsherr Antonius Magnus, wurden nicht als Sklaven verkauft. Da alle Gefangenen reich waren, forderten die Piraten von den Familien hohe Lösegelder – und bekamen sie.

Der Retter

Zu den gefährlichsten Piraten des Mittelalters gehörten arabische Seeräuber. Von ihnen erzählt eine alte Geschichte:

Arabische Piraten hatten ein spanisches Schiff überfallen. Für die Gefangenen wollten sie Lösegeld erpressen oder die Unglücklichen als Sklaven verkaufen. Unter den Gefangenen war die zehn Jahre alte Rosita, eine Nichte des spanischen Königs. Für sie erwartete der Piratenkapitän ein besonders hohes Lösegeld. Wenn der König nicht zahlte, sollte das Mädchen getötet werden. Es weinte zum Gotterbarmen ...

Da erbarmte sich der jüngste Pirat. Am Tag nach dem Überfall schleppte er einen schweren Sack aus der Seeräuberburg.

Der Wächter ließ ihn passieren.

In dem Sack steckte – Rosita. Sie vertraute ihrem Befreier und tat keinen Mucks. Auf abenteuerlichen Wegen gelangten sie nach Spanien. Der spanische König schenkte dem Retter ein Landgut, auf dem er in Frieden leben konnte.

Die Wette

Eine Geschichte aus der Piratenzeit erzählt von einer seltsamen Wette:

Ein Seeräuber und ein vornehmer Herr saßen in einer Hafenkneipe zusammen. „Wie wär's mit einer Wette?" fragte der Pirat.

„Warum nicht?" antwortete der Herr. „Worum geht es denn?"

„Um zwei Sätze", sagte der Seeräuber. „Ihr, mein Herr, sagt in zwei kurzen Sätzen, was Ihr über Piraten denkt. Ich sage zwei Sätze über die Polizei. Wer die kürzeren Sätze erfindet, gewinnt fünf Golddukaten."

Der Vornehme war einverstanden und sagte seine Sätze: „Piraten sind Verbrecher. Sie werden gefangen und gehängt."

„Die Polizei hat Stroh im Kopf!" höhnte der Pirat. „Das sind zwei Wörter weniger!"

„Irrtum", widersprach der Herr. „Es sind sechs Worte zuviel. Ich bin der Polizeioberst." Er pfiff auf zwei Fingern.

Seine Polizisten stürmten in die Kneipe und nahmen alle Piraten gefangen.

Kapitän Seeteufel

Es geschah vor vierhundert Jahren an einem Ostersonntag in der italienischen Hafenstadt Neapel. Vor dem Dom drängten sich viele Bettler, denn zu Ostern spendeten die Kirchgänger mehr als sonst. An diesem Sonntag kam ein fremder Bettler dazu. Er war alt, trug eine schwarze Binde über dem linken Auge und hatte statt des rechten Beines einen Stelzfuß. Die anderen Bettler beschimpften ihn. „So erbärmlich, wie du aussiehst, wirst du das meiste Geld kriegen!" rief einer. „Verschwinde!"
Der Alte setzte sich in eine Ecke und senkte den Kopf. „Elendes Pack", murmelte er. „Vor zehn Jahren hättet ihr mir den Staub vom Stiefel geleckt!"

Nach dem Gottesdienst drängten die Frommen durch das Domportal. Sie warfen Münzen unter die Bettler, die sich darum balgten. Der Alte in der Ecke wischte sich ein paar Tränen aus den Augen.

Ein vornehmer Herr rief ihn an: „He, du!" Der Alte blinzelte zu ihm hinauf. „Ich bitte um eine milde Gabe", sagte er mühsam.

Der Vornehme lächelte. „Das Bitten fällt dir wohl schwer – Kapitän Seeteufel."

„Wer seid Ihr?" stieß der Alte hervor.

„Graf Mario Baldini", antwortete der Vornehme. „Vor fünfzehn Jahren haben deine Piraten mein Schiff überfallen."

„Und jetzt nehmt Ihr Rache an mir", sagte der Alte gleichmütig. „Tut es. Mein Leben war nutzlos. Was ich erbeutet hatte, gab ich schnell wieder aus. Und als ich klapprig wurde, jagten mich meine Leute davon. Die Polizei sucht mich noch immer. Wenn Ihr mich ausliefert, bekommt Ihr eine Belohnung."

Der Graf winkte ab. „Ich bin reich. Wenn du willst, darfst du in meinem Schloß als Gärtner arbeiten."

„Wie-wieso?" stotterte der Alte.

Der Graf schmunzelte. „Weil ich meinen Reichtum meinem Ururgroßvater verdanke, der – Seeräuber war. Mein Großvater wurde dann ehrlich. Du kannst es jetzt auch werden." Er hielt dem Alten die Hand hin.

Der Alte schlug ein.

Ab in die Hölle

Einer der schlimmsten türkischen Seeräuberkapitäne des Mittelalters war der rotbärtige Horudsch. Was nach seinem Tode mit ihm geschah, erzählt eine arabische Legende: Als Horudsch vor dem Himmelstor erschien, fragte ihn der Engel Gottes: „Wer warst du, und welche Taten hast du vollbracht?"

Horudsch antwortete: „Ich war der berühmteste Piratenkapitän aller Zeiten."

Der Engel Gottes hob die Hand. Da schwebten zehntausend Seelen heran. Sie beschuldigten Horudsch des Mordes an ihnen und ihren Verwandten. Sie klagten ihn des Raubes an und daß er Männer, Frauen und Kinder in die Sklaverei verschleppen ließ. Sie ballten die Fäuste und wünschten ihn zur Hölle.

„Wer sich am Elend anderer bereichert, sei verdammt", sagte der Engel Gottes und verbannte Horudsch in die Hölle – dorthin, wo sie am tiefsten war.

Freie Fahrt

Nach der Entdeckung Amerikas (vor 500 Jahren) brachten Frachtschiffe reiche Schätze aus Amerika nach Spanien. Auf diese Schiffe hatten es Piraten besonders abgesehen.

„Seeräuber können wir kaum besiegen", sagte ein spanischer Kapitän zu seinen Leuten – und legte Piratenkleidung für alle bereit. Unter spanischer Flagge verließ das Schiff den amerikanischen Hafen.

Zwei Tage später meldete der Mann im Ausguck: „Piratenschiff voraus!"

„Umkleiden!" befahl der Kapitän. Im Nu verwandelten sich alle in Seeräuber. Sie holten die spanische Flagge ein und hißten die Piratenfahne mit dem Totenkopf darauf. Als das Seeräuberschiff näher kam, winkten die Verkleideten hinüber. Die echten Piraten winkten zurück, drehten ab und verschwanden ...

Das Umkleiden wiederholte sich dann noch dreimal. – Der Kapitän brachte die kostbare Fracht sicher nach Spanien, und der König hängte ihm einen Orden um den Hals.

Indianer und Cowboys

Das Amulett des Häuptlings

Ein Amulett ist ein Anhängsel, das Glück bringen soll. Die Geschichte vom Amulett des Häuptlings begann in Arkansas. Das ist ein Staat in Nordamerika. Dort stand vor 150 Jahren die „Büffel-Ranch". – Auf einer Ranch (sprich „Räntsch") wird Vieh gezüchtet ...

Die Büffel-Ranch gehörte dem Rinderzüchter Robert Miller. Seine Weidegründe stießen an das Jagdgebiet der Indianer. Nach den Büffelherden, die dort weideten, hatte Miller seine Ranch benannt. Er und seine Leute kamen mit den Indianern gut aus. Sie schossen den Rothäuten keine Büffel weg, und die Indianer ließen die Ranch in Ruhe.

Robert Millers größter Stolz war sein Sohn, der zehnjährige Bobby. Er ritt wie ein Cowboy und traf mit seiner Büchse den Kopf einer Klapperschlange auf große Entfernung. Bobbys Mutter war gestorben. Den Haushalt führte die Schwarze Mammy. Sie hatte den Jungen ins Herz geschlossen.

An Bobbys zehntem Geburtstag kam der Indianerhäuptling Weiße Feder auf die Ranch. Er ritt einen Rappen und trug seinen Festschmuck. Der Rancher und sein Sohn begrüßten ihn.

Der Häuptling stieg ab und sagte zu Bobby: „Das junge Bleichgesicht erlebt heute den Sommer so oft, wie Weiße Feder Finger an den Händen zählt." Dann überreichte er dem Jungen ein Lederstückchen, das an einer aus Haaren geflochtenen Schnur hing.

„Ein Amulett mit kräftigem Zauber", erklärte er feierlich. „Solange das junge Bleichgesicht dieses Amulett trägt, wird es von keiner Waffe verletzt werden." Er hob die Hand zum Gruß, schwang sich auf den Rappen und preschte davon.

„Danke!" rief Bobby ihm nach. Er drehte das Amulett in den Händen. Geheimnisvolle Zeichen waren in das Leder geschnitten und mit roter Farbe hervorgehoben. „Es ist nett von Weißer Feder, daß er mir zum Geburtstag etwas schenkt", sagte Bobby. „Und wenn es mit dem Zauber nicht stimmt, ist es doch ein nettes Andenken."

Weit vorne verschwand Weiße Feder in einer Staubwolke. Mammy rief zum Essen.

80

Die Klapperschlange

Auf der Büffel-Ranch war es ruhiger als sonst. Der Rancher Robert Miller hatte den Vormann und die meisten Cowboys mit dem größten Teil seiner Rinderherde in die weit entfernte Stadt geschickt. Dort sollten die Tiere verkauft werden. Zum Bewachen der restlichen Rinder genügten zwei Weidereiter, die einander ablösten. Auf der Ranch waren Robert Miller, sein zehn Jahre alter Sohn Bobby und die schwarze Haushälterin Mammy zurückgeblieben ...

Eines Mittags brachte Bobby eine Klapperschlange nach Hause. Er hatte sie in einem ausgetrockneten Bachbett entdeckt und mit einem einzigen Schuß erlegt.

Mammy schrie auf. „Verbrennen!" kreischte sie. „Klapperschlange auf Ranch bringt Unglück! Verbrennen, verbrennen!"

„Unsinn", sagte Bobby. „Sie ist schön. Der Cowboy Johnny soll sie mir ausstopfen."

„Unglück!" jammerte Mammy. „Nicht für Bobby, weil ihn Amulett von Häuptling Weiße Feder beschützt, aber Unglück über alle anderen."

Die Botschaft des Großen Adlers

Der Indianerhäuptling Weiße Feder, ein Freund des Ranchers Robert Miller und seines Sohnes Bobby, war plötzlich gestorben. Als Häuptling folgte ihm der Große Adler, ein Feind aller weißen Siedler. Durch einen Boten ließ er dem Rancher melden: „Der Große Adler wird alle Bleichgesichter hier vernichten!"

„Welch ein Unglück!" jammerte die schwarze Haushälterin Mammy. Der Rancher beruhigte sie: „Keinem von uns wird Schlimmes geschehen. Die meisten unserer Cowboys sind in der Stadt, um Rinder zu verkaufen. Du, Mammy, wirst mit den anderen Weidereitern und dem restlichen Vieh schon morgen in das sichere Bergland aufbrechen. Ich bleibe mit Bobby zurück. Vielleicht blufft der Große Adler nur. Sollte er wirklich angreifen, entkommen wir ihm schnell genug."

Am nächsten Morgen zogen die anderen ab.

Mammy weinte – nicht um Bobby, den das Amulett des Häuptlings Weiße Feder beschützte, sondern um den Rancher. Ihn schützte kein Amulett.

81

Es brennt

Der rote Häuptling Großer Adler hatte allen Weißen den Kampf angesagt. In höchster Gefahr war die Büffel-Ranch, die an das Jagdgebiet der Indianer grenzte. Der Rancher Robert Miller hatte seine Cowboys und die Rinderherde in Sicherheit gebracht. Er und sein zehnjähriger Sohn Bobby blieben zurück. Sie wollten erst fliehen, wenn der Große Adler angriff ...

An einem Spätnachmittag kamen die Roten. Ihr Geheul war von weitem zu hören. Der Rancher und sein Sohn spannten die Zugpferde vor den bereitstehenden Planwagen und sprangen auf. Bobby nahm Zügel und Peitsche, der Vater das Gewehr. Von den Hügeln gellte der Kriegsruf der Indianer herunter. „Hüü!" rief Bobby. Im Rücken der Fliehenden bellten Schüsse auf. Bobby schlug auf die Pferde ein.

Da schrien die Indianer triumphierend. Vater und Sohn sahen sich um. Flammen schlugen aus der Büffel-Ranch. Bobby schluchzte. Der Vater tröstete ihn: „Wichtig ist, daß wir leben. Eine Ranch können wir wieder aufbauen."

Bobby nickte und knallte mit der Peitsche.

Gerettet?

Feindliche Indianer hatten die Büffel-Ranch in Brand gesteckt. In letzter Minute waren ihnen der Rancher Robert Miller und sein Sohn, der zehn Jahre alte Bobby, entkommen. Sie flohen auf einem Planwagen, der von zwei Pferden gezogen wurde.

Zu früh atmeten die Fliehenden auf. Die Indianer, an ihrer Spitze der Häuptling Großer Adler, galoppierten ihnen nach. Kugeln pfiffen den Fliehenden um die Ohren. Der Rancher schoß einen der Verfolger vom Gaul, dann traf ihn die tödliche Kugel. „Vater!" schrie Bobby. Weiter kam er nicht. Ein Indianer überholte den Wagen und zügelte die Pferde. Der Häuptling riß Bobby vom Kutschbock – und zuckte zusammen.

„Uff!" rief er. „Das kleine Bleichgesicht trägt das Amulett des Häuptlings Weiße Feder! Es verflucht jeden, der dem kleinen Bleichgesicht Böses tut!" Er krächzte einen Befehl. Die Indianer rissen ihre Pferde herum und verschwanden. – Bobby war gerettet ...

Ein guter Mensch

Vor angreifenden Indianern waren der Rancher Robert Miller und sein zehn Jahre alter Sohn Bobby aus der Büffel-Ranch geflohen. Jetzt saß der Junge schluchzend auf dem Kutschbock des Planwagens. Die Pferde schnaubten. Im Wagen lag Bobbys Vater. Die Kugel eines Indianers hatte ihn getötet ...

Schritte tappten heran. Bobby schrak auf. Ein weißer Mann kam auf ihn zu. Auf dem Kopf trug er eine Fellmütze. Jacke und Hose waren aus Hirschleder. Am Gürtel hing ein Jagdmesser. Die Füße steckten in indianischen Mokassins. „Hab keine Angst, Kleiner!" sagte er freundlich. „Fred Robber ist kein Menschenfresser."

„Ich bin Bobby Miller", stammelte der Junge. „Im Wagen – liegt mein Vater." Fred Robber sah nach. „Indianer?" fragte er. Stokkend erzählte Bobby, was geschehen war.

„Ich bin Jäger", sagte Fred Robber. „Mein Blockhaus steht in der Nähe. Komm mit, ich habe Platz für zwei! Deinen Vater werden wir begraben und ein Gebet für ihn sprechen." Er führte die Pferde dem Waldrand zu. – Und Bobby fühlte sich nicht mehr so schrecklich allein ...

Lang ist es her

Indianer hatten die Büffel-Ranch niedergebrannt und den Rancher Robert Miller getötet. Sein Sohn, der zehnjährige Bobby, war als Waise zurückgeblieben. Zwei Jahre lang hatte er dann bei dem Jäger Fred Robber gelebt. Dort hatten ihn Cowboys seines Vaters aufgespürt und heimgeholt. Nachdem die Indianer von amerikanischen Soldaten besiegt worden waren, hatten die Cowboys die Büffel-Ranch wieder aufgebaut. Bobby kehrte zurück ...

Das ist fast hundertfünfzig Jahre her. Aus der Ranch von damals wurde die Farm von heute. Statt des Wiehens der Pferde und des Blökens der Rinder hört der Besucher das Dröhnen schwerer Motoren.

Der Farmer Fred Miller, ein Nachkomme des kleinen Bobby von einst, hat sich auf den Anbau von Weizen spezialisiert. Das Steppengras der Prärie wich goldenen Ähren. Von den Büffeln von damals blieb nur der Name „Büffel-Farm".

Mister Simmons rettet den Frieden

Es geschah in Amerika; damals, als die Simmons-Ranch weit und breit der größte Rinderzuchtbetrieb war ...

An einem Herbstnachmittag kamen drei Reiter in die Ranch. Der Rancher Harry Simmons bat sie ins Haus. Er stellte ihnen seine Frau, seinen Sohn Tommy und seine Tochter Jenny vor. Die Hausfrau schenkte den Begrüßungstrunk ein. „Was kann ich für Sie tun?" fragte der Rancher.

Einer der Fremden antwortete: „Wir sind Kaufleute und hörten, daß in der Nähe Ihrer Ranch riesige Büffelherden weiden. Da wollten wir uns ein kleines Jagdvergnügen gönnen. Auf hundert abgeschossene Büffel kommt es sicher nicht an. Sie, Mister Simmons, bitten wir um einen Cowboy, der uns führt. Wir zahlen gut."

„Nein", sagte der Rancher. „Die Prärie ist das Jagdgebiet der Indianer. Sie brauchen die Büffel als Beutetiere, um leben zu können. Sinnloses Abschießen würden sie an allen Weißen furchtbar rächen. Reiten Sie nach Hause, meine Herren, und setzen Sie Ihr und unser Leben nicht aufs Spiel."

„Nur zum Spaß abknallen ist gemein!" rief Tommy.

„Gemein!" stimmte Jenny zu.

„Dann jagen wir ohne Cowboy", brummte der älteste Fremde, und die drei Männer gingen in den Hof hinaus.

Der Rancher pfiff auf zwei Fingern. Vier, fünf Cowboys liefen aus dem Haus der Weidereiter. Der Rancher wies auf die Fremden. „Sie wollen hundert Büffel abschießen und bitten mich um einen Begleiter", erklärte er.

Bevor die Fremden begriffen, was ihnen geschah, waren ihnen die Hände auf den Rücken gebunden – und schon saßen die Überrumpelten auf ihren Pferden. Drei berittene Cowboys ergriffen die Zügel der Gäule.

Im Schlepp wurden die Fremden eine weite Strecke ostwärts gezogen und vor einer kleinen Stadt freigelassen. „Sollten Sie zurückkommen, werden wir Sie nicht mehr so nett behandeln", warnte einer der Cowboys ...

So hatte der Rancher Simmons den Frieden gerettet.

84

Der Martersitz

Vor etwa siebzig Jahren besuchte ein alter Indianer aus dem Kriegerstamm der Irokesen zum erstenmal eine amerikanische Stadt. Sein Sohn, der hier arbeitete, begleitete ihn. Da bekam der Alte plötzlich schreckliche Zahnschmerzen. Der Sohn brachte ihn zu einem Zahnarzt.

„Es wird ein bißchen weh tun", sagte dieser, „aber du bist ja ein tapferer Krieger." Der Sohn übersetzte es dem Vater. Der Zahnarzt drückte den Patienten in den Behandlungsstuhl und griff zum elektrischen Bohrer ...

Als der alte Irokese in sein Walddorf zurückkam, erzählte er: „Der weiße Medizinmann ist ein großer Zauberer, aber er hilft nur Männern, die Schmerz ertragen. Er warf mich auf einen Martersitz und bohrte mir mit einem summenden Nagel im Mund herum. Ich jammerte nicht. Da sagte er, daß ich tapfer sei, klebte den bösen Zahn zu, und ich war geheilt."

In den nächsten Wochen wunderte sich der Zahnarzt. Vierzehn alte Irokesen kamen zu ihm, um sich vom summenden Nagel martern und dann die bösen Zähne zukleben zu lassen.

Das Roß ohne Seele

Schwere Kämpfe gab es, als die Weißen Männer „eiserne Straßen" durch die Jagdgründe der roten Männer bauten. Damit meinten die Indianer die Eisenbahngleise. Und erst recht begehrten sie auf, als das rauchende Dampfroß die Büffelherden und andere Jagdtiere vertrieb.

Aus dieser gefährlichen Zeit berichtet ein Lokführer:

„Hinter einer Kurve sprang ein Indianerhäuptling in vollem Kriegsschmuck auf die Schienen. Er schrie Unverständliches und warf seinen Tomahawk gegen die Lokomotive.

Ich bremste sofort. Trotzdem erfaßte die Lok den Häuptling und schleuderte ihn zur Seite. Im Krankenhaus nahm ihm ein weißer Arzt den rechten Arm ab. Der Häuptling überlebte.

Er hatte die Jagdgründe des roten Mannes gegen ‚das Roß ohne Seele' verteidigen wollen."

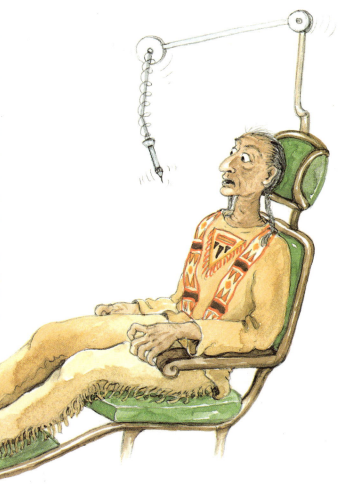

Pferdediebe

Als es noch keine Eisenbahnen und Autos gab, waren Pferdewagen und Reitpferde die wichtigsten „Verkehrsmittel" in Nordamerika. Pferde waren kostbar. Pferdediebstahl wurde mit dem Tode bestraft ...

Eines Morgens schreckte ein Alarmschuß die Leute der Silver-Ranch auf. Der Rancher, seine Familie und die Cowboys rannten in den Hof. Dort standen der Vormann – das war der Obercowboy, der die anderen Cowboys kommandierte – und die beiden Weidereiter, die die Pferde bewacht hatten. Der Vormann berichtete: „Ich sah nach den Wachen und fand sie gefesselt und geknebelt. Sechs Gäule fehlen." – Die Überfallenen waren hinterrücks niedergeschlagen worden. Sie konnten die Pferdediebe nicht beschreiben.

Da geschah das Unglaubliche. Der Sheriff aus der nächsten Siedlung, der mit neun Mann ausgeritten war, erschien auf der Ranch. Sie brachten die gestohlenen Pferde zurück und die Diebe dazu. Es waren zwei junge Männer. „Sie sind uns in die Arme geritten und haben den Diebstahl gestanden", erzählte der Sheriff. „Ich werde sie vor Gericht bringen." Die Strolche jammerten um ihr Leben.

„Sie sind jung", sagte die Frau des Ranchers, „und wir haben unsere Pferde wieder."

„Strafe muß sein", brummte der Sheriff.

„Überlaßt sie mir!" sagte der Rancher. Dann fragte er die Gefangenen: „Wollt ihr vor Gericht gestellt oder geteert und gefedert werden?" Die Diebe wählten Teer und Federn.

Vier Cowboys rollten zwei Fässer heran, die mit zähflüssigem Holzteer gefüllt waren, der sonst zum Streichen der Zäune verwendet wurde. Zwei Mägde brachten mit Geflügelfedern gefüllte Säcke. – Die Oberkörper der Diebe wurden entblößt und die Missetäter bis zum Hals in den Teer getaucht. Die Mägde schütteten die Federn auf den Boden und wälzten die Geteerten darin herum. In kurzer Zeit sahen die Diebe wie seltsame Vögel aus und wurden unter dem Gelächter der anderen davongejagt. – Es war keine leichte Strafe. Der warme Teer trocknete rasch auf der nackten Haut. Das Abschaben tat weh ...

Pferde stahlen die beiden nie wieder.

Pedros Meisterstück

Der Cowboy Pedro wettete, daß er eine Minute lang auf einem ungesattelten Stier reiten werde. Das hatte bisher niemand geschafft.

Zur vereinbarten Zeit trafen viele Neugierige an der umzäunten Koppel zusammen. Die meisten wetteten gegen Pedro und für den Stier.

Der Cowboy preschte auf dem schnaubenden Bullen herein. Er hielt sich nur mit einer Hand an dem Seil fest, das hinter den Vorderbeinen des Stieres um dessen Leib gebunden war. Die freie Hand brauchte er zum Balancieren.

Der Bulle brüllte bösartig, bockte – und stand plötzlich still, um gleich darauf um so wilder loszurasen. Wie ein Ball wurde Pedro auf dem Rücken des Riesen hin und her geworfen.

Und er hielt durch! Nach einer Minute schwang er sich vom Rücken des Bullen über den Zaun. Die wenigen Leute, die auf ihn gewettet hatten, rieben sich die Hände ...

Diese Geschichte erzählte ein Mann aus Texas, der, wie er sagte, „noch nie nicht gelogen" hat.

Au weh!

Jimmy, der Sohn des Ranchers Ben Sullivan und seiner Frau Lizzy, war acht Jahre alt. Er hatte zwei ältere Schwestern. Sie nannten ihn „Baby", wo er doch schon fast ein Mann war! Er überlegte, wie er es ihnen beweisen konnte.

Die Gelegenheit kam, als der Vormann dreißig Jahre alt wurde. Zum Geburtstag gab der Rancher ein Festessen mit Spießbraten, Kuchen, Kaffee, Kakao, Fruchtsäften und „Whisky für harte Männer", wie er sagte.

„Ich vertrag' mehr Whisky als ihr beide zusammen", flüsterte Jimmy seinen Schwestern zu. „Aber ihr traut euch ja nicht."

„Und ob wir uns trauen!" spotteten sie.

Jimmy stibitzte einen Trinkbecher voll Whisky, und die drei verschwanden damit ...

Zum Abendessen fühlten sie sich elend. „Was ist los mit euch?" fragte Mutter Lizzy streng. Die Sünder gestanden. – Und weil es damals nicht zimperlich zuging, bekamen sie eine Woche lang nur Brot zu essen und Wasser zu trinken.

Regenzauber

So einen Spätsommer wie im Jahre 1900 hatte es im Gebiet der Büffel-Ranch lang nicht gegeben. Seit Wochen war kein Regen gefallen. Sengend brannte die Sonne vom Himmel. Die Bäche trockneten aus. Auf den Weiden verdorrte das Gras.

Der Brunnen im Hof versiegte. Das Wasser mußte aus dem Strom herangeschafft werden. Dorthin und zurück waren die Zugtiere vier Stunden lang unterwegs. Insektenschwärme wurden zur Plage.

Da erzählte der Cowboy Lester dem Rancher eine Geschichte, die er von seinem Großvater gehört hatte: „Mein Großvater war bei den Indianern, als eine große Dürre ausbrach. Da machte der Medizinmann den Regenzauber. Er ließ das Präriegras in Brand stecken, und am Himmel zogen Wolken auf. Dann regnete es in Strömen."

„Versuchen wir's", sagte der Rancher.

Um ein Übergreifen des Feuers auf die Ranch und die Viehkoppeln zu verhindern, warfen die Cowboys im weiten Umkreis Erdwälle auf und brachten die Rinderherde dahinter in Sicherheit. Dann schleuderten sie brennende Fackeln in das dürre Präriegras. Blitzschnell breitete sich das Feuer nach allen Seiten aus.

Hinter den Wällen warteten Männer, Frauen und Kinder in fiebernder Spannung. Die Flammenwand fraß sich in die Steppe hinein. Vor den Wällen verkohlten Gras, Gestrüpp, Weiden und Bäume – und kein Regentropfen fiel.

„Jetzt ist alles aus", murmelte der Vormann ...

Da erbarmte sich der Himmel. Nach zwei Tagen trieb der Wind Wolken vom Meer herüber, und es regnete Tage und Nächte hindurch. Bäche und Flüsse füllten sich. Die verbrannte Natur erwachte zu neuem Leben.

„Wo der Herrgott nicht hilft, da hilft kein Zauber", sagte der Cowboy Lester. „Der Medizinmann hatte damals nur Glück."

„Mit deiner Geschichte vom Regenzauber hast du mir Mut gemacht", sagte der Rancher. „Das ist sehr viel wert. Und am Sonntag gehen wir in die Kirche, um dem Herrgott zu danken."

Was Cowboy Bill antwortete

Sechzig Jahre lang hatte Bill als Cowboy auf der Condor-Ranch gearbeitet. Jetzt zahlte ihm der Rancher ein Ruhegeld; doch der Alte griff weiterhin mit zu, wo er konnte.

Eines Tages fragte ihn ein Zeitungsmann: „Wenn Sie noch einmal geboren würden, Mister Bill – wo möchten Sie dann leben?"

„Hier in Texas", antwortete der Alte.

„Sie wurden einmal von einem wütenden Stier übel zugerichtet und von einem auskeilenden Gaul schwer verletzt", fuhr der Reporter fort. „Welche Tiere hätten Sie im neuen Leben gern um sich?"

„Rinder und Pferde", sagte Bill.

„Hm", murmelte der Zeitungsmann. „Was möchten Sie denn dann sein?"

„Cowboy", brummte der Alte. „Was denn sonst?"

Dieses Gespräch fand vor siebzig Jahren statt. Heute ist es mit der „Cowboyherrlichkeit" vorbei. Auf den Ranches und Farmen dröhnen Motoren. Viele Cowboys von heute sind gelernte Mechaniker und kennen sich in der Behandlung von Tierkrankheiten aus. Manche haben studiert.

Ein derber Spaß

Die Cowboys von damals arbeiteten hart – und liebten derbe Späße. Einem solchen Spaß verdankte der Cowboy Jim den Spottnamen „Luftballon-Jimmy". Das war so gekommen:

Der Rancher hatte eine Rinderherde zu gutem Preis verkauft und spendierte dafür seinen Cowboys ein Festessen. So war es Brauch. Dabei heckten die Weidereiter jedesmal einen Ulk aus.

„Mich kriegt ihr nicht dran", prahlte Jim. Das hätte er nicht sagen sollen. Zu später Stunde schütteten die Kameraden heimlich Seifenpulver in Jims Becher und gossen Whisky darüber. Dann riefen sie: „Zum Wohl, Jimmy!" und tranken ihm zu.

Jim fühlte sich geschmeichelt. „Prost!" rief er zurück und nahm einen kräftigen Schluck. Dann wollte er „pfui!" sagen, aber es wurde nur ein Gurgeln daraus. Aus seinem Mund stiegen Seifenblasen wie kleine Luftballone auf. So wurde aus Jim der „Luftballon-Jimmy".

Fasching, Fastnacht, Karneval

Der Faschingskönig

Am Nachmittag des Faschingssonntags tollten maskierte Männer, Frauen und Kinder des Dorfes Perlau durch den Schnee und plärrten wie die Jochgeier. Wer sich am scheußlichsten maskiert hatte, am wildesten sprang und am lautesten schrie, sollte zum Faschingskönig oder zur Faschingskönigin ausgerufen werden und einen Faschingsorden erhalten.

Der Bürgermeister, ein Lehrer und der Ochsenwirt waren die Preisrichter. Sie mußten nicht lang überlegen. Ein Mann hatte sich so toll hergerichtet, daß sie begeistert waren. Er hatte einen unförmigen Buckel und einen viel zu großen Kopf. Dafür fehlte der Hals. Im Gesicht waren winzige Augen und ein schiefer Mund. Von der Nase hing ein Schnauzbart nieder.

Der Bucklige hüpfte auf krummen O-Beinen umher, schlenkerte mit den Armen und quiekte wie ein Spanferkel. Er bekam den Orden, und das närrische Treiben ging bis Mitternacht weiter …

Kurz vor zwölf versammelten sich die Erwachsenen im Saal des Ochsenwirts. Um Mitternacht mußte sich jeder Maskierte zu erkennen geben.

Schlag zwölf fielen die Masken – nur der Faschingskönig zögerte.

„Zeigen Sie, wer Sie sind!" sagte der Bürgermeister.

„Wozu?" fragte der Faschingskönig. „Ich komme von weit her. Hier kennt mich keiner."

„Bitte!" drängte der Ochsenwirt. Da riß sich der Bucklige den Schnauzbart und die Pappnase ab. Das war alles. – „Wischen Sie die Schminke aus Ihrem Gesicht", flüsterte der Lehrer. „Der schiefe Mund und die winzigen Augen …"

Der Fremde unterbrach ihn: „Die sind echt."

„Runter mit dem Buckel!" riefen Männer und Frauen.

Der Faschingskönig lächelte. „Das geht auch nicht. Der Buckel ist genauso echt wie mein Kopf und die O-Beine. Ich bin als Faschingskönig auf die Welt gekommen und werde es mein Leben lang bleiben."

Da wurde es still im Saal. Nach einer Weile murmelte der Bürgermeister: „Warum haben Sie bloß mitgemacht?"

„Aus Eitelkeit", antwortete der Bucklige. „Ich wollte einmal erleben, wie es ist, wenn ich nicht nur angestarrt, sondern bewundert werde."

Er winkte den Leuten zu, entwischte durch die Tür und verschwand in der Nacht.

Karneval mit Mond und Sternen

Schon lange hatte sich Julia auf den Kinderkarneval gefreut – und plötzlich war's aus. Sie bekam die Masern und mußte den Karneval im Bett verbringen.

Da wurde es plötzlich wunderschön. Julia schlief ein und träumte:

„Helau!" rief der Mond und flog vom Himmel herunter ins Zimmer herein. Er hatte sich einen lustigen Schnurrbart unter die Nase geklebt und eine bunt bemalte Tüte aufgesetzt. Dann winkte er viele Sternchen heran. Sie trugen spitzige Hüte und hatten sich rote und grüne Punkte ins Gesicht getupft. Von überall her spielte Musik. – Der Mond und die Sternchen faßten Julia an Schultern und Händen und tanzten mit ihr im Zimmer herum. Dazu sangen sie: „Tri-tra-trallala!" wie der Kasperl im Puppentheater ...

Am nächsten Morgen fühlte sich Julia viel besser. Beim nächsten Kinderkarneval in drei Wochen wird sie ganz bestimmt dabeisein.

Fastnachtsspaß im Märchenland

Es waren einmal zwei Mädchen. Das eine hieß Rotkäppchen, das andere Schneewittchen. Rotkäppchen trug eine rote Kappe, Schneewittchen eine weiße. Als die Fastnacht kam, sagte Rotkäppchen zu Schneewittchen: „Tauschen wir unsere Kappen."

„O ja!" rief Schneewittchen. „Dann bin ich du, und du bist ich!" Und sie tauschten die Kappen aus. Ihre Köpfe konnten sie leider nicht vertauschen. So kam es, daß aus Rotkäppchen kein ganzes Schneewittchen wurde und aus Schneewittchen kein ganzes Rotkäppchen. Zur Fastnacht gab es ein „Schneekäppchen" und ein „Rotwittchen".

Weil das so lustig war, tauschten Dornröschen und Aschenputtel Silberkrönchen und Kopftuch und wurden zu „Aschenröschen" und „Dornputtel".

Dann tauschten König Drosselbart und der Froschkönig ihre Kronen und nannten sich „Drosselkönig" und „Froschbart".

Das war ein Spaß! In der nächsten Fastnacht möchte Rübezahl mit Rumpelstilzchen tauschen.

91

Der Glückskrapfen

Im vergangenen Fasching hatte der Bäckermeister Mehlwurm die Hälfte seiner köstlichen Faschingskrapfen nicht verkauft. Sie waren hart geworden ...

Da sagte Frau Mehlwurm zu ihrem Mann: „In diesem Jahr machen wir einen Faschingskrapfen zum Glückskrapfen. Back zweitausend Stück, und gib jedem eine Nummer! Am Faschingsdienstag losen wir den Glückskrapfen aus. Wer die ausgeloste Nummer hat, bekommt von uns ein Jahr lang in jedem Monat eine Torte. Zweitausend Krapfen für zwölf Torten sind ein gutes Geschäft." Meister Mehlwurm war einverstanden, und kurz vor Fasching stand es in der Zeitung.

Dann staunten die Bäckersleute. Die zweitausend Krapfen waren im Nu verkauft. Meister Mehlwurm und seine Gesellen mußten dreimal nachbacken. Bis zur Auslosung waren mehr als achttausend Faschingskrapfen verkauft worden. Den Preis erhielt eine Rentnerin, die einen einzigen Krapfen gekauft hatte.

Guten Appetit

Die allerbesten Faschingskrapfen gab es bei Großmutter Anna. Gefüllt waren sie mit selbstgemachter Hagebuttenmarmelade. Auf das Krapfenessen am Faschingsdienstag freuten sich besonders die Enkelkinder.

Der älteste Enkel hieß Herbert. Sobald Großmutter die Schüssel mit den Krapfen darin auf den Tisch stellte und „Guten Appetit" sagte, griff er blitzschnell zu und holte sich den größten Krapfen heraus. Das wollte ihm die Großmutter endlich abgewöhnen.

Diesmal legte sie einen besonders großen Krapfen ganz oben auf die anderen. Als sie auftrug, bekam Herbert glänzende Augen. Großmutter stellte die Schüssel auf den Tisch und wünschte guten Appetit. Herbert schnappte sich den Superkrapfen und biß die Hälfte davon ab. – Da verdrehte er die Augen, sprang auf und rannte ins Freie. Die Großmutter lächelte. In den größten Krapfen hatte sie keine Marmelade, sondern Senf und Pfeffer gefüllt ...

Im nächsten Jahr war Herbert bescheiden.

Der größte Narr

Fasching ist die Zeit der Narren. Im Königreich Narronien dauert sie in normalen Jahren 364, in Schaltjahren 365 Tage lang. In jedem Jahr ist nur ein einziger Tag ohne Jubel, Trubel und Heiterkeit.

Eines Tages befahl der König seinen Ministern: „Sucht den größten Narren von Narronien, damit ich ihn zu meinem Nachfolger mache! Er soll dauernd Späße machen, immer nur lachen und niemals traurig sein."

Zehntausend Reiter schwärmten aus, um den Supernarren zu suchen. Sie fanden ihn nicht. Selbst der tollste Spaßmacher war manchmal traurig, und die lustigsten Narren hatten schon geweint. Dauernd Blödsinn reden konnte niemand.

So kam es, daß der König keinen Nachfolger fand. Er läßt ihn heute noch suchen.

Ob du es vielleicht schaffst?

Dann müßtest du nach Narronien fahren. Es liegt dreihundert Kilometer hinter Weihnachten und zweihundert Kilometer vor Ostern.

Karneval in Köln

Viele Chinesen können kein R aussprechen. Statt „r" sagen sie „l". Ein Chinese, der schon lange in München wohnte und sehr gut deutsch sprach, besuchte einmal den Rosenmontagszug in Köln. Als er nach München zurückkam, erzählte er seinen deutschen Freunden, was er erlebt hatte:

„Del Losenmontagszug wal sehl gloß. Da malschielten viele Leute mit. Manche walen maskielt, manche nul kostümielt. Und alle liefen ‚Alaaf!' Es malschielten auch viele Musikkapellen mit. Sie spielten flotte Mälsche. Vol einigen Gluppen tanzten Tanzmaliechen. Da lief ich auch ‚Alaaf!' Eine maskielte Flau packte mich am Alm und tanzte mit mil helum. Del Kalneval in Köln wal sehl schön. Im nächsten Jahl sehe ich mil den Losenmontagszug in Düsseldolf an."

Seine deutschen Freunde klatschten in die Hände und riefen: „Bravo!"

93

Faschingsparty mit Zungenbrecher

Monika hatte ihre Freundinnen Andrea, Karin, Julia und Bettina zu einer „Faschingsparty mit Zungenbrecher" eingeladen. Ihr Zimmer hatte sie mit bunten Girlanden geschmückt und lustige Bilder mit Nadeln an die Wände gesteckt. Aus dem Rekorder schmetterte Faschingsmusik. Jedes Mädchen bekam eine bunte Kappe auf den Kopf und eine blaue Pappbrille auf die Nase gesetzt. Monikas große Schwester trug Limo und Knabberstäbchen auf.

„Wie ist das mit dem Zungenbrecher?" fragte Bettina mit vollen Backen.

Monikas große Schwester erklärte es: „Zungenbrecher sind Sätze, die sich schwer aussprechen lassen; besonders dann, wenn sie schnell gesagt werden. Wer sich verstolpert, wird ausgelacht. Es ist sehr lustig."

„Machen wir's doch gleich", schlug Karin vor. Monikas große Schwester holte eine Schüssel voll Faschingskrapfen, stellte sie auf den Tisch und sagte: „Unser Zungenbrecher besteht aus drei Sätzen. Ich habe sie auf vier Zettel geschrieben. Jede von euch bekommt einen. Wer die drei Sätze am schnellsten vorliest und sich dabei am wenigsten verspricht, erhält als ersten Preis vier Faschingskrapfen. Die Zweitbeste bekommt drei Krapfen, die dritte zwei, die vierte immerhin noch einen. Die Krapfen dürft ihr nach Hause mitnehmen. Mutti hat sie mit Himbeermarmelade gefüllt."

„Mhmmmm!" schwärmte Andrea.

Monikas große Schwester teilte die Zettel aus. Auf jedem stand:

Franz Friedrich Fleckerlich frühstückt frische Faschingskrapfen. – Frühstückt Franz Friedrich Fleckerlich frische Faschingskrapfen? – Freilich frühstückt Franz Friedrich Fleckerlich frische Faschingskrapfen!

„Das ist doch leicht", meinten die Freundinnen. – Dann wunderten sie sich. Es war sehr schwer, die Zungenbrechersätze rasch vorzulesen. Es wurde viel gelacht.

Dann bekam Bettina den ersten Preis, weil sie nur einmal gestolpert war. Mit fünf Patzern wurde Andrea letzte. Sie aß ihren Krapfen gleich auf.

Karneval der Tiere

In einer Fernsehsendung für Kinder sagte ein Komiker: „Gestern nacht träumte ich vom Tierfasching. Ich sah einen Gockelhahn mit einem Froschkopf und ..." Bevor er weiterreden konnte, schubste ihn ein anderer Komiker fort ...

In der Nacht träumte der kleine Jürgen vom Karneval der Tiere. Er sah seinen Dakkel Nicki mit einem Hirschgeweih auf dem Kopf und einem Hahnenschwanz hintendran; den Kater Murr mit einer Schweineschnauze und Entenflügeln; das Pony Jonathan mit einem Ochsenkopf und Gänsefüßen. Nachbars Ziege Amalia ging auf acht großen Spinnenbeinen und hatte einen Elefantenrüssel. Die Schwäne im Schloßteich stießen einander mit Kuhhörnern und quakten wie Frösche. Am tollsten sahen die Kamele im Tiergarten aus. Sie hatten Affenköpfe und schlugen mit Krokodilschwänzen um sich. Jürgen wich einem Schlag aus, stürzte – und erwachte. Da lag er neben seinem Bett und war froh, daß ihn der Hieb nicht getroffen hatte.

„Schön war's", sagte er später.

Schulfasching 1994

In der dritten Klasse saßen fünfundzwanzig Kinder. Zwölf waren Deutsche, vier Türken, vier Griechen, zwei Spanier, zwei Italiener, und die Eltern des einen schwarzen Jungen stammten aus Afrika. Alle Kinder sprachen deutsch. Auch die Türken, Griechen, Italiener, Spanier und der Afrikaner waren in Deutschland geboren ...

Zum Schulfasching 1994 erschienen sie in fabelhaften Kostümen: die deutschen Mädchen und Jungen als Griechen, Türken, Spanier und Italiener; ein Junge als Afrikaner mit schwarz gefärbtem Gesicht. Die ausländischen Kinder steckten in sehr lustigen Faschingskleidern, wie sie die Karnevalsnarren in Deutschland tragen. Der afrikanische Junge kam als weißgeschminkter Indianer im Federschmuck. Die Mütter der Kinder hatten die Maskerade zurechtgeschneidert.

„Bravo!" rief die Klassenlehrerin. Sie setzte sich ans Klavier und spielte und sang den uralten Faschingsschlager: „Wer hat den Käse zum Bahnhof gerollt?" Dazu tanzten die Kinder im Kreis herum.

Der Dumme von Klughausen

In Klughausen wohnten die gescheitesten Leute der Welt. Es gab nur einen einzigen Dummen unter ihnen. Er war in Klughausen geboren und arbeitete nicht nur mit dem Kopf, sondern auch mit den Händen. Deshalb hielten ihn die Supergescheiten für dumm. Er hieß Jakob Ackermann und war Friseur.

Alle anderen „gewöhnlichen Arbeiten" in Klughausen verrichteten Gastarbeiter ...

Eines Tages sagte der Bürgermeister: „In diesem Jahr machen wir keinen Faschingszug, sondern ein Maskenspiel, an dem sich alle Klughausener Bürger und Bürgerinnen beteiligen dürfen."

„Und wie geht das Spiel?" fragte ein Stadtrat. Der Bürgermeister erklärte es: „Am Rosenmontag laufen die Klughausener, die am Spiel teilnehmen wollen, maskiert auf die Straße. Jeder versucht, andere zu erkennen. Da sagt zum Beispiel einer: ‚Du bist der Hirndoppler.' Wenn er recht hat, muß ihm der Erkannte einen Taler bezahlen. Wenn er falsch geraten hat, bezahlt er dem anderen einen Taler." Der Vorschlag wurde angenommen ...

Am Rosenmontag drängten sich die Klughausener auf dem Marktplatz zusammen. Fast alle hatten sich so maskiert, daß kaum einer den anderen erkannte.

Sieger wurde Jakob Ackermann. Er war nicht verkleidet und kaum maskiert. Als „Maske" hatte er sich einen roten Marienkäfer aus Plastik auf die Stirn geklebt.

Niemand glaubte, daß er „der dumme Friseur" war. „Da steckt einer dahinter, der sich als Jakob Ackermann verkleidet hat und uns zum Narren halten möchte", sagten die Supergescheiten.

Wenn sie auf den Friseur trafen, sagten sie nicht: „Du bist der Acker- mann", sondern einen anderen Namen.

In zwei Stunden steckte „der Dumme" mehr als dreihundert Taler ein ...

Danach, heißt es, hätten sich die Klughausener in alle Welt verstreut. Da lebten sie in vielen Ländern als Gelehrte und Minister, und es gehe ihnen gut.

Jakob Ackermann spielt in einer Fernsehserie den Dummen und verdient in einem Monat mehr Geld als ein Friseur in einem Jahr.

Fastnacht in Dummsdorf

Höhepunkt der Dummsdorfer Fastnacht war immer das große Tanzfest im „Gasthaus zur Sonne". Der Sonnenwirt war auch der einzige Metzger im Dorf.

Für dieses Jahr hatte er sich etwas Besonderes ausgedacht. Er ließ Zettel verteilen. Darauf stand:

Zum großen Tanzfest im Sonnenwirtssaal sind alle Dummsdorfer herzlichst eingeladen. Beim Eintritt darf jeder Maskierte zwei Knackwürste vom Tor abzupfen ...

Am Sonntag nachmittag behängte der Sonnenwirt den Eingang des Gasthauses mit sehr vielen Knackwürsten ...

Und dann – ging es daneben. Am Abend, als die Tanzlustigen eintrafen, gab es keine einzige Knackwurst mehr. Die Dummsdorfer Hunde hatten die Leckerbissen im Nu aufgefressen. Was sie nicht erreichten, hatten Kater und Katzen erklettert und verdrückt. Die meisten Würste hatte der Bullenbeißerfoxdackel des Bürgermeisters geklaut.

Faschingsbandwurmwörter

Jedes Jahr wird in Oberhinterhugeldorf der Oberhinterhugeldorfer Faschingsprinz gewählt. Der Oberhinterhugeldorfer Faschingsprinz tritt mit keiner Prinzessin auf, sondern mit einem Dackel. Das ist der Oberhinterhugeldorfer Faschingsprinzendackel. Der Oberhinterhugeldorfer Faschingsprinzendackel muß eine Hundemarke tragen, wie andere Hunde auch. Das ist die Oberhinterhugeldorfer Faschingsprinzendackelhundemarke. Damit der Oberhinterhugeldorfer Faschingsprinzendackel die Oberhinterhugeldorfer Faschingsprinzendackelhundemarke wirklich auch bekommt, muß der Oberhinterhugeldorfer Faschingsprinz die Hundesteuer bezahlen. Das ist die Oberhinterhugeldorfer Faschingsprinzendackelhundemarkensteuer.

Erst wenn der Oberhinterhugeldorfer Faschingsprinz die Oberhinterhugeldorfer Faschingsprinzendackelhundemarkensteuer bezahlt hat, darf er mit dem Oberhinterhugeldorfer Faschingsprinzendackel in den Oberhinterhugeldorfer Fasching einsteigen.

Die Schneemannwärmer

Den tollsten Faschingsknüller leisteten sich die Doofheimer. Es war vor langer Zeit, denn heute könnte es kaum mehr passieren. Das Städtchen Doofheim gibt es nicht mehr. Wo es gestanden war, ist heute ein Baggersee ...

Doch nun zurück in die alte Zeit.

Eine Woche vor dem Faschingssonntag rief der Bürgermeister alle Doofheimer auf dem Marktplatz zusammen. Von der Rathaustreppe herunter rief er ihnen zu: „Am Faschingssonntag und -montag sich närrisch anziehen und maskieren kann jeder Idiot! In diesem Jahr werden wir allen anderen beweisen, daß wir mehr können als sie!"

„Jaaaa!!" riefen die Leute.

Der Bürgermeister sprach weiter: „Wir werden einen riesigen Schneemann bauen und ihn toller anziehen als alle Narren vor ihm. Das geben wir im ganzen Lande bekannt. Wer ihn bestaunen möchte, soll nach Doofheim kommen und einen Taler bezahlen. Das wird uns viel Geld einbringen. Damit bauen wir ein Erholungsheim für Maulwürfe!"

„Jaaaaa!!!" riefen die Leute begeistert ...

Am Faschingssamstag stellten Doofheimer Künstler den größten Schneemann auf, den es bisher gegeben hatte. Damit ihn niemand besichtigen konnte, der kein Eintrittsgeld bezahlt hatte, bauten sie ihn in der Turnhalle zusammen. Die war zehn Meter hoch, und der Schneemann stieß fast an die Decke.

Doofheimer Schneiderinnen bekleideten ihn märchenhaft. Im Licht der Petroleumlampen strahlte er in Rot, Blau, Gold und Silber.

Damit die Besucher nicht frieren mußten, ließ der Bürgermeister die Kachelöfen in der Turnhalle die ganze Nacht über kräftig heizen ...

Die ersten Besucher kamen in aller Frühe. Verwundert sahen sie eine Wasserlache, auf der rote, blaue, gold- und silberfarbene Stoffe schwammen, dazu ein unförmiger Hut, eine aufgeweichte Riesenpappnase und der mächtige Besen, den der Schneemann in der Hand gehalten hatte.

Von da an hießen also die Doofheimer „Schneemannwärmer".

Wie der Fasching nach Bayern kam

Vor langer Zeit lebte in China ein Mann mit Namen Fa-Sching. Überall, wohin er kam, rief er die Leute zusammen. Dann zog er bunte Flicken an, malte sich Farbe ins Gesicht, sprang wie ein Ziegenbock herum, sang wie ein Esel und krähte wie ein Gockelhahn. Die Leute lachten über ihn – und machten es ihm nach. Viele wollten das ganze Jahr über „Fa-Sching" machen.

Da beschwerten sich ihre Herren beim Kaiser. „Die Arbeiter laufen uns davon", klagten sie. „Großmächtiger Herrscher, verbiete Fa-Sching!" Der chinesische Kaiser verbot das närrische Treiben bei schwerer Strafe und befahl seinen Soldaten, den Obernarren festzunehmen. Fa-Sching floh nach Bayern. Hier durfte er seine Späße treiben, und andere Leute durften es auch – aber nur in der Zeit zwischen dem 11. November und dem Aschermittwoch. Diese Zeit wurde „Fasching" genannt. So ist es bis heute geblieben.

Der Chinesenfasching

In einem süddeutschen Städtchen feiern die Leute den Chinesenfasching. Im Faschingszug laufen, fahren und springen als Chinesen verkleidete Männer, Frauen und Kinder. Von weit und breit reisen Neugierige an.

Die deutschen Chinesen sind gelb geschminkt, haben aufgemalte Schlitzaugen, tragen altchinesische Kleider, die mit Drachen und Blumen bestickt sind, und flache chinesische Strohhüte auf den Köpfen. Maskierte Musikanten machen auf seltsamen Instrumenten chinesischen Krach ...

Vor einigen Jahren stand ein maskierter Mann unter den Zuschauern. Er sah fabelhaft chinesisch aus; aber er war modern gekleidet und hatte eine rote Pappnase im gelben Gesicht. Eine Frau sagte zu ihm: „Nehmen Sie die Nase ab, und ziehen Sie sich chinesisch an. Dann sind Sie der tollste Chinese, den es hier gibt."

Der Mann zuckte die Achseln und antwortete: „Ich Deutsch nicht gut velstehen. Ich aus China, ich Chinese."

Frühlingszeit – Osterzeit

Danke schön, ihr lieben Leut'!

Es war ein wunderschöner Frühlingstag nach einem langen, kalten Winter. Warm schien die Sonne vom Himmel.

Die Eiszapfen an den Dachrinnen waren abgetaut, die letzten Schneereste zu Wasserpfützen geschmolzen.

Im Garten hinter Opa Billermanns Haus blühten gelbe Winterlinge, weiße Schneeglöckchen und violette und weiße Krokusse. Von Blausternchen und Schlüsselblumen spitzten Blätter und Knospen heraus.

Opa Billermann stand auf einer Leiter. Er holte von der großen Blaufichte die Reste der Futterbällchen herunter, an denen die Vöglein während der Winterszeit gepickt hatten.

Oma Billermann säuberte die beiden Futterhäuschen.

Um Opa und Oma herum piepsten, zwitscherten, pfiffen und schrien Meisen und Kleiber, Sperlinge und Amseln.

Vom Hausdach krächzte eine Elster herunter. Auf einem Birkenast keckerte ein Eichhörnchen. Im Winter hatte es immer wieder saftige Sonnenblumenkörner aus den Futterhäuschen stibitzt.

Im nahen Wald trommelte ein Buntspecht und schnarrte ein Eichelhäher.

Opa und Oma Billermann freuten sich über das Frühlingskonzert. Sie wußten, daß es „Danke schön!" hieß:
„Danke schön, ihr lieben Leut',
daß ihr uns zur Winterszeit
Körnchen habt gegeben!
So blieben wir am Leben
und singen euch zum Dank ganz lieb:
Tschilp, tirili und krächz und piep."

Ostern, Osterei und Osterhase

In den Frühling fällt das Osterfest. Es erinnert die Christen an die Auferstehung Jesu. Woher der Name „Ostern" kommt, erzählt Oma Steininger: „Die Germanen, die vor langer, langer Zeit lebten, verehrten die Frühlingsgöttin Ostara. Sie vertrieb den Winter und erweckte die Erde zu neuem Leben. Von ihr stammt der Name Ostern."

„Und woher kommt das Osterei?" fragt Bärbel. Die Oma weiß es: „Gefärbte Eier wurden schon vor Jahrtausenden verschenkt. Sie galten als Zeichen der Auferstehung, weil der kleine Vogel aus dem ‚Grab' der Eierschale ins Leben schlüpft. Die Farben bedeuten das Bunt der erwachten Wiesen, Wälder und Felder."

„Und der Hase?" erkundigte sich Peter.

Auch das weiß die Oma: „Der ‚Ostara-Hase' war das heilige Tier der germanischen Frühlingsgöttin. Haseneltern haben viele Hasenkinder. ‚Sie sind sehr fruchtbar', sagen die Leute. Und weil im Frühling neues Leben aus der Erde sprießt, paßt ‚der Osterhase' gut hinein."

Wieso „Palmkätzchen"?

Die Osterwoche beginnt mit dem Palmsonntag. Er erinnert an den Einzug Jesus in Jerusalem. Das geschah vor fast zweitausend Jahren: Auf einem jungen Esel ritt Jesu auf Jerusalem zu. Männer, Frauen und Kinder liefen vor das Stadttor. Sie wollten den von Gott Gesandten begrüßen, der Wasser in Wein verwandelt, Kranke geheilt und Tote zum Leben erweckt hatte.

Alle jubelten ihm zu. Sie winkten mit Palmzweigen und riefen: „Gelobt sei, der da kommt im Namen des Herrn!"

Jesus segnete sie. Dann ritt er auf den Tempelberg, um zu beten ...

Zum Andenken daran werden am „Palmsonntag" in katholischen Kirchen Palmzweige geweiht. Da es bei uns kaum freiwachsende Palmen gibt, werden Buchsbaumzweige und Weidenkätzchen in die Kirche getragen.

Deswegen heißen die Weidenkätzchen auch „Palmkätzchen".

101

Die Königin der Berge

Einen großen Teil des Landes Rumänien nehmen die mächtigen Karpatenberge ein. Da, wo sie am wildesten sind, lebt die Bergkönigin. Sie ist eine mächtige Zauberin. Die meiste Zeit verbringt sie in ihrem unterirdischen Geisterreich. Auf die Erde fährt sie nur zu Ostern hinaus. Dann freut sie sich am Erwachen der Natur.

An einem Gründonnerstagmorgen hörte sie Jammern und Geschrei. Sie machte sich unsichtbar und schwebte auf den Lärm zu. Auf einer einsamen Bergwiese, die sie schon oft besucht hatte, sah sie acht Räuber, die das Häuschen des Holzfällers Nicola überfallen hatten. Der Mann lag reglos vor der Tür. Seine Frau kniete neben ihm, die vier Kinder schrien um Hilfe.

Die Räuber trieben eine Ziege und ein Schwein, die sie aus dem Stall gezogen hatten, den Hang hinunter. „Fröhliche Ostern!" schrie der Räuberhauptmann höhnisch.

Die Kerle kamen nicht weit. Wenige Augenblicke später waren sie in Felsbrocken verwandelt. Die Ziege und das Schwein rannten in ihren Stall zurück.

Die Königin der Berge verwandelte sich in ein Kräuterweib und ging zu den Jammernden. Sie beugte sich über Nicola und hielt ihm ein Kräutlein unter die Nase. Da nieste er, stand auf und war gesund.

Das Kräuterweib verschwand wie durch Zauberei. Da, wo es gestanden hatte, lagen sechs Tannenzapfen aus reinem Gold, und alle Not hatte ein Ende ...

Was aus den Räubern wurde?

Die acht Felsbrocken lagen am Morgen des Ostersamstags in der nächsten Stadt vor dem Haus des Polizeikommandanten. Als dieser einen der Steine anfaßte, verwandelten sich die Felsbrocken in die seit langem gesuchten Räuber. Sie wurden gefesselt und eingesperrt. Später verurteilte sie der Richter zu lebenslanger Zwangsarbeit.

Einer rumänischen Sage nacherzählt

Der Frühling

Der Frühling ist vom 21. März bis zum 20. Juni. Am 21. Juni beginnt der Sommer.

Der Frühling ist sehr schön. Im Frühling sind die Osterferien. Da suche ich mit meiner Schwester Ulla im Garten Ostereier, die Vati dort versteckt hat. Manchmal hat er auch Schokoladehasen versteckt. Einmal hat Ulla nicht aufgepaßt und einen zertreten. Da hat dann die Schokolade geknirscht, weil Sand drinnen war.

Im Frühling hab' ich Geburtstag, am 19. April. Da krieg' ich auch was geschenkt. Tante Lissi schenkt mir immer ein spannendes Buch. Sie weiß, daß ich spannende Bücher mag.

„Der Frühling ist aber auch gefährlich", sagt Onkel Otto. „Onkel Otto ist ein Spaßvogel", sagt Vati. Onkel Otto sagt, daß der Frühling deshalb gefährlich ist, weil im Frühling die Bäume ausschlagen und der Spargel schießt.

Mehr weiß ich nicht.

Ein Schulaufsatz von Peter Maier, 3. Klasse

Gackerlein beschwert sich

Gescheite Menschen verstehen die Sprache der Tiere. Der Gripsbauer war so gescheit. Als er merkte, daß seine beste Henne immer weniger Eier legte, sagte er zu ihr: „Liebes Gackerlein, was ist mit dir?"

Die Henne antwortete: „Ihr Menschen seid ungerecht. Das ganze Jahr über legen wir euch Eier. Doch wenn Ostern kommt, sagt ihr, daß sie der Osterhase gelegt hätte. Dabei wißt ihr genau, daß der Lümmel das gar nicht kann. Von Osterhennen spricht niemand. Wenn das so weitergeht, streiken wir!"

„Ich werde allen Leuten erklären, daß es Osterhennen gibt", versprach der Gripsbauer. „Legt brav weiter, damit die Hasen etwas zum Austragen haben." – Am nächsten Morgen brachte er am Hühnerstall eine Tafel an. Darauf stand:

In dieser schicken Hühnerpenne
wohnt Gackerlein, die Osterhenne,
mit Osterhühnern nebendran,
betreut von einem Osterhahn.

Die gefährliche Vier

Wenn wir auch wissen, daß Hasen keine Eier bringen, ist es trotzdem schön, Geschichten vom Osterhasen zu hören. Hier ist eine:

Ein Osterhasenpapa sagte zu seinen sieben Hasenkindern: „Hütet euch vor der Zahl Vier. Sie ist gefährlich!"

„Ja, Papa", murmelten die Häschen und guckten dämlich. Sie verstanden nicht, warum die Vier gefährlich sein sollte.

„Es fängt schon bei den Rüben an", erklärte der Hasenpapa. Was er weitersprach, sagte er in Reimen. Das tat er immer, wenn ihm feierlich zumute war. Er sagte:
„Ein, zwei, drei Rüben dürft ihr essen.
Mit vieren seid ihr überfressen.
Drei Tage tut der Bauch dann weh,
dazu gibt's nur Kamillentee.
Und locken die Rüben noch so sehr:
Vier auf einmal – nimmermehr!"

„Ja, Papa", sagten die Hasenkinder.

Der Hasenpapa fuhr fort: „Dasselbe merkt für Klee und Kohl. Drei Büschel Klee und drei Kohlköpfe sind erlaubt. Er hob die Pfote und reimte:

„Vier bläh'n den Magen auf, bis dann
nur noch der Doktor helfen kann!"

„Ja, Papa", murmelten die kleinen Hasen.

„Drei gilt auch für die Menschenkinder", warnte der Hasenpapa und reimte schon wieder:

„Es naht die liebe Osterzeit,
auf die ihr euch schon lange freut.
Zum erstenmal zieht ihr dann aus
als Osterhasen von Haus zu Haus,
legt bunte Eier zum frohen Fest
den Menschenkindern ins Osternest;
auch Eier aus Schoko und Marzipan.
Doch, meine Lieben, denkt daran:
für jedes Kind nicht mehr als drei,
damit es ungesund nicht sei!"

„Ja, Papa", versprachen die Häslein ...

Zu Ostern wunderten sich dann die Kinder. In jedem Osternest lagen drei bunte Eier – und ein Zettel, auf dem geschrieben stand:
„Drei Eier gönn' ich Euch von Herzen.
von vieren tät' der Bauch Euch schmerzen.
Macht's gut und fallt nicht auf die Nase!
Es grüßt Euch Euer Osterhase."

Herr Ostermaier erzählt

Herr Ostermaier war Ostereierforscher. Wie das mit den Ostereiern ist, erzählte er so: „Hinter den sieben Bergen wohnen die Osterzwerge. Kurz vor Ostern huschen sie zu den Osterhennen und holen die frischgelegten Eier. Diese färben sie bunt oder malen sie kunstvoll an. Dann kommen die Osterhasen, packen die Ostereier in Körbe und tragen sie zu den Menschen."

Herr Ostermaier hob den Finger und fuhr fort: „Ihr schlimmster Feind ist der Fuchs. Er hat Hasen und Eier zum Fressen gern. Das wollten sich Hasen und Zwerge nicht länger gefallen lassen.

In der Nacht vor dem Gründonnerstag stellten sie einen Bienenkorb vor das Zwergendorf. Die Bienen stachen nicht, sie schliefen. Über den Korb stülpten die Zwerge eine Eierform aus dünner Plastik und bemalten sie bunt.

Am Morgen schlich der Fuchs heran, sprang auf das Riesenei zu und biß hinein. Da stachen ihn die Bienen am ganzen Körper. Heulend rannte er davon und ließ sich nicht mehr blicken."

Spuren im Schnee

Zu Ostern lag Schnee. Die kleine Katrin hatte ihr Osternest unter die Fichte im Garten gelegt. Am nächsten Morgen waren ein Schokohase und drei bunte Eier darin. Zum Nest führte eine seltsame Spur. Zwei Hasenpfoten hatten sich in den Schnee gedrückt; eine deutlich, die andere leicht verwischt. Dann war noch ein dritter Abdruck da – wie von Opas Krückstock.

Opa wußte Bescheid. „Beim Eieraustragen gehen die Osterhasen auf den Hinterbeinen", erklärte er. „Auf dem Rücken tragen sie den Korb mit den Ostereiern. Wenn sie auf vier Beinen gingen, würden die Eier herausfallen. In den Schnee sind also nur die Hinterpfoten eingedrückt. Der dritte Abdruck stammt von einem Krückstock – weil sich der Osterhase einen Hinterfuß verstaucht hat. Die verletzte Pfote hat er nachgezogen. Deshalb ist der eine Abdruck verwischt." – Am nächsten Morgen war nur noch eine Zweipfotenspur da. Und in den Schnee war „I. b. w. g." geschrieben. „Das bedeutet: Ich bin wieder gesund", sagte der Opa.

Dreimal drei

Es war kurz vor den Osterferien. Der kleine Michael aus der ersten Klasse knobelte an seiner Rechenhausaufgabe herum. „Ich möcht' ein Osterhase sein, weil Hasen nicht rechnen müssen", brummelte er müde. Sein Kopf sank auf den Tisch nieder, und Seltsames geschah.

Michael saß mit vier Hasenknaben und drei Hasenmädchen in der ersten Klasse einer Hasenschule. Die Hasenlehrerin las eine Rechenaufgabe vor: „Ein Osterhase soll drei Menschenkindern Ostereier in die Osternester legen. Jedes Kind soll drei Ostereier bekommen. Wie viele bunte Eier muß der Osterhase zu den drei Kindern tragen?" Alle Häschen hoben die Pfoten. Die Hasenlehrerin fragte ein Hasenmädchen: „Nun, Rüblindchen, wie viele Eier sind es denn?"

„Neun", antwortete das Hasenmädchen.

„Richtig", lobte die Lehrerin, „denn drei mal drei Ostereier sind ..."

„Neun Ostereier!" riefen die Hasenkinder.

„Mal" haben wir noch nicht gehabt, dachte Michael. Er hatte drei Ostereier und drei Ostereier und drei Ostereier zusammengezählt. Mit dem Malnehmen waren die Hasenkinder schneller gewesen ...

Als Michael erwachte, lag sein Kopf auf der Hausaufgabe. Michael buchstabierte noch einmal den Text zusammen: „Drei Geschwister haben drei Osternester im Garten versteckt. Am nächsten Morgen liegen in jedem Nest drei bunte Eier. Wie viele Ostereier sind es zusammen?"

„Neun", sagte Michael. „Das ist doch ganz einfach."

Am nächsten Tag kontrollierte die Menschenlehrerin in der ersten Menschenklasse die Hausaufgabe. Die neun Ostereier hatten alle Kinder herausbekommen.

„Sehr schön", lobte die Lehrerin. „Wer kann mir erklären, warum es neun Ostereier sind?" Michael meldete sich und wurde aufgerufen. „Weil drei mal drei Ostereier neun Ostereier sind", sagte er stolz.

„Wo hast du denn das Malnehmen gelernt?" fragte die Lehrerin.

„In der Osterhasenschule", antwortete Michael. Und es machte ihm gar nichts aus, daß die anderen Kinder darüber lachten.

Frohe Ostern

Die A-Leute auf dem A-Stern sprachen kein E, kein I, kein O und kein U. Statt „Guten Morgen" sagten sie: „Gatan Margan." – Neben dem A-Stern war der E-Stern. Dort sagten die Leute kein A, kein I, kein O und kein U. Sie begrüßten einander mit: „Geten Mergen." – Ganz in der Nähe war der I-Stern mit den I-Leuten. Die sagten: „Gitin Mirgin." – Auf dem O-Stern (gleich daneben) wünschten die O-Leute einander einen „Goton Morgon." – Und die U-Leute auf dem U-Stern sagten: „Gutun Murgun."

Eines Tages beschlossen die A-, E-, I-, O- und U-Leute, das Osterfest mit Ostereiersuchen und Eieressen gemeinsam zu feiern. Sie setzten sich in ihre Raumschiffe und kamen auf dem A-E-I-O-U-Stern zusammen.

Sie riefen: „Fraha Astarn!" – „Frehe Estern!" – „Frihi Istirn!" – „Froho Ostorn!" und „Fruhu Usturn!" – Dann meinten sie, daß es doch viel schöner wäre, wenn alle in einer einzigen Sprache redeten.

Sie reichten einander die Hände und sagten: „Herzlich willkommen und frohe Ostern!"

Das Schönheitswasser

Manche Bäche sind durch Abwässer so verschmutzt, daß Fische nicht mehr darin leben können. In alter Zeit konnte man das klare Bachwasser trinken. Damals glaubten viele Leute an die Heilkraft des „Osterwassers". In der Nacht zum Ostersonntag – hieß es –, zwischen Mitternacht und ein Uhr morgens, habe das Wasser in den Bächen geheimnisvolle Kräfte. Wer sich mit diesem „Osterwasser" wasche, werde schön und bleibe ein Jahr lang gesund. Einige alte Leute erzählen es heute noch ...

Andrea hörte davon und dachte: Vielleicht stimmt es. Ich probier's. Sie war elf Jahre alt und sehr hübsch; aber sie wollte noch hübscher werden. Sie wohnte in einem Dorf. Hinter ihrem Elternhaus floß ein Bach vorbei. Tagsüber sah er unappetitlich aus ...

In der Osternacht lief Andrea zum Bach und wusch sich das Gesicht. Dann huschte sie ins Haus zurück und träumte von Schönheit ...

Drei Tage später hatte sie Pickel auf der Nase.

Die Auferstehung

Am Karfreitag des Jahres 33 (also vor fast 2000 Jahren) wurde Jesus von Nazareth unschuldig zum Tode verurteilt. Er starb am Kreuz. Vor sein Felsengrab wurde ein schwerer Rollstein gewälzt. Bewaffnete Tempelknechte hielten davor Wache. Es hieß, daß Jesus am dritten Tag nach seinem Tode auferstehen werde. Die Wächter sollten verhindern, daß seine Freunde den Leichnam stahlen und dann behaupteten, daß der Tote auferstanden sei ...

Das steht in der Bibel. Sie berichtet auch, was weiter geschah:

Am Morgen des dritten Tages war ein großes Erdbeben. Ein Engel Gottes kam vom Himmel und wälzte den Stein vom Grabe. Sein Gewand war weiß wie Schnee, und sein Gesicht leuchtete wie der Blitz. Aus Furcht vor ihm stürzten die Wächter zu Boden und lagen wie tot ... Zur selben Zeit gingen drei Frauen, die Jesus betrauerten, zum Grab hinaus, um den Leib des Gekreuzigten zu salben. Das war ein frommer Brauch.

„Wer wird uns den Stein wegwälzen?" sagten sie zueinander. „Wir sind zu schwach dazu." Als sie zum Grabe kamen, war der Stein beiseite gerollt.

Die Frauen gingen in die Felshöhle und erschraken. Die Grabstätte war leer. Daneben saß ein Engel in weißem Gewand. Er sagte: „Fürchtet euch nicht. Ihr sucht Jesus von Nazareth, den Gekreuzigten. Er ist auferstanden. Geht nach Jerusalem und sagt es seinen Freunden."

In freudigem Schreck eilten die Frauen in die Stadt zurück ...

Von den Tempelknechten, die das Grab bewacht hatten, erzählt die Bibel:

Sie waren in die Stadt gelaufen und meldeten dem Hohenpriester, was geschehen war. Der Hohepriester gab ihnen Geld und befahl: „Sagt den Leuten, daß ihr geschlafen hättet. Da sei der Leichnam wahrscheinlich gestohlen worden."

Die Wächter nahmen das Geld und erzählten, was ihnen befohlen war.

Die Freunde Jesu glaubten ihnen nicht. Sie wußten es besser.

Die Himmelfahrt

Jesus von Nazareth besiegte den Tod. Am dritten Tag nach seinem Begräbnis kehrte er ins Leben zurück. – In den nächsten vierzig Tagen erschien er seinen Freunden und redete, aß und trank mit ihnen.

Am vierzigsten Tag versammelte er sie auf einem Berg, segnete sie und sprach: „Geht in die Welt hinaus, taufet die Völker, und lehrt sie tun, was ich euch gelehrt habe. Fürchtet euch nicht. Ich bin bei euch alle Tage bis an das Ende der Welt."

Noch während er sprach, wurde er zum Himmel aufgehoben und verschwand in einer Wolke. Die Freunde kehrten nach Jerusalem zurück und taten, was er ihnen gesagt hatte.

Apostel und Missionare verkündeten die Lehre des Auferstandenen in aller Welt. Schon in alter Zeit wurden jene, die an Jesus Christus glaubten, „Christen" genannt. – Heute gibt es viele Millionen Christen auf der ganzen Erde.

Brot für Rajna

Rajna war fünf Jahre alt. Um sie herum waren Hunger und Tod. Leute, die bisher friedlich zusammengelebt hatten, schossen aufeinander. „Bürgerkrieg" hieß dieser wahnsinnige Kampf. Rajnas Eltern waren in diesem Krieg umgekommen. Rajna und ihre Großmutter hatten überlebt. – Doch wie lange noch?

Ihre Stadt war umzingelt. Die Eingeschlossenen bekamen keine Lebensmittel mehr. Der Hunger forderte Opfer ...

Rajna fieberte. „Wenn ich zu Vater und Mutter in den Himmel komme – krieg' ich dann Brot?" fragte sie mühsam.

„Ja", versprach die Großmutter. – Rajna lächelte. „Dann möcht' ich in den Himmel kommen", flüsterte sie und schloß die Augen. Die Großmutter strich ihr übers Haar. Rajna spürte es nicht mehr. Das Lächeln blieb ...

Dies geschah am Donnerstag, dem 20. Mai 1993. Draußen schlugen Granaten ein. Auf dem Wandkalender stand: „Christi Himmelfahrt."

Der Schatz im Schlangenstein

Im böhmischen Erzgebirge erhob sich ein Fels mitten im Wald. Die Leute nannten ihn den Schlangenstein. Im Sommer sonnten sich dort Kreuzottern. Der Sage nach öffne sich der Fels alle hundert Jahre zu Beginn des Auferstehungstages und bleibe von Mitternacht bis ein Uhr morgens geöffnet. Dann schließe er sich wieder für hundert Jahre ...

Da war einmal ein Mädchen, das ganz allein in der Welt stand. Die Eltern waren ums Leben gekommen. Ihr Tod hatte das Mädchen so erschreckt, daß es stumm geworden war. Die Menschen waren damals hartherzig. Niemand nahm das Mädchen auf. Jahrelang zog es bettelnd durch das Land. Dabei blieb es fromm und ehrlich.

Eines Abends sank es am Fuße des Schlangensteins nieder, schlief ein – und erwachte von einem Donnerschlag. Der Fels hatte sich geöffnet. Aus dem Innern des Berges strahlte Licht. In seinem Glanz erschien eine Fee. Sie winkte dem Mädchen zu und sagte freundlich: „Der Ostermorgen ist angebrochen. Folge mir." Das Mädchen ging mit der Fee in den Berg.

Ein Gang führte in eine hellbeleuchtete Kammer. In der Mitte stand eine mit Goldstücken gefüllte Truhe. Auf dem Boden krochen Kreuzottern umher, in den Ecken lauerten Wölfe. „Nimm so viel von dem Gold, wie du tragen kannst!" sagte die Fee und verschwand.

Das Mädchen füllte die Umhängetasche, in die es sonst erbetteltes Brot steckte, mit Goldstücken. Dann eilte es aus der Kammer. Die Wölfe und die Schlangen hetzten ihm nach. Als es ins Freie stürzte, schloß sich der Fels.

„Danke, lieber Gott", sagte das Mädchen – und erschrak vor Freude. „Ich – kann sprechen", stammelte es glücklich und schlief wieder ein ... Als es am Morgen erwachte, trug es hübsche Kleider. Ein Reitersmann nahm es auf sein Pferd und brachte es in die nahe Stadt. Dort hatte jemand ein schönes Haus für die Überraschte gekauft. Und alle Leute waren zu der reichen jungen Dame sehr freundlich ...

Das Gold aus dem Schlangenstein wurde nicht weniger, soviel die Beschenkte auch ausgab.

Eine Ostersage aus dem Erzgebirge

Die teuersten Ostereier

Vor langer Zeit war Rußland ein Kaiserreich, das von Zaren regiert wurde. Einer von ihnen schenkte seiner Familie und den anderen Verwandten die teuersten Ostereier, die man sich denken kann.

Sie waren aus Gold und mit Edelsteinen verziert. Wenn man auf kleine Hebel drückte, sprangen sie auf. Aus einigen Eiern schnellten winzige Tänzerinnen heraus, die sich im Kreise drehten; aus anderen ebenso winzige Pfauen, die radschlugen und sich nach allen Seiten verbeugten.

Die Zarin (das war die Frau des Zaren), die Prinzen, Prinzessinnen und die Verwandten freuten sich sehr.

Nur die jüngste Prinzessin freute sich nicht. Viel lieber als das kostbare Osterei hätte sie eine Holzpuppe gehabt. So eine wie die, mit der das Töchterchen des Mannes spielte, der den Hof des Zarenpalastes sauberkehrte.

Peter und der Osterhase

„Ui!" rief der kleine Peter, als er im Garten unter der Blaufichte das Osternest entdeckte. Vier bunte Eier waren darin, dazu ein Schokohase und drei Osterküken aus Marzipan.

Vom Osternest zum Gartenzaun führte eine Spur, die von kleinen Pfoten stammte. Sie war deutlich im Gras zu erkennen, weil es kurz vorher geregnet hatte.

„Sie ist vom Osterhasen", sagte Peter aufgeregt. „Ich geh' ihr nach."

„Der Osterhase läßt sich vor Menschen nicht blicken", sagte der Vater.

„Vor mir schon", behauptete Peter. Gebückt folgte er der Spur – wie ein Indianer auf dem Schleichpfad.

Und da – in der Hecke am Zaun – sah er den Osterhasen sitzen! Peter kroch näher, dann lockte er: „Komm zu mir, ich tu' dir nichts." Der Hase hoppelte heran. Es war Jakob, das Kaninchenmännchen aus Nachbars Karnieckelstall. Es war sehr zahm und machte öfter Ausflüge in die Nachbarschaft.

„Ui", murmelte Peter, und Jakob mümmelte dazu.

111

Ein wunderschönes Kälbchen

Sonja und Daniel machten mit ihren Eltern Osterferien auf einem Bauernhof. Schon am ersten Tag schlossen sie Freundschaft mit den Bauerskindern Johannes und Angelika. In die Osterferien fiel auch der 1. April. Sonja und Daniel dachten daran. „Wir lassen uns nicht in den April schicken", sagten sie zu den Bauerskindern.

Drei Tage waren es bis dorthin.

Am Morgen des 1. April – noch vor dem Frühstück – riefen Johannes und Angelika: „Sonja! Daniel! Kommt in den Stall! Unser Ochse Dagobert hat heute nacht ein wunderschönes Kälbchen geboren!"

Sonja und Daniel waren begeistert. Sie liefen in den Stall. Dort stand der Ochse, und hinter ihm lag – ein breiter Fladen, der unappetitlich roch.

„April, April!" riefen die Bauerskinder. „Ein Ochs kann doch kein Kälbchen kriegen!"

April, April!

Zum Frühling gehört auch der April. Er ist ein launischer Monat. Da scheint die Sonne so warm, daß wir leichte Kleider anziehen. Dann schlägt das Wetter plötzlich um. Regenschauer prasseln vom Himmel herunter, und es wird kalt. Kurz darauf ist das schlechte Wetter vorbei, und die Sonne scheint wieder. Der April hält uns zum Narren.

Daher kommt der Brauch, Bekannte am 1. April zum Narren zu halten. Man schwindelt sie mit etwas Unmöglichem an – und lacht sie aus, wenn sie darauf hereinfallen. „In den April schicken", heißt das. „Am 1. April schickt man den Esel, wohin man will", sagt ein Sprichwort ...

„Ach Peter", sagte der Vater am 1. April, „hol mir bitte aus der Gärtnerei zwei Tüten Trompetensamen. Hier hast du ein Fünfmarkstück. Beeil dich."

Peter lief los – und der Vater rief ihn zurück. „April, April", spottete er. „Trompetensamen gibt es nicht."

Die fünf Mark durfte Peter behalten.

Tor und Sieg!

Am 1. April 1994 stand in der Großmogelsdorfer Zeitung folgende Sportmeldung:

„Im gestrigen Endspiel um die Fußball-Meisterschaft in der B-Klasse besiegte der Großmogelsdorfer Fußballklub den Kleinmogelsdorfer Fußballverein mit 1:0 Toren.

Es war ein spannendes Spiel.

In der 64. Minute zeigte der Schiedsrichter dem Kleinmogelsdorfer Verteidiger Holzmann zuerst die gelbe, dann die rote Karte. Holzmann hatte den Großmogelsdorfer Stürmer Schmalfuß zuerst gegen das Schienbein und dann auch noch in den Rücken getreten. Erst in der letzten Minute schoß Schmalfuß das Siegestor. Er boxte den Ball mit der rechten Faust in das linke untere Eck des Kleinmogelsdorfer Tores."

So stand es in der Zeitung; doch die meisten Leser ließen sich nicht in den April schicken – weil ...?

(Weil im Fußball kein Tor mit der Faust geschossen werden darf.)

Vorsicht!

Früher, als noch Kaiser und Könige über die meisten Völker herrschten, mußten die Leute mit Aprilscherzen vorsichtig sein. Viele hohe Herrschaften verstanden keinen Spaß.

Das erfuhr der Neffe eines Königs, der den königlichen Onkel in den April geschickt hatte. Es geschah in der Zeit, als Opas und Omas Großeltern noch Kinder waren ...

Damals – am 1. April – sagte ein königlicher Neffe zu seinem königlichen Onkel: „Majestät, Eurem Lieblingsroß sind zwei Hörner gewachsen."

„Man führe es in den Hof!" befahl der König erschrocken.

Der Neffe lachte. „Nicht nötig, Majestät. Ich habe mir erlaubt, Euch in den April zu schicken."

Der königliche Onkel verstand keinen Spaß. Er ließ den Neffen zwei Monate lang einsperren.

Bei Wasser und Brot.

Sommer und Ferien

Ein besonderer Tag

Der Unterricht begann mit dem Kalenderblatt-Abreißen. Diesmal war Christine dran. Sie ging nach vorn, wo neben der großen Tafel der Wandkalender hing. Christine riß das Blatt von gestern ab, zeigte auf das neue und las vor: „Heute ist Dienstag, der einundzwanzigste Juni."

„Das ist ein besonderer Tag", sagte die Lehrerin. Fast alle Jungen und Mädchen der 2. Klasse meldeten sich.

Nur Harald und Peter meldeten sich nicht. Sie hatten um 50 Pfennig gewettet, wer den Atem länger anhalten könne.

Die Lehrerin zeigte auf Johannes. „Nun", fragte sie, „warum ist der einundzwanzigste Juni ein besonderer Tag?"

„Weil meine Mutti Geburtstag hat", antwortete Johannes.

„Das ist sehr schön", sagte die Lehrerin, „aber ich denke an etwas, das uns alle angeht." Sie nickte einem Mädchen zu. „Ja, Helene?"

„Weil schönes Wetter ist", sagte das Mädchen. Auch das meinte die Lehrerin nicht. Sie rief andere Kinder auf.

„Weil im Fernsehen die Augsburger Puppenkiste kommt", sagte Sebastian.

„Weil das Hallenbad fertig ist", sagte Britta.

Die Lehrerin winkte ab. „Ich denke an Jahreszeiten. Die eine ist vorüber, die andere hat begonnen."

„Ich weiß es!" rief Andreas.

Die Lehrerin nickte ihm zu.

„Der Frühling ist vorbei", erklärte er wichtig, „und bald kommen die großen Ferien."

„Jaaa!" riefen die anderen Kinder und klatschten in die Hände.

„Richtig", seufzte die Lehrerin. „Trotzdem meine ich etwas anderes. Am zwanzigsten Juni ging der Frühling zu Ende. Heute, am einundzwanzigsten, hat eine neue Jahreszeit begonnen.

„Oh-haaaa!" schnauften Harald und Peter gleichzeitig, weil sie die Luft nicht länger anhalten konnten.

Die Lehrerin verstand: „Som-maaah".

„Brav, Peter und Harald", lobte sie. „Es ist der Sommer. Und jetzt singen wir das Lied ‚Tra-ri-ra, der Sommer, der ist da'."

Tra-ri-ra

Es war am 28. Mai, dem letzten Schultag vor den Pfingstferien. Fünf Minuten vor Unterrichtsbeginn stürmte Katja in die dritten Klasse. Sie warf die Arme hoch und sang fröhlich: „Tra-ri-ra, der Sommer, der ist da!"

„Du spinnst", spottete der lange Norbert. „Der Sommer kommt erst am 21. Juni. Das weiß der Dümmste." Die anderen lachten.

„Der Sommer ist heute gekommen", behauptete Katja und hielt Norbert die Hand hin. „Ich wette mit dir um drei Bananen."

Der Lange schlug ein.

Katja ging zur Tür, öffnete sie und sagte: „Komm rein, Peter."

Ein fremder Junge trat in das Klassenzimmer. „Das ist mein neuer Nachbar und unser neuer Mitschüler", erklärte Katja. „Er heißt Sommer – Tommy Sommer. Ich hab' ihn gemeint." Sie lachte den langen Norbert an. „Die Bananen gibst du mir nach den Ferien." Mehr sagte sie nicht. Die Glocke schrillte, und die Lehrerin kam.

Schweinebraten mit Ehrenwort

Vor den großen Ferien gibt es die Jahreszeugnisse. Da jubeln einige Kinder, andere sind zufrieden, manche betrübt …

Zu den Betrübten gehörte Stefan aus der dritten Klasse. Er hatte schlecht abgeschnitten. In seinem Zeugnis stand: „Wenn Stefan aufmerksamer gewesen wäre, hätte er mehr leisten können."

Stefan ging langsam nach Hause. Er dachte an Vati und spürte ein mulmiges Gefühl im Magen … Daheim trug Mutter Vaters Leibspeise auf: Schweinebraten mit rohen Klößen. Vati schnupperte genießerisch. Da kann es nicht so schlimm werden, dachte Stefan. Er zeigte den Eltern das Zeugnis und sagte: „Ich bin nicht der Schlechteste."

Der Braten duftete. „Der Wievielte bist du denn in deiner Klasse?" erkundigte sich Vater schon halb versöhnt.

„Der Siebzehnte", antwortete Stefan.

„Und wie viele Kinder seid ihr?" fragte Mutter.

„Neunzehn", sagte Stefan. „Aber im nächsten Jahr streng' ich mich an – Ehrenwort!"

„Mahlzeit", sagte der Vater.

115

Mit der Bimmelbahn in die Ferien

„Es war 1924", erzählte der alte Doktor. „Ich war zwölf Jahre alt und wohnte während der Schulzeit in einem Internat. Das war so weit von daheim entfernt, daß ich nur zu Weihnachten und in den großen Ferien nach Hause fahren durfte. Da fuhr ich drei Stunden lang mit dem Eilzug und eine Stunde mit der Bimmelbahn. Vom Endbahnhof holte mich mein Vater ab, und wir mußten noch ziemlich weit gehen."

Der alte Doktor schmunzelte. „Die Bimmelbahn bestand aus einer Dampflokomotive, einem Gepäckwagen und drei Waggons mit Holzbänken. Die Wagen holperten auf den Schienen. Beim Anfahren und Anhalten wurde die Fahrgäste hin und her geschubst.

Bahnschranken gab es nicht. Wo Fuhr- und Fußwege die Schienen überquerten, warnte der Lokführer mit Glockengebimmel vor dem nahenden Zug. Daher der Name ‚Bimmelbahn'.

Bergan schnaufte die Lok, als ob sie Asthma hätte, bergab kreischten die Bremsen. Unterwegs hielt der Bummelzug an drei Wartehäuschen …

Als ich 1924 in die großen Ferien fuhr, wurde die Bimmelbahn nach einer Kurve hinter einem Wäldchen auf offener Strecke gestoppt. Der Lokführer bremste so heftig, daß wir von den Sitzen fielen."

„Banditen?" fragte ein Zuhörer.

„I wo", sagte der alte Doktor. „Auf den Schienen lagen zwei Kühe. Sie kauten das Gras wieder, das sie vorher gefressen hatten. Von einem Hirten war nichts zu sehen. Der Lokführer ließ die Dampfpfeife heulen und die Glocke bimmeln. Die Kühe kauten weiter. Der Heizer sprang ab und versuchte sie mit Geschrei, Schieben und Ziehen wegzudrängen. Die Kühe blieben stur. Nicht einmal Schläge halfen. – Wer weiß, wie lange es noch gedauert hätte, wenn Goliath, der Dakkel eines Mitreisenden, nicht gewesen wäre.

Goliath sprang durch die offene Waggontür und rannte kläffend auf die Kühe zu. – Und siehe da! Sie rappelten sich auf und trotten davon …

Die Bimmelbahn fuhr mich in die Ferien; und im Endbahnhof bekam Goliath vom Bahnhofsvorsteher ein Paar Würstchen."

Das große Geheimnis

Michael war mit einer Kindergruppe in ein Ferienheim gefahren. Das Heim lag am Waldrand. Ein richtiger Maler gab den Kindern Malstunden. Er erzählte, daß manche Bilder berühmter Künstler erst nach fünfhundert Jahren irgendwo entdeckt worden seien und heute für mehr als hunderttausend Mark verkauft würden.

„Vielleicht sind unsere Bilder in fünfhundert Jahren auch hunderttausend Mark wert", sagte Michael zu seinem Freund Andreas. „Wir müssen sie nur richtig verstecken." Andreas war begeistert. Er malte Michael, und Michael malte ihn. Unter die Bilder schrieben sie ihre Namen, damit sie in fünfhundert Jahren berühmt werden konnten. Dann packten sie ihre Kunstwerke in Plastiktüten und suchten ein Versteck. Im Wald fanden sie eine kleine Höhle. Sie schoben die Bilder hinein, vermauerten die Öffnung mit Steinen und feuchtem Lehm und pflanzten einen kleinen Waldbusch davor. Auf dem Heimweg freuten sie sich, daß sie ein Geheimnis hatten, das hunderttausend Mark wert war – wenn nicht noch mehr.

„Buona notte" heißt „gute Nacht"

Tanja und Peter Siebert machten mit ihren Eltern Ferien in Südtirol. Die elfjährige Tanja lernte Ponyreiten. Der sieben Jahre alte Peter lernte Italienisch. Er hatte mit den Zwillingen Mario und Emilio Pellerini Freundschaft geschlossen. Sie waren die achtjährigen Söhne eines römischen Ehepaares, das im gleichen Gasthof wohnte. Der Vater war Italiener, die Mutter stammte aus Berlin. Mario und Emilio sprachen Italienisch und Deutsch perfekt. Peter lernte tolle Wörter von ihnen.

„Italienisch schaff' ich wie nichts", prahlte er schon am zweiten Abend. „Es ist ganz leicht. ‚Idiot' heißt ‚idiota'. ‚Kamel' heißt ‚camello'. ‚Cretino' heißt ‚Blödmann', und ‚Esel' heißt ‚àsino'. – ‚Grande' ist ‚groß', ‚piccolo' ist ‚klein', und ‚gute Nacht' heißt ‚buona notte'." Er redete unaufhörlich ...

Vor dem Schlafengehen staunte er. Tanja sagte zu ihm: „Buona notte, piccolo cretino." Daß sie so rasch Italienisch lernen würde, hätte Peter ihr nie zugetraut.

Rapunzel im Märchenwald

Am dritten Urlaubstag in den großen Ferien gingen Vater und Mutter mit der kleinen Gabi in den Märchenwald. Das war ein Park, in dem viele Märchenfiguren in Märchenschlössern und Häusern standen. Manche bewegten sich.

Da waren Schneewittchen und die sieben Zwerge, Dornröschen im verwunschenen Schloß, der böse Wolf und Rotkäppchen im Wald, der Froschkönig, die sieben Geißlein, Frau Holle, die Bremer Stadtmusikanten und andere mehr ...

Gabi bestaunte einen Turm ohne Eingang, in dem nur ganz oben ein Fensterchen war. „In diesem Turm hält die böse Zauberin das Mädchen Rapunzel gefangen", erzählte die Mutter. „Kein fremder Mensch darf hinein. Wenn die Zauberin kommt, ruft sie: ‚Rapunzel, Rapunzel, laß dein Haar herunter!' Dann läßt das Mädchen seine langen blonden Zöpfe hinunterfallen, und die Zauberin klettert daran hinauf."

Der Vater wies auf ein Täfelchen am Turm. Gabi las: „Sprich laut in das Mikrofon: Rapunzel, Rapunzel, laß dein Haar herunter!"

„Das Mikrofon steckt hinter der Öffnung neben dem Täfelchen", erklärte der Vater.

Gabi beugte sich vor und sagte laut: „Rapunzel, Rapunzel, laß dein Haar herunter!"

Hoch oben im Fenster erschien ein blonder Mädchenkopf. Die Zöpfe fielen herunter, wurden wieder nach oben gezogen, und der Mädchenkopf verschwand. – Noch zehnmal ließ Gabi Rapunzels Zöpfe herunter- und hinaufgleiten. Dann ging sie zu den Bremer Stadtmusikanten. – So merkte sie nicht, was bei Rapunzel weiter geschah. Dort sagte ein Lausbub zu seinen Freunden: „Den Rapunzelspruch müßt ihr gar nicht rufen. Ihr könnt jeden Blödsinn ins Mikrofon sagen. Hauptsache, ihr sagt ihn laut." Er schnippte mit den Fingern und rief: „Muuuh!" – Die Zöpfe erschienen und verschwanden wieder.

Auch die anderen versuchten es. „Bäääh!" rief der eine. „Du bist plemplem!" der andere. Und der dritte sagte laut: „Du dumme Gans!" Jedesmal glitten die Zöpfe herunter und wieder zurück.

Gut, daß es Gabi nicht merkte. Sie hätte bestimmt geweint.

Willkommen auf Schloß Hubertuseck

Peter und Monika waren Zwillinge, acht Jahre alt und Nervensägen. Vater und Mutter atmeten auf, als der Großvater die Kinder über die Sommerferien in sein Schloß einlud.

Großvater war ein Graf und dauernd pleite, wie die Zwillinge sagten. Immer wieder pumpte er Peters und Monikas Vater um Geld an. Das Schloß war eine Bruchbude, das sagten die Zwillinge auch. Gerade deshalb gefiel es ihnen.

Großvater holte sie in einem uralten Auto ab. Am Steuer saß der Diener Johannes. Er war lang wie eine Bohnenstange und glatt rasiert. Großvater war kleiner und trug einen Vollbart ...

Nach drei Stunden Fahrt hielt die Klapperkiste im Hof der Bruchbude. „Willkommen auf Schloß Hubertuseck", sagte Großvater. „Johannes wird euch eure Zimmer zeigen. Steigt langsam in die Himmelbetten, wenn ihr schlafen geht."

Den Zwillingen gefielen die Zimmer. Als Johannes gegangen war, sprangen sie in die Betten hinein – und diese krachten zusammen.

„Gottlob dauern die Ferien nicht ewig", brummte Johannes, als er den Schaden reparierte.

Peters und Monikas zweiter Streich

Die Zwillinge Peter und Monika fanden die Ferien im vergammelten Schloß ihres Großvaters wunderschön. Am liebsten stöberten sie in den unterirdischen Kellern herum. Dort entdeckten sie auf einem Regal zwei offene Blechdosen, in denen schwarze und weiße Lackfarbe war. Daneben lagen Malerpinsel.

„Die Ritterrüstungen vor unseren Zimmern sind scheußlich verrostet", sagte Monika. „Wir streichen sie an, dann sind sie wie neu."

Peter nickte. „Großvater wird sich freuen."

Kurz darauf pinselten sie schwarze und weiße Querstreifen auf die Rüstungen. Bald sahen die Ritter wie Zebras aus. „Schön!" riefen die Künstler.

Doch statt sie zu loben, regte sich Großvater auf. Zornig befahl er dem Diener Johannes, „die Schmierereien" sofort zu entfernen. Monika schmollte, und Peter brummelte: „Manchmal kann man den Erwachsenen überhaupt nichts recht machen."

Peters und Monikas dritter Streich

Die Zwillinge Peter und Monika hatten ihren Großvater und den Diener Johannes sehr geärgert. Das wollten sie wiedergutmachen.

Morgen war Waschtag. Waschen und Putzen besorgte Johannes. Morgen früh sollte er staunen! Als Großvater und Johannes schliefen, huschten die Zwillinge zur Waschmaschine. Monika füllte die Trommel mit Wäsche, wie sie es bei Mutti gesehen hatte. „Wenn es richtig sauber werden soll, müssen wir viel Waschpulver nehmen", meinte Peter. Monika schüttete den gesamten Inhalt eines Waschpulverpaketes in das Waschpulverschiffchen, drehte den Wasserhahn auf und schaltete die Maschine ein. – Hoppla! Nach kurzer Zeit quoll weißer Schaum heraus. Es wurde immer mehr! „Schalt aus!" rief Monika. – Peter drückte auf eine Taste – und die Trommel drehte sich rasend. Peter hatte den Schleudergang eingeschaltet. Die Waschkammer dröhnte.

In Nachthemden stürzten Großvater und Johannes herein. Johannes stellte die Maschine ab. Dann halfen ihm die Zwillinge beim Saubermachen.

Auf Wiederseh'n

Seit elf Tagen waren Peter und Monika Feriengäste im vergammelten Schloß ihres Großvaters. Jetzt wurde es ihnen langweilig. Sie hätten gern mit Kindern gespielt. Großvater erriet, was sie bedrückte. Er fragte sie, ob sie die Dorfkinder nicht zu einem Schloßfest einladen möchten. „O ja!" riefen Peter und Monika. – Großvaters Diener Johannes lud die Dorfkinder ein. Neunzehn kamen. Johannes und die Zwillinge hatten Tische und Bänke im Schloßhof aufgestellt, belegte Brote gerichtet und Himbeersaft eingeschenkt. Die Kinder ließen sich's schmecken. Hinterher tollten sie mit Monika und Peter herum.

In den nächsten Tagen wurden die Zwillinge ins Dorf eingeladen. Sie spielten mit den neuen Freunden und Freundinnen, streiften mit ihnen durch Großvaters Wald und planschten im Dorfweiher. Viel zu schnell verging die Zeit ...

Dann mußten sich Peter und Monika verabschieden. „Auf Wiederseh'n!" riefen sie den Dorfkindern zu, die ihnen nachwinkten.

Filmstar Tobias

Herr und Frau Hanke aus Berlin verbrachten den Urlaub in einem Tiroler Bergdorf. Sie hatten einen acht Jahre alten Sohn. Er hieß Tobias. Mitten im Urlaub tauchten Leute auf, die einen Heimatfilm drehen wollten. Die Einheimischen sollten als Statisten mitwirken. (Das sind Leute, die keine Sprechrollen haben.)

Über Tobias freute sich der Aufnahmeleiter besonders. „Einen Berliner Jungen kann ich brauchen", sagte er. Der Hauptdarsteller sollte Tobias fragen: „Ist es hier nicht schöner als in Berlin?" Und Tobias sollte antworten: „Wat denn, wat denn! Berlin is' doch keen Dorf." ...

Bei der Aufnahme klappte es nicht. Als Tobias vor dem Filmstar stand, stotterte er aufgeregt: „Wa-wat denn – wa-wat denn ..."

„Das kann jedem passieren", tröstete der Aufnahmeleiter. „Versuchen wir's noch einmal." Tobias nickte. „Wat denn, wat denn", sagte er, „das – das Dorf Berlin ..." – So ging es weiter. Erst beim dreizehnten Mal klappte es.

Und Tobias fühlte sich als Filmstar.

Da freuten sich alle

Am Rande von Erlenreuth stand ein Heim für behinderte Kinder. Das Haus war baufällig geworden. Die Reparatur würde viel Geld kosten. Staatliche Zuschüsse deckten nur einen Teil der Auslagen. Der Bürgermeister bat die Erlenreuther um Spenden. „Zu Beginn der Sommerferien schicken wir die Kinder in Erholung", sagte er. „Am Ende der Ferien muß das Haus wieder bewohnbar sein." – Die Erlenreuther ließen sich nicht lumpen. Sie spendeten viel ...

Als die Kinder aus den Ferien zurückkehrten, war ihr Haus instand gesetzt. Der Heimleiter lud die Erlenreuther zu einer kleinen Feier ein. Auf einer Bühne führten die behinderten Kinder ein Märchenspiel auf, das sie in den Ferien einstudiert hatten. Dann verteilten sie selbstgebastelte Stoffmäuslein. Die waren mit Heu ausgestopft, hatten große Ohren, lange Schnurrhaare und putzige Schwänzchen. Ein Mädchen im Rollstuhl sagte von der Bühne herunter: „Das Spiel und die Mäuslein sind unser Dankeschön für eure Spenden." Da freuten sich alle.

121

Die schönsten Ferien

Das neue Schuljahr hatte begonnen. In der großen Pause standen einige Mädchen aus der dritten Klasse im Schulhof zusammen und erzählten, wo sie in den Ferien gewesen waren. „Ich war am Gardasee", schwärmte Julia. „Ich fuhr mit Vati im Segelboot und durfte auf einem Esel reiten."

„Auf einem Esel reiten ist nichts", spöttelte Anja. „Ich war auf einem Bauernhof und ritt auf einem Pony."

„Ich war mit Vati und Mutti an der Nordsee zum Schwimmen", berichtete Susanne.

Bettina erzählte von Südtirol, Katja von Spanien, und Karin war sogar in Amerika gewesen. Christine sagte nichts. Die anderen wußten, warum. Christines Vater war arbeitslos, die Mutter verdiente mit Putzen nur wenig. Da war kein Urlaub drin.

Anja mochte Christine nicht. Jetzt fragte sie spöttisch: „Und wo warst du in den Ferien? In China vielleicht?"

Christine war nicht beleidigt; zumindest ließ sie es sich nicht anmerken. Sie nickte. „Ja, in China war ich auch."

Die anderen lachten. „Und wo noch?" stichelte Anja.

Christine erzählte weiter: „Ich war im Riesengebirge, in Afrika, bei den Türken und Japanern. Ich war auf dem Mond, auf fremden Sternen, in alten Zeiten und in der Zukunft. Ich hab' mit Rübezahl gesprochen, mit Robin Hood, Frau Holle und Robotern aus dem Jahr dreitausend. Ich habe ..."

Anja unterbrach sie: „Hör auf mit dem Quatsch!"

„Es ist kein Quatsch", sagte Christine. „Was ich erzähle, hab' ich erlebt." Sie lächelte. „In den Ferien hab' ich Bücher gelesen. Da war ich mittendrin in den Geschichten. Wenn ich an ganz spannenden Stellen die Augen zumachte, hab' ich alles gesehen und mit den Leuten geredet. Und es hat nichts gekostet, weil ich die Bücher aus der Bücherei ausgeliehen hatte. Es waren meine schönsten Ferien."

Die Glocke schrillte, die Pause war zu Ende. Anja spottete nicht mehr. Nachdenklich ging sie in die Klasse zurück.

Sommersprossen

Im Lande Irgendwo hatten alle Leute fleckenlose Gesichter. Eines Tages geschah Schreckliches. Mitten im Sommer bekam ein Mädchen kleine braune Pünktchen auf die Nase und dann auch noch auf beide Wangen. „Sie hat Sommersprossen", sagte ein Professor.

Die Sommersprossen sahen allerliebst aus; doch die Bürger in Irgendwo fanden sie schrecklich. Sie jagten das Mädchen davon, weil es anders aussah als sie.

Das Mädchen irrte durch die Welt, bis es in das Land Anderswo kam. Dort hatten alle Leute Sommersprossen. Sie begrüßten das Mädchen herzlich. Und weil es die schönsten Sommersprossen hatte, wurde es die Gemahlin des Königs.

Da schickte der Präsident von Irgendwo drei Minister nach Anderswo, um die Sommersprossenkönigin zu beglückwünschen. Als die drei an die Grenze von Anderswo kamen, wurden sie verspottet, weil sie nackte Gesichter hatten. Da machten sie kehrt und reisten zurück. Die Anderswoleute lachten hinter ihnen her.

Vorsicht, Gift!

Es ist lange her. Ich war ein Knirps von knapp fünf Jahren. An einem sonnigen Sommertag nahm mich meine Großmutter zum Kräutersammeln mit. Das wurde mir bald langweilig, und ich ging auf Entdeckungsreise. – Mitten im lichten Bergwald stieß ich auf einen Strauch, der große, glänzend schwarze Beeren trug. Kirschen, dachte ich, pflückte eine Handvoll ab und wollte sie in den Mund schieben.

Da kam Großmutter – gerade zur rechten Zeit. Sie sagte nichts, weil jedes Wort zu langsam gewesen wäre. Sie schlug mir die „Kirschen" aus der Hand. Ich schrie: „Au!" und weinte laut.

„Das hätte dein Tod sein können", stöhnte Großmutter. „Die guten Kirschen!" jammerte ich.

„Es sind Tollkirschen", sagte Großmutter. „Sie enthalten ein starkes Gift."

„Aber sie sind doch schön", begehrte ich auf.

„Nicht alles, was schön aussieht, ist gut", belehrte mich Großmutter ...

Als ich älter war, begriff ich es, und bedankte mich für den Schlag auf die Hand.

Auf dem Bauernhof

Träumen ist auch schön

Die Zwillinge Michael und Andrea Hannemann waren neun Jahre und drei Monate alt. Sie wohnten in der Großstadt, im elften Stock eines Hochhauses. Zum Spielen gab es draußen kaum noch Platz zwischen Schmutz, Rauch und üblem Geruch. Die Spielplätze waren zu klein. Freilaufende Hunde benutzten sie für Unappetitliches. Der Rauch wehte aus drei Fabriken herüber und roch fürchterlich. An manchen Tagen flogen selbst Amseln und Spatzen davon. Und die Bäume um die Spielplätze herum bekamen im Frühling verschrumpelte Blätter ... Michael und Andrea beneideten ihre Freunde und Freundinnen aus dem zehnten Stock. Die machten mit ihren Eltern in den Sommerferien immer Urlaub auf einem Bauernhof.

Dort gab es keine Hochhäuser, keine Spielplätze voll Hundekot und keine Parkanlagen mit Schildern davor, auf denen „Betreten verboten" stand.

Und Tiere gab's auf dem Bauernhof! Manche davon gab es nicht einmal im Zoo. Ganz helle Schweine zum Beispiel – Kühe, die Milch gaben – Stallhasen mit ganz langen Ohren – Hühner, die Eier legten – drei Hunde und fünf Katzen, die sehr lieb waren – und Schafe, die aus der Hand fraßen. Und es gab eine Wiese und Wald in der Nähe und einen Bach, der durch einen Teich floß. Und die Bauernkinder kannten viel schönere Spiele als die Jungen und Mädchen in der Stadt. Manchmal waren es Spiele, mit denen die Urlauberkinder der Bäuerin und dem Bauern helfen durften: beim Unkrautauszupfen im Garten, beim Steinesammeln auf den Feldern, beim Saubermachen des Traktors, der Eimer, Schubkarren und Mistgabeln. „Das ist viel schöner als das Sommerprogramm im Fernsehen", sagten die Freunde und Freundinnen ...

Hannemanns konnten sich keinen Urlaub leisten. Vater Hannemann wollte ein eigenes Häuschen am Stadtrand bauen. Da mußte er jede Mark sparen.

Vom Urlaub auf dem Bauernhof konnten Michael und Andrea nur träumen. „Von etwas Schönem träumen ist auch schön", sagte Mutter. In den Träumen der Zwillinge wurden die Ferien auf dem Bauernhof immer schöner.

124

Michaels und Andreas Kunstwerk

Die Zwillinge Michael und Andrea Hannemann beteiligten sich an einem Preisausschreiben. Wer den schönsten Bauernhof malte, durfte vierzehn Tage Ferien auf einem Bauernhof machen. – Die Zwillinge malten gemeinsam. Im Fernsehen hatte Michael das Bild eines berühmten Künstlers gesehen. Der hatte blaue Pferde gemalt. „So müssen wir es auch machen", sagte Michael zu Andrea. Sie malten eine blaue Wiese und einen grünen Himmel darüber. Auf der Wiese weideten ein rotgelb kariertes Pferd, eine violette Kuh und zwei grünrot gestreifte Schafe. Im Hintergrund stand ein schwarz angemalter Bauernhof mit weißem Dach. Aus dem Schornstein stieg violetter Rauch in den Himmel ...

Bei der Preisverteilung fielen die Zwillinge durch – doch ein Bauer sagte zu ihnen: „Euer ulkiges Bild gefällt mir. Ich lade euch für eine Woche auf meinen Bauernhof ein."

Da freuten sich die Zwillinge, und ihre Eltern freuten sich mit ihnen.

Willkommen

Die Großstadtzwillinge Andrea und Michael freuten sich, daß sie eine Woche lang auf einem Bauernhof sein durften.

Nach zwei Stunden Bahnfahrt holte sie der Bauer mit dem Traktor ab. Dann sagten die Bäuerin und die Bauernkinder: „Willkommen!"

Für Michael und Andrea standen die Ponys Max und Moritz bereit. Die Reitlehrerin hieß Steffi. Sie war elf Jahre alt und die Tochter der Bauersleute.

Zum Abendessen gab's Grießnockerlsuppe, Pellkartoffeln mit Kräuterquark und Milch. Um den großen Tisch saßen zwanzig Leute herum. Acht gehörten zum Hof, die anderen waren Urlauber, davon sieben Jungen und Mädchen. Zwei Elfjährige waren Engländer. Ihnen brachte Steffis Bruder das Reiten bei. Die drei anderen Kinder waren noch keine fünf Jahre alt. Sie streichelten Kälbchen, fütterten Hühner und machten das Kikeriki des Gockelhahns nach ...

In der Nacht schliefen die Zwillinge unruhig, weil sie zuviel gegessen hatten.

125

Die erste Reitstunde

Zum erstenmal in ihrem Leben waren die Zwillinge Michael und Andrea in den Ferien auf einem Bauernhof. Schon am zweiten Tag gab ihnen Steffi, die elfjährige Tochter der Bauersleute, die erste Reitstunde. Die Ponys hießen Max und Moritz. Steffi hatte sie gesattelt, aufgezäumt und ins Freie geführt. Sie selbst ritt das Pony Adelheid. – Zuerst zeigte sie den Zwillingen das Aufsitzen. Es sah ganz einfach aus.

„Das kenn' ich aus dem Fernsehen", sagten Andrea und Michael.

Dann plumpste es zweimal, und zweimal stöhnte es: „Aua!" Die Zwillinge waren aufgestiegen – und auf der anderen Seite ins Gras gepurzelt. „Das erste Abwerfen gehört dazu", tröstete Steffi. Michael und Andrea versuchten es weiter. Das vierte Mal klappte es. Dann verlief die Reitstunde friedlich. Steffi ritt voraus, Max und Moritz folgten brav. – Beim Mittagessen verkündete Steffi, daß Andrea und Michael großes Talent zum Reiten hätten. Da strahlten die Zwillinge.

Harte Arbeit

Die Zwillinge Michael und Andrea hatten in einem alten Buch über die Arbeit der Bauern und Bäuerinnen gelesen. Jetzt, als sie Ferien auf dem Bauernhof machten, war vieles moderner geworden.

Die Kühe wurden nicht mehr mit der Hand, sondern elektrisch gemolken. Rüben und Mais wurden von Maschinen zerschnippelt und nicht mehr mit Hackmessern. Die Bäuerin brauchte kein Butterfaß mehr. Sie schaltete eine Maschine ein, in der die Milch zu Butter geschleudert wurde. Statt der Zugtiere gab es Traktoren; und Mähdrescher verrichteten die Arbeit der Schnitter und der Leute mit den Dreschflegeln.

Zu tun blieb trotzdem genug: mit Maschinen und Geräten arbeiten und sie pflegen, Haus und Hof in Ordnung halten, Unkraut jäten, Stall ausmisten, sich um die Tiere kümmern, Futter zubereiten, Essen kochen und anderes mehr ...

Bauer und Bäuerin arbeiteten hart, und ihre Kinder mußten mit zugreifen.

Auch die Zwillinge machten mit.

Kostbare Gräser

Auf dem Henselhof durften Ferienkinder auf Ponys reiten, im Teich Kahn fahren und an „Schaufeldern" Getreide und Gemüse kennenlernen.

Heute führte sie Bauer Hensel zum Getreide. „Hier wächst Roggen", sagte er. „Die Ähren haben kurze Grannen. So heißen die Getreideborsten. Aus Roggenmehl wird Brot gebacken."

Nahe daneben stand grannenloser Kolbenweizen. „Aus Weizenmehl werden helles Brot, feine Backwaren, Weizengrieß und Malz für Weizenbier gemacht", erklärte Bauer Hensel.

Weiter ging's zur Gerste. „Gerstenähren haben lange Grannen", sagte der Bauer. „Aus den Körnern werden Graupen, Grieß und Braumalz hergestellt. Auch als Tierfutter ist Gerste beliebt." Am Haferfeld erklärte er: „Der Hafer trägt keine Ähren, sondern Rispen. Er wird zu Haferflocken verarbeitet und ist als Pferdefutter geschätzt." Zum Schluß erzählte er, daß unser Getreide im Laufe der Zeit aus Wildgräsern gezüchtet wurde. „Wenn wir es nicht hätten", sagte er, „wäre es schlimm."

Der Wetterprophet

Auf dem Henselhof gab es einen großen, bunten Gockelhahn. Er hieß Isidor und herrschte über zwanzig Hühner. Die Kinder, die auf dem Henselhof Ferien machten, bewunderten ihn.

An einem Mittwoch morgen war schlechtes Wetter. Der Gockelhahn und seine Hühner hatten sich im Stall verkrochen.

Als der Regen nachließ, flatterte Isidor auf den Misthaufen, reckte den Hals und krähte: „Kikerikiii! – Kikerikiiiii!!!"

„Jetzt wird das Wetter besser", erklärte Steffi, die Tochter der Bauersleute. „Ein Bauernsprichwort heißt: ‚Wenn der Hahn kräht auf dem Mist, ändert sich das Wetter.'" – Da setzte der Regen von neuem ein.

„Du hast uns angeschwindelt, Steffi", schimpften die Ferienkinder.

„Aber nein", sagte Bauer Hensel. „Steffi hat das Sprichwort nicht zu Ende gesagt. – Ganz heißt es: ‚Wenn der Hahn kräht auf dem Mist, ändert sich das Wetter – oder es bleibt, wie es ist'."

Wenn es keine Bauern gäbe

Die Stadtkinder, die Ferien auf dem Henselhof machten, fühlten sich pudelwohl. Sie freuten sich auch auf die Abende, an denen ihnen die Hensel-Oma Bauerngeschichten aus alten Zeiten erzählte. Die waren schöner als die Box-, Schieß- und Draufhaugeschichten im Fernsehen, fanden die meisten.

An einem verregneten Sommerabend fragte die Hensel-Oma: „Was wäre, wenn es keine Bauern gäbe?"

Die Stadtkinder antworteten eifrig und durcheinander: „Da hätten wir kein Getreide, kein Mehl und kein Brot!" – „Keine Milch, keine Butter und keinen Käse!" – „Keinen Kuchen!" – „Keine Kartoffeln und keine Kartoffelchips!" – „Keine Cornflakes!" – „Keine Nudeln!" – „Zu wenig Obst!" – Und der Sohn eines Gastwirts rief: „Und kein Bier!"

Das ging eine Weile so zu. Plötzlich wurde es still. Die Kinder sahen einander an. Jedes dachte fast dasselbe, was der kleine Peter Jeschke murmelte: „Au Backe, da täten wir dämlich gucken."

„So ist es", sagte die Hensel-Oma und erzählte eine Geschichte aus längst vergangener Zeit.

„Damals", erzählte sie, „stand an der Grenze zwischen Deutschland und Frankreich eine mächtige Burg. Sie wurde von Riesen bewohnt.

Eines Tages stieg die jüngste Riesentochter ins Tal hinunter. Sie war riesengroß, und jeder ihrer Tritte war fünfzig Menschenschritte weit.

Da sah sie zu ihren Füßen einen Bauern, der seinen Acker pflügte. ‚Oh!' rief sie entzückt, ‚Was für ein nettes Spielzeug!' Sie raffte den Bauern samt den Ochsen und dem Pflug in ihre Schürze und lief zur Riesenburg hinauf. ‚Schau, Vater, was für ein schönes Spielzeug ich hab'!' rief sie fröhlich.

Der alte Riese schüttelte den Kopf. ‚Der Bauer ist kein Spielzeug', grollte er mit tiefer Stimme. ‚Wenn es keine Bauern gäbe, hätten wir kein Brot! Trag ihn dorthin zurück, woher du ihn genommen hast!'

Und so geschah es."

Die schlaue Bäuerin

"Heute erzähle ich euch eine Geschichte aus dem alten Rußland", sagte die Oma vom Henselhof zu den Ferienkindern.

"Fürst Igor war hartherzig zu seinen Bauern", erzählte sie. "Wer die hohen Steuern nicht zahlen konnte, wurde davongejagt. Das drohte auch Mischa, der eine Frau und sechs Kinder hatte. Sie flehten den Fürsten um Gnade an. ,Na schön', spottete dieser, ,dann will ich gnädig sein. Ich schenke euch soviel Land, wie ihr mit einer Kuhhaut umspannen könnt. Dafür müßt ihr nicht einmal Steuern zahlen' ...

,Wir werden viel mehr Land bekommen, als der Fürst denkt', sagte die Bäuerin und erklärte ihren Plan. – Dann schnitten sie und der Bauer eine Kuhhaut in ganz dünne Streifen und knoteten diese zusammen. Damit umspannten sie ein weites Stück Land ...

Als der Fürst wiederkam, brummte er: ,Ihr seid Schlitzohren, aber mein Versprechen halte ich.' – So wurde Mischa ein wohlhabender Bauer – noch dazu steuerfrei."

Der wilde Stier

In der großen Pause des ersten Schultags erzählte der Angeber Thomas den Freunden von seiner mutigsten Tat in den Ferien. "Auf dem Bauernhof, auf dem ich war, hatten sie einen wilden Stier", erzählte er. "Als ich einmal mit den anderen Ferienkindern zusammenstand, galoppierte er heran. Die Kinder liefen auseinander. Ich ging auf ihn zu und schwenkte mein rotes Taschentuch. Sofort verfolgte er mich. Ich wich ihm aus, lenkte ihn zur Zauntür und sprang zur Seite. Er sauste an mir vorüber, und ich schlug die Tür hinter ihm zu."

"Gib nicht so an", spottete ein Mädchen aus einer anderen Klasse. "Ich war dabei."

"Mist!" brummte Thomas und lief weg.

Das Mädchen erzählte: "Auf dem Bauernhof gab es nur den gutmütigen Ochsen Willibald. Er ließ sich gern streicheln. Als er auch von Thomas gestreichelt werden wollte, schrie der um Hilfe und rannte davon." ...

In der nächsten Zeit schnitt Thomas etwas weniger auf.

Herbst- und Wintergeschichten

Zwetschgen mit Buttermilch

Christian Weber wohnte in einem Bergdorf. Daß der Herbst am 23. September anfing und bis zum 21. Dezember dauern sollte, fand er dumm. Sein Dorf war schon Ende November eingeschneit. Das war doch im Winter!

Jetzt sollte er etwas über den Herbst schreiben. „Der Herbst bringt uns Früchte", hieß die Überschrift. „Dazu fällt euch bestimmt eine Menge ein", sagte die Lehrerin.

Christian kaute an seinem Kugelschreiber. Er dachte an die Skiabfahrt am 2. Dezember. Diesmal wollte er Erster bei den Zehnjährigen werden.

Er schloß die Augen und döste vor sich hin. Die Stimme der Lehrerin riß ihn aus seinem Grübeln. „Du hast ja noch nichts geschrieben, Christian", sagte sie. „Beeil dich, bitte!"

Christian zwang sich, an die Früchte des Herbstes zu denken. Dann schmunzelte er und schrieb:

Der Herbst bringt Zwetschgen, Buttermilch und Bauchweh. Im Herbst werden die Zwetschgen reif. Ein Ast vom Zwetschgenbaum unserer Nachbarin hängt in unseren Garten herüber. Die herüberhängenden Zwetschgen darf ich abzupfen. In diesem Jahr hingen nur wenige Zwetschgen herüber. Da klaute ich von denen, die nicht herüberhingen.

Das sah die Nachbarin, aber sie schimpfte nicht. Sie gab mir einen halben Liter Buttermilch und sagte, daß Buttermilch zu Zwetschgen gut schmecke.

Dann trank ich die Buttermilch zu den Zwetschgen und kriegte Bauchweh. Von dem Bauchweh kriegte ich ...

Die letzten beiden Worte hatte die Lehrerin durchgestrichen.

Der Pflaumenkern

Das Pflaumenbäumchen im Garten hatte zum erstenmal Früchte getragen: neun große, dicke Pflaumen. „Die essen wir zum Nachtisch", sagte Vater. Mutter stellte den Teller mit den Pflaumen auf den Küchentisch.

Dem kleinen Mischa lief das Wasser im Mund zusammen. Als Mutter die Küche verlassen hatte, griff er zu.

Vor dem Mittagessen merkte Vater, daß eine Pflaume fehlte. Alle vier Kinder sagten: „Ich war es nicht."

„Es wäre nicht schlimm, wenn einer von euch die Pflaume gegessen hätte", meinte Vater. „Schlimm wäre es nur, wenn er den Kern verschluckt hätte. Dann müßte ihn der Doktor sofort operieren."

Der kleine Mischa schüttelte den Kopf. „Der Doktor muß mich nicht operieren", erklärte er fröhlich. „Den Pflaumenkern hab' ich zum Fenster hinausgespuckt." Dann wunderte er sich, daß die anderen lachten.

Einer Kindergeschichte des russischen Dichters Leo Tolstoi nacherzählt

Drachensteigen

Es war ein schöner Herbstnachmittag. Leichter Wind wehte. „Das richtige Wetter für Feuervogel", sagte Jochen. So nannte er den Drachen, den Vati ihm für dreiundneunzig Mark gekauft hatte. Feuervogel sah wie ein Flugsaurier aus. Die Drachenschnur war achtzig Meter lang. Die Freunde würden staunen!

Auf der großen Wiese ließen vier Jungen und zwei Mädchen ihre Drachen steigen. Kein Drachen war schöner als Feuervogel. Alle bewunderten ihn. Ein Junge meinte: „So viel Geld könnte mein Vater nicht ausgeben."

Da kam Sven mit seinem Drachen an, und alle lachten ihn aus. „Den möcht' ich nicht einmal geschenkt haben", spottete Jochen.

„Ich würde ihn nicht für deinen Drachen tauschen", sagte Sven ruhig.

„Und warum nicht?" höhnte Jochen.

„Weil wir ihn selbst gebaut haben", antwortete Sven, „mein Opa und ich."

Drei Nußzweiglein

Die Äste der Obstbäume bogen sich unter der Last der reifen Früchte. „Wir haben den besten Herbst, den es seit Jahren gegeben hat", sagten die Leute.

Das fanden auch drei Wandermusikanten, die sich Pflaumen, Birnen und Äpfel schmecken ließen. In der letzten Zeit hatten sie nicht viel verdient. Es war Krieg gewesen. Da hatten die Leute für Straßenmusik wenig übrig ...

An einem schönen Herbstabend kamen die drei Musikanten zu einer verfallenen Burg. Aus den Mauertrümmern war ein mächtiger Nußbaum gewachsen.

„Wie wär's, wenn wir denen, die einst hier gewohnt haben, ein Ständchen spielten?" meinte der Geiger.

Der Ziehharmonika- und der Gitarrenspieler waren einverstanden. Die drei Musikanten spielten ein Tänzchen aus alter Zeit.

Als sie geendet hatten, stand ein Zwerg vor ihnen. Er bedankte sich für die lustige Nachtmusik, wies auf den Nußbaum und sagte freundlich: „Jeder breche ein Zweiglein ab und bringe es seinen Kindern nach Hause mit. Die Nüsse sind köstlich."

Die Musikanten brachen drei Nußzweige ab, und der Zwerg verschwand.

„Er hätte uns lieber Geld geben sollen!" schimpften der Ziehharmonika- und der Gitarrenspieler. Enttäuscht warfen sie ihre Nußzweiglein weg.

Der Geiger schimpfte nicht. Er tat, was der Zwerg gesagt hatte ...

Wie staunte er am übernächsten Morgen! Seine Kinder zeigten ihm das Zweiglein, dessen Nüsse, Blätter und Stiele zu purem Gold geworden waren.

Der Geigenspieler lief zu seinen Freunden und erzählte ihnen von dem Wunder.

Sie rannten los, um die weggeworfenen Zweige zu suchen.

Sie suchten vergebens.

Eine Geschichte aus Slowenien

Die Herbst- und die Winterhexe

„So, wie es gute und böse Menschen und gute und böse Geister gibt, gibt es auch gute und böse Hexen", sagte Doktor Faustus zu seinen Schülern. „Zu den bösen Hexen gehört die Herbsthexe, zu den guten die Winterhexe." Er strich sich den Bart und erzählte aus alter Zeit: „Einmal war bis Ende Oktober schönes, mildes Wetter gewesen, weil die Herbsthexe verschlafen hatte. Als sie Anfang November aufwachte, schickte sie ihren wildesten Sturm los. Er deckte Dächer ab, warf Bäume um und vereiste die Wege. Nachher breitete sie dichten Nebel aus. Er machte kranken Menschen das Atmen zur Qual. Manche überlebten es nicht ...

Da befahl der Herr, dem alle Geister gehorchen müssen, der Winterhexe, den Menschen zu helfen. Beleidigt flog die Herbsthexe davon ...

Die Winterhexe vertrieb den Novembernebel und ließ weichen Schnee auf die Erde fallen. Die Menschen atmeten auf. Sie begrüßten den Winter, obwohl er dem Kalender nach noch nicht da war."

Ein altes Märchen

Der Hirschensprung

Für manche Geschöpfe ist der Herbst eine gefährliche Zeit. Für Hasen, Hirsche und Rehe zum Beispiel. Sie werden im Herbst gejagt ...

In der böhmischen Kurstadt Karlsbad steht ein Denkmal für ein entkommenes Jagdtier. Es erinnert an die Zeit, in der König Karl (der später Kaiser wurde) das böhmische Land regierte. Eines Tages jagte er einem riesigen Hirsch nach. Das Tier entkam immer wieder. Stundenlang dauerte die Verfolgung. Erst gegen Abend wurde der Hirsch müde. Er floh auf einen Fels – und sprang in die Tiefe. Dort landete er in einer Quelle, gewann seine Kraft zurück und entkam.

Die Ärzte des Königs stellten fest, daß das Quellwasser heilkräftig war. Der König ließ ein Badehaus um die Quelle bauen, und um das Heilwasser herum entstand Karlsbad.

Den Fels, von dem der Hirsch gesprungen war, nannten die Karlsbader „Hirschensprung". Als Denkmal stellten sie eine Gemse hinauf.

Warum, weiß niemand.

Die wilde Jagd

In stürmischen Spätherbst- und Winternächten reite Wodan mit seinem wilden Heer durch die Lüfte, erzählten die Leute in alter Zeit.

(Wodan war der oberste Gott der Germanen. Er ritt einen achtbeinigen Hengst, schwang einen Speer und liebte den Schlachtenlärm. Seine Begleiter waren die Geister von Kriegern, die im Kampf gefallen waren.)

Als sich die Germanen zum Christentum bekehrt hatten, wurde Wodan zum „Wilden Jäger", und seine Begleiter wurden zu Gespenstern, die Unheil brachten. Der treue Eckart eilte dem Spuk voraus. Er war ein guter Geist und warnte die Menschen. „Geht aus dem Weg!" rief er ihnen zu. Wehe jenen, die seine Warnung nicht befolgten! Sie konnten froh sein, wenn sie mit Beulen und Schrammen davonkamen.

Die folgende Geschichte soll sich an einem Dezemberabend zugetragen haben.

Es war schon am Nachmittag dunkel geworden, und am frühen Abend wehte ein Schneesturm über das Land. Es war das rechte Wetter für den Wilden Jäger und seine Geister.

Drei Bauernkinder hatten in großen Kannen Bier aus der Dorfschenke geholt und eilten nach Hause. Da hörten sie aus dem Schneegestöber die Stimme des treuen Ekkart: „Stellt die Kannen ab und werft euch zur Seite!" Die Kinder gehorchten verwirrt. Die wilde Jagd brauste heran. Geisterhände griffen nach den Bierkannen. Die Kinder hörten gieriges Schlürfen, dann war der Spuk vorbei – und die Kannen waren leer.

„Erzählt niemandem, was ihr gehört und gesehen habt!" rief der treue Eckart ...

Als die Kinder nach Hause kamen, waren ihre Kannen bis zum Rand mit köstlichem Bier gefüllt. Und sie füllten sich immer wieder, sooft sie leer waren.

Am dritten Tag konnten die Kinder nicht länger schweigen. Sie erzählten, was sie erlebt hatten – und dann war es aus. Die Kannen füllten sich nie wieder von selbst.

Sabine und die Rehe

Sabine wohnte am Ende des Dorfes. Der Hausgarten grenzte an den Waldrand. Zu Sabines achtem Geburtstag begann es zu schneien und schneite tage- und nächtelang weiter. Im Wald richteten Förster Peters und seine Gehilfen Futterplätze für das Wild ein.

„Ich möchte die armen Tiere auch füttern", sagte Sabine. „Wenn wir die Gartentür aufmachen, können die Rehe zu uns herein. Vati muß bloß ein Dach über die Futterstelle bauen. Das andere mach' ich." Sie bettelte so lange, bis Vater nachgab. Schulfreundinnen halfen ihr, Heu und anderes Wildfutter im Dorf zu sammeln.

Am vierten Morgen war ein Teil des Futters verschwunden. Eine Rehfährte führte in den Garten herein und wieder hinaus. Am nächsten Morgen waren es zwei Fährten, und das Futter war aufgezehrt. Einige Tage später beobachteten Sabine und drei ihrer Freundinnen vier Rehe. Die Tiere ließen es sich schmecken ...

Als der Frühling kam, blieben die Gäste aus. Um die Futterstelle herum lagen kleine graubraune Kügelchen. „Das Dankeschön unserer Rehlein", sagte Sabines Vater.

Der Weltrekord

Von der Sprungschanze, die die Jungen selbst gebaut hatten, war Martin vierzehn Meter weit gesegelt. Das war eine tolle Leistung. Später wollte er einmal Skiflieger werden. Im Fernsehen hatte er die Springer bewundert, die wie Adler von der Schanze flogen ...

Plötzlich war es soweit. Hoch über dem Tal stand Martin unter den bekanntesten Skifliegern der Welt und wartete auf seinen Start. Da kam das Zeichen. Martin stieß sich ab und sauste auf die Schanze zu.

Absprung!

Martin flog – zweihundert Meter weit! Das war Weltrekord! Die Zuschauer jubelten.

Bei der Siegerehrung stand Martin auf dem ersten Platz. „Lieber Martin", sagte der Herr mit dem Siegerpokal, „ich ..."

Da wachte Martin auf. Er lag in seinem Bett und hatte geträumt. „Schön war's", murmelte er vor sich hin.

Komm runter!

Bernhard war elf Jahre alt. Seine Eltern hatten ihn in den Weihnachtsferien nach Schweden mitgenommen. Danach erzählte er seinen Mitschülern und Mitschülerinnen, daß er dort super Skilaufen gelernt habe. „Jetzt lauf' ich besser als ihr alle", prahlte er. „Ich schieß' den steilsten Hang hinunter, daß euch die Spucke wegbleibt!"

Ob das stimmte, sollte sich bald zeigen ...

Ende Januar war so viel Schnee gefallen wie seit Jahren nicht mehr. Zugeschneit war auch der nahe Hahnberg mit seinem steilen Südhang. Markus, der Bernhard nicht leiden konnte, stichelte: „Du hast gesagt, daß du den steilsten Hang runterfährst."

„Na und?" spottete Bernhard.

„Fahr den Hahnberg runter", sagte Markus. Bernhard zuckte zusammen.

Markus grinste. „Morgen nachmittag um drei. Die ganze Klasse wird kommen. Wenn du kneifst, bist du ein Angeber."

„Du Aas!" fauchte Bernhard.

„Kommst du?" höhnte Markus.

„Klar", sagten einige Mädchen.

„Klar", knurrte Bernhard ...

Am nächsten Nachmittag – zehn Minuten vor drei – schulterte er seine Skier und stapfte den Hang hinauf. Unten wartete die Klasse. Bernhard hatte scheußliche Angst.

Dann stand er auf dem Gipfel. Vor ihm lagen dreihundert Meter steile Abfahrt. Jetzt verwünschte er seine Angeberei.

„Komm runter!" rief Markus herauf.

Bernhard stieß den Fuß in die Skibindung – und knickte ein. Er schrie laut, schulterte seine Ski und hinkte abwärts.

„Ich hab' mir den linken Fuß verknackst" stöhnte er unten.

„Wirklich?" spottete Markus.

„Das siehst du doch!" fuhr ihn ein Mädchen an. Bernhard humpelte davon. Daß er jetzt auf dem rechten Fuß hinkte, beachtete niemand ...

In der nächsten Zeit gab er nicht mehr an – zumindest nicht mehr so unverschämt wie bisher.

Der Schneewunderpfad

Es war kurz nach dem Krieg. Gekämpft wurde nicht mehr, doch streiften bewaffnete Banden durch das Land. Sie stahlen und raubten.

Als der erste Schnee gefallen war, zog eine Räuberbande auch auf ein Bergdorf zu. In aller Eile luden die Leute ihre Habseligkeiten auf Ochsenwagen und flohen in den Wald hinein. Einige Männer trieben das Vieh hinterher.

Als sie sich am Waldrand noch einmal umsahen, erschraken sie. Menschen, Tiere und Wagen hatten eine breite Spur im Schnee hinterlassen. Sie war der beste Wegweiser für das Raubgesindel. Beherzte Männer blieben zurück, um sich den Plünderern entgegenzustellen. Sie wußten, daß sie unterliegen würden, doch wollten sie nicht kampflos sterben. Frauen murmelten Gebete.

Da begann es in dicken Flocken zu schneien. Bald war die Spur verweht. – Wütend brannten die Räuber dann einige Häuser nieder und zogen ab ...

Der Weg, der hinter dem Dorf in den Wald hineinführt, heißt heute noch „der Schneewunderpfad".

Das geheimnisvolle Licht

Im Böhmerwald habe einst ein geheimnisvolles Licht gegeistert, erzählten die Leute. Es habe Wanderer gerettet, die sich im Schneesturm verirrt hatten. Dann sei es plötzlich weggeblieben. – Warum, erzählt eine Sage.

An einem stürmischen Dezembertag verirrte sich ein wandernder Mönch im dichten Wald. Ein Schneesturm tobte. Der Mönch rief Gott um Hilfe an. Da erschien ihm ein Licht, und eine Stimme sagte: „Folge mir!" – Nach kurzer Zeit blieb das Licht am Waldrand stehen, und die Stimme sagte: „Ich war ein hartherziger Ritter. Als müde Wanderer während eines Schneesturms an das Tor meiner Burg pochten, ließ ich sie davonjagen. Zur Strafe mußte ich nach meinem Tod als unruhiges Licht durch die Wälder geistern. Erst wenn ich hundert Verirrte aus Schneestürmen gerettet hätte, sollte ich erlöst sein. Du, Mönch, bist der hundertste. Geh geradeaus, dann kommst du in ein Dorf. Leb wohl!"

Das Licht flackerte hell auf, stieg zum Himmel und verschwand.

Wetten, daß ...

An einem frostigen Wintertag sagte Fabian zu seinen Freunden: "Wetten, daß ich mehr als einen Liter Wasser in meinen Händen nach Hause trage?"
"Ohne Flasche oder Eimer?" fragte ein Freund.
"Ohne Gefäß", antwortete Fabian. Das glaubten die Freunde nicht. Sie wetteten um zwanzig Gummibärchen. "Heute nachmittag um drei Uhr am Dorfteich", sagte Fabian schmunzelnd ...
Alle kamen pünktlich. Mit einer Spitzhacke schlug Fabian einen Eisbrocken aus dem zugefrorenen Teich heraus. "Das ist mehr als ein Liter Wasser", sagte er. "Ich trag' ihn nach Hause und hab' die Wette gewonnen."
"Eis gilt nicht!" protestierten die Freunde.
"Eis ist gefrorenes Wasser", erklärte Fabian. "In der Wärme wird es wieder flüssig. Daß ich kein gefrorenes Wasser tragen darf, war nicht ausgemacht. Bringt die Gummibärchen in die Schule mit!"
Die Freunde schimpften und trollten sich.

Der Eishund

Die Eissportler von Rixhofen veranstalteten ein Schaulaufen mit Musik. Viele Leute kamen zum zugefrorenen Stadtteich, unter ihnen Herr und Frau Weber. Neben Herrn Weber saß der Hund Poldi. Er war ein Schnauzer. Ganz besonders mochte er sein kleines Frauchen. Es hieß Kathrin, war neun Jahre alt und Herrn und Frau Webers Tochter. Im Schaulaufen spielte sie die Eiskönigin, die von Schneeflöckchen umtanzt wird. Die Schneeflöckchen waren kleine Schlittschuhläuferinnen in weißen Röckchen. Die Eiskönigin trug ein Krönchen im Haar. – An der Spitze der Schneeflöckchen lief sie auf das Eis. Dort wirbelte sie auf ihren Schlittschuhen um sich selbst. (Das nennt man eine Pirouette.) Die Schneeflöckchen tanzten um sie herum ...
Als Poldi sein kleines Frauchen erkannte, riß er sich los, sauste auf die Eisfläche, rannte vier Schneeflöckchen um – und die anderen purzelten über die Gestürzten. Freudig bellend sprang er die Eiskönigin an und machte aus der Pirouette einen Plumps. Die Zuschauer tobten vor Vergnügen ...
Seither heißt Poldi "der Eishund".

Frau Holle mag nicht mehr

Martinas Oma konnte ganz toll Märchen erzählen. Diesmal war es das Märchen von Frau Holle gewesen. „Jetzt weißt du, woher der schöne weiße Schnee kommt", sagte die Oma zum Schluß. „Ja", sagte die kleine Martina. „Frau Holle schüttelt ihre Betten aus, daß die Federn fliegen. Dann schneit es bei uns." Sie sah zum Fenster hinaus. „Bis jetzt hat es ganz wenig geschneit", brummelte sie. „Und der Schnee ist dreckig."

„Frau Holle mag nicht mehr", seufzte die Oma. „Warum nicht?" fragte Martina.

„Weil die Menschen die schönen weißen Federn, die vom Himmel fallen, mit dem Rauch aus Fabrikschornsteinen, mit Auto-, Motorrad- und Flugzeugabgasen und mit Dieselqualm verschmutzen", antwortete Oma. „Das betrübt Frau Holle so sehr, daß sie ihre Betten nur noch selten über uns ausschüttelt."

„Schade", murmelte Martina.

„Vielleicht denken gescheite Leute darüber nach, wie wir Frau Holle versöhnen können", meinte die Oma. „Drücken wir ihnen die Daumen."

Der Yeti

Weit drüben im Osten – das ist dort, wo die Sonne aufgeht – stehen die höchsten Berge der Erde. Auf ihren Gipfeln liegen ewiges Eis und ewiger Schnee. Spaßvögel erzählen, daß sie dort oben Spuren des Yeti entdeckt hätten. Der Yeti, sagen sie, sei ein riesiger, affenartiger Schneemensch.

Das erzählte Opa Hannemann seinen Enkeln Peter und Julia. Und Peter fragte: „Ißt der Yeti nur Schnee und Eis?"

„Ist er aus Schnee?" erkundigte sich Julia.

„Quatsch", spottete Peter. „Schnee kann nicht laufen und keine Spuren machen."

„Gesehen hat ihn noch niemand", sagte der Opa schmunzelnd ...

Am nächsten Nachmittag riefen Peter und Julia: „Komm, Opa! In unserem Garten steht ein Yeti!" Opa Hannemann ging mit.

Der „Yeti" im Garten war – ein Schneemann, den Peter und Julia gebaut hatten.

Weihnachtszeit

Advent

Schon lange vor dem Weihnachtsfest freuen wir uns auf das Christkind und seine Geschenke. Es ist Advent. Dieses lateinische Wort bedeutet „Ankunft".

Vor langer, langer Zeit – als das Jesuskind noch nicht geboren war – warteten viele Menschen auf die Ankunft ihres Erlösers. Er sollte sie von der Herrschaft grausamer Fürsten befreien und aus Zwangsarbeit, Not und Armut erlösen.

Da half ihnen Gott der Herr. Die Bibel erzählt, was vor fast zweitausend Jahren im jüdischen Land geschah.

Über die Juden herrschte König Herodes.

Da sandte Gott der Herr den Engel Gabriel in die Stadt Nazareth zu der Jungfrau Maria. Sie war mit dem Zimmermann Josef verlobt. Der Engel sprach: „Sei gegrüßt, Maria, der Herr ist mit dir."

Sie erschrak über diese Worte.

„Fürchte dich nicht", sagte der Engel. „Du wirst einen Sohn bekommen, den sollst du Jesus nennen. Er wird König sein und Sohn des Höchsten genannt werden."

Maria antwortete: „Ich bin die Dienerin des Herrn. Was du mir verkündet hast, geschehe." Der Engel verneigte sich und schied von ihr. So erwartete Maria die Ankunft des Jesuskindes, das die Welt vom Bösen erretten sollte ...

Und wie ist es heute?

Im Advent – das ist die Zeit zwischen den vier Sonntagen vor Weihnachten – warten auch wir. Von der Decke hängt der Adventskranz, oder er liegt auf dem Tisch. An jedem Adventssonntag wird eine Kerze angezündet.

Vier sind es, für jeden Sonntag eine.
Das Licht der ersten Kerze spricht:
„Weihnachten, Kinder, ist jetzt nicht.
Doch habt Geduld.
Vier Wochen Zeit sind keine Ewigkeit.
Die erste Woche geht vorbei.
Am nächsten Sonntag sind's noch drei."

Warum der Teufel hinken muß

Als der Teufel hörte, daß der Engel Gabriel nach Nazareth unterwegs war, um der Jungfrau Maria die Geburt des Jesuskindes anzukündigen, wurde er wütend. „Der Gabriel darf nicht zu Maria!" knurrte er. „Und das Jesuskind darf nicht geboren werden!"

Wie der Blitz flog er nach Nazareth und traf dort vor Gabriel ein. Er verwandelte sich in einen großen, bissigen Hund und legte sich vor Marias Haustür. Alle Leute wichen ihm aus. Da rauschte der Engel Gabriel heran und erkannte den Teufel sofort. „Verschwinde, Satan!" befahl er.

Der Hund sprang ihn an.

Gabriel wich ihm aus und versetzte ihm einen himmlischen Fußtritt gegen das Hinterbein. Der Köter jaulte erbärmlich, verwandelte sich in den Teufel zurück und zischte ab. Der Engel des Herrn brachte Maria die Botschaft – und der Teufel hinkt in alle Ewigkeit.

Die Adventsfee

Vor langer Zeit lebte in unserem Land die Märchenfee Adele. Sie half Menschen, die gut zu anderen waren. Böse Leute lehrte sie das Fürchten. So strafte sie im Advent zwei Reiter, die laut miteinander stritten. Sie waren auf eine schmale Brücke geritten, der eine von rechts, der andere von links. Sie tobten und schrien. Da schwebte die Fee Adele heran und sagte:

„Advent, ihr Leute groß und klein,
soll eine Zeit der Stille sein;
denn Streit und böse Worte sind
gar schmerzlich für das Jesuskind
im Leib der Mutter Maria."

„Unser Streit geht dich nichts an!" schimpften die Reiter. „Verdufte!"

Da hob die Fee ihren Zauberstab. Ein Blitz zuckte vom Himmel. Die Brücke zerbrach, die Reiter stürzten ins Wasser.

Mühsam kletterten sie ans Ufer. Dann – waren sie stumm bis zum Heiligen Abend. – Nachher, heißt es, sollen sie sich gebessert haben ...

Die gute Adele hieß von da an „die Adventsfee".

Der Weihnachtswunsch

Kurz vor dem zweiten Adventssonntag bekam die kleine Michaela hitziges Fieber. Der Doktor verordnete Umschläge und verschrieb Medizin.

Michaelas Mutter setzte sich ans Krankenbett und erzählte von Zwergen. „Sie erfüllen die Weihnachtswünsche der Kinder", sagte sie.

„Es gibt keine Zwerge, die das machen", murmelte Michaela schläfrig. „Das glauben nur die ganz kleinen Kinder. Ich bin schon sieben Jahre alt. Ich weiß, daß die Weihnachtsgeschenke nicht von den Zwergen ..." Mehr sagte sie nicht. Sie schlief ein.

Da geschah Seltsames. Ein kleiner Wicht, der so aussah wie der Gartenzwerg der Nachbarin, führte sie in einen hell beleuchteten Saal. Dort arbeiteten viele, viele Zwerge. Neben ihnen stapelte sich alles mögliche Spielzeug – vom Teddybär bis zum Computer.

An den Saalwänden hingen Wunschzettel, die von Jungen und Mädchen an das Christkind geschrieben waren. „Bis zum Heiligen Abend muß alles fertig sein", sagte der Gartenzwerg. Er wies auf die Zwerge, die ein kleines Fahrzeug zusammenbastelten. „Das wird ein Kinderauto", erklärte er. „Eines mit einem richtigen Motor. Es kostet so viel wie ein Moped. Martin aus Brummdorf soll es bekommen. Er ist sechs Jahre alt."

„Und – und die Zwerge da?" stotterte Michaela. „Die backen Brot", antwortete der Gartenzwerg. „Das wünschen sich Kinder, die sich einmal satt essen möchten." – Eine Saalwand wurde durchsichtig. Dahinter drängten sich Jungen und Mädchen: kleine und große, schwarze, gelbe und weiße. Sie waren abgemagert und streckten die Hände nach dem Brot aus.

Michaela wandte sich ab – und erwachte. Es war heller Tag. Mutter kam herein. „Du siehst schon besser aus", sagte sie. „Was wünschst du dir denn zu Weihnachten?"

Michaela dachte daran, daß ihr Vater gut verdiente. „Fünfzig Mark für hungernde Kinder", antwortete sie. „Bitte." Mutter nickte ...

Zu Weihnachten bekam Michaela nette kleine Geschenke. Am meisten freute sie sich, daß Vater zweihundert Mark für hungernde Kinder gespendet hatte. Als Einzahler stand auf der Spendenquittung: „Michaela".

Mhmmmm!

Mutter Hinrichsen hatte Plätzchen gebakken.

„Superplätzchen", behaupteten Vater Hinrichsen, der elfjährige Sohn Sven, die neun Jahre alte Britta und der sechsjährige Tommy. Beim Ausstechen hatten die Kinder helfen dürfen ...

Am Morgen des zweiten Adventssonntags zündete Mutter Hinrichsen die zweite Kerze auf dem Adventskranz an, und Vater Hinrichsen sagte:

„Das Licht der zweiten Kerze spricht:
‚Weihnachten, Kinder, ist noch nicht.
Beherrscht euch und macht keine Mätzchen,
nascht bitte nicht von Mutters Plätzchen.
Die zweite Woche geht auch vorbei.
Am nächsten Sonntag sind's nur noch zwei'."

„Wo die Plätzchen gerade vor Weihnachten so gut schmecken", sagte Sven. Britta, Tommy und Vater Hinrichsen stimmten ihm zu.

Mutter stellte eine Schale voll Plätzchen auf den Tisch. „Die hab' ich heimlich für euch gebacken", sagte sie, „damit ihr nicht stibitzen müßt. Guten Appetit!"

Vater Hinrichsen und die Kinder verdrehten die Augen und sagten: „Mhmmmm!"

Barbarazweige

„Diesmal schenken wir Oma etwas Besonderes zu Weihnachten", sagte Mutti. „Blühende Zweige aus unserem Garten."

„Gibt es nicht", meinte Manuela. „Heute ist der vierte Dezember, und im Garten liegt Schnee. Da blüht draußen nichts."

„Der vierte Dezember ist der Barbaratag", sagte Mutti. Wir schneiden einige Ästchen vom Kirschen- und Apfelbaum ab, dazu ein paar Forsythien- und Fliederzweige. Die stecken wir in eine Vase. Das Wasser darin darf nicht eiskalt sein. Zu Weihnachten blühen dann die Apfel-, Kirschen- und Forsythienästchen. Die Fliederzweige bekommen Blätter und grüne Träubchen. Weil sie am Barbaratag abgeschnitten wurden, heißen sie ‚Barbarazweige'. Damit sie schneller und kräftiger blühen, geben wir dem Wasser einige Tropfen Schnittblumen-Frisch aus der Blumenhandlung zu."

Mutti behielt recht. Die Barbarazweige blühten wunderschön, und Oma freute sich sehr.

Der Engelmann-Engel

Die Lehrerinnen der dritten und vierten Klasse hatten mit ihren Schülern und Schülerinnen eine Adventsfeier eingeübt. Sie fand am Nachmittag des dritten Adventssonntags in der Turnhalle statt. Dort war eine Bühne aufgebaut.

Zur Vorstellung waren auch der Schulrat und ein Bischof gekommen.

Zu Beginn trugen zwei Jungen einen Adventskranz herein, auf dem zwei Kerzen brannten. Ein Mädchen zündete die dritte Kerze an und sagte dazu:
„Das Licht der dritten Kerze spricht:
‚Weihnachten, Kinder, ist immer noch nicht.
Doch dürft ihr euch bei meinem Schein
schon freudiger aufs Christkind freun.
Die dritte Woche hat schnelle Beine.
Am nächsten Sonntag ist's nur noch eine'."

Lieder und weitere Gedichte folgten. Alles klappte bestens.

Dann kam das Spiel vom Engel Gabriel, der Maria verkündete, daß sie das Jesuskind zur Welt bringen werde. – Die Rolle der Jungfrau Maria spielte Anni Lehner, den Engel Gabriel Otto Engelmann. Am Anfang sollte er sagen: „Ich bin der Engel Gabriel und komme von Gott dem Herrn. Sei gegrüßt, Maria ..."

Bei der Aufführung kniete Maria auf einem Schemel und betete. Der Engel Gabriel trat aus der rechten Seitenkulisse. Er trug ein langes weißes Hemd mit zwei mächtigen Flügeln daran.

„Oooooh", murmelten die Zuschauer.

Otto Engelmann zuckte zusammen. Das Oooooh verwirrte ihn. Unsicher stolperte er auf Maria zu – und wußte plötzlich nicht mehr, was er verkünden sollte. „Ich – ich bin", stotterte er, – „ich bin ..."

„Der Engel Gabriel", flüsterte die Lehrerin aus der Kulisse heraus.

Der Engel hörte es, atmete auf und verkündete strahlend: „Ich bin der Engelmann Otto. Grüß Gott, Lehner Anni."

Die Zuschauer lachten schallend. Anni schlug die Hände vor das Gesicht. Die Lehrerin zog den Vorhang zu.

Es war nicht weiter schlimm. Über die seltsame Verkündigung schmunzelte sogar der Bischof.

Der Softi-Weihnachtsmann

„Kommst du mit zum Weihnachtsmann, Opa?" fragte Enkel Christoph. – „Der Weihnachtsmann kommt zu Weihnachten", sagte Opa Hansen. „Bis zum Heiligen Abend sind es noch elf Tage."

„In einer Stunde landet er vor dem Kaufhaus Softi und verteilt Geschenke", erzählte der Enkel. „Das haben sie im Radio gemeldet."

„Na schön", seufzte der Opa. Sie gingen zu dem großen Platz vor dem Kaufhaus. Dort warteten schon viele Neugierige.

Ein Hubschrauber landete. Der Weihnachtsmann stieg aus, begrüßte die Leute im Namen des Kaufhauses Softi und teilte kleine Geschenke aus: Kekse, Kaugummi, Parfümproben, Käseecken, Schokotäfelchen, Kugelschreiber und andere Kleinigkeiten. Auf jedes Geschenk war ein Zettel geklebt. Darauf stand: *Softi ist spitze!!!*

„Komischer Weihnachtsmann", brummte Opa Hansen. „Gehn wir 'n Eis essen?" fragte Christoph.

„Selbstverständlich", sagte der Opa. „Jetzt ist es grade richtig kalt dazu."

Peter hört die Engel singen

Kurz vor Weihnachten hatte der kleine Peter mit seinem Opa den Weihnachtsmarkt besucht. Auf dem Heimweg schwirrte ihm der Kopf von dem Glitzern und Flimmern. Besonders gefallen hatte ihm der riesige Adventskranz mitten auf dem Markt. Von den vier dicken Kerzen darauf hatten drei gebrannt. In Gedanken sah Peter den Kranz noch einmal vor sich, dann machte es: „Boing!" Farbige Sterne wirbelten um Peter herum, und er hörte Engelsgesang. Ein Engelchen zündete die letzte Kerze des Adventskranzes an. Dazu sprach es:
„Das Licht der vierten Kerze spricht:
‚Viel länger zappeln müßt ihr nicht.
Freut euch, Kinder, freut euch mit mir.
Schon steht das Christkind vor der Tür'."

Der Opa fing Peter auf. „Wo hast du bloß deine Augen", brummelte er. Peter war so in Gedanken gewesen, daß er mit der Stirn gegen einen Betonmast geprallt war. Kein Wunder, daß er nach dem Boing Sterne gesehen und Engel gehört hatte. – Das Kerzensprüchlein war nicht nur eingebildet. Peter hatte es in der Schule gelernt.

Der Stern von Bethlehem

Fast zweitausend Jahre ist es her, unvorstellbar lange. Maria und Josef lebten in der Stadt Nazareth, die zum Königreich Judäa gehörte.

Über das Land herrschte König Herodes, doch er mußte dem römischen Kaiser Augustus gehorchen. Die Römer hatten Judäa erobert, es gehörte zu ihrem Reich.

Eines Tages befahl der Kaiser, daß alle Judäer Steuern an Rom zahlen sollten. Weil er wissen wollte, wieviel Geld ihm das einbringen würde, beauftragte er den König, eine Volkszählung durchzuführen. Herodes befahl allen Männern, mit ihren Familien in ihre Geburtsorte zu reisen. Dort sollten sie sich in die Volkszählungslisten eintragen lassen. Das war sehr umständlich, doch dem König fiel nichts Besseres ein. – Josef war in Bethlehem geboren. Also mußte er mit Maria, die seine Frau geworden war, in das weit entfernte Bethlehem reisen. Für Maria war das besonders beschwerlich, denn schon bald sollte sie dem Jesuskind das Leben schenken.

Als sie nach Bethlehem kamen, waren die Herberge und alle Häuser voll belegt. Eine barmherzige Frau wies Josef in einen Stall außerhalb der Stadt. Dort brachte Maria das Jesuskind zur Welt. Sie wickelte es in Windeln und legte es in eine Futterkrippe. Da strahlte ein Stern über dem Stall, so leuchtend hell, wie noch kein Stern zuvor gestrahlt hatte ...

Zur selben Zeit bewachten Hirten auf den Wiesen um Bethlehem herum ihre Schafherden. Da erschien ihnen ein Engel in himmlischem Glanz und sprach zu ihnen: „Fürchtet euch nicht. Ich verkünde euch frohe Botschaft. Heute wurde in Bethlehem der Erlöser geboren. Ihr werdet ihn als Kind finden, das in einer Krippe liegt."

Dann erschien eine ganze Schar von Engeln, und sie sangen: „Ehre sei Gott in der Höhe und Friede den Menschen auf Erden!"

Als die Engel verschwunden waren, sagten die Hirten: „Laßt uns sehen, was in Bethlehem geschehen ist!" Der Stern wies ihnen den Weg. Sie fanden Maria, Josef und das Kind in der Krippe und beteten zu ihm.

Das berichtet die Bibel.

Das Krippenwunder

Es war einmal ein Wandermusikant, der spielte den Leuten mit seiner Ziehharmonika auf. Damit verdiente er so wenig, daß er oft hungern mußte ...

An einem Heiligen Abend schleppte er sich mit letzter Kraft zu einem einsamen Kirchlein. Die Tür stand offen. Es war spät, doch nicht dunkel. Der Mond schien durch die Fenster. Der Musikant wankte zum Altar, vor dem eine Weihnachtskrippe stand. Er kniete nieder und spielte dem Christkind ein Liedchen vor. – Dann fielen ihm die Augen zu ...

Am Morgen erwachte er unter verschneiten Bäumen. Das Kirchlein war verschwunden. Neben der Ziehharmonika lagen ein Zettel und ein Kupferpfennig. „Danke für das Lied", hatte eine Kinderhand auf den Zettel geschrieben. Da wußte der Musikant, daß er nicht geträumt hatte. Er steckte die Münze als liebes Andenken ein.

Wie staunte er, als er sie etwas später genauer betrachten wollte. Statt des Kupferpfennigs holte er einen Golddukaten aus der Tasche.

Von da an bekam er jeden Tag ein Goldstück und mußte nie mehr Hunger leiden.

Eine Geschichte aus dem Elsaß

Ein Lämmchen für das Jesuskind

„Die Hirten von Bethlehem brachten dem neugeborenen Jesuskind Geschenke", erzählte Oma Wiesinger. „Einer schenkte ein Pfeiflein, ein anderer einen Schafskäse, der dritte einen Schal aus Schurwolle – und was die anderen schenkten, das denkt euch selbst aus. – Und da war ein Hirtenjunge, den sie Schlafmütze nannten.

Er schlief auch, als Gottes Engel den anderen Hirten die Geburt des Jesuskindes verkündeten. Er wurde verspottet und schämte sich sehr.

Da flüsterte ihm ein Stimmchen ins Ohr: ‚Du darfst auch jetzt noch zu mir kommen.'

Er eilte zum Stall und schenkte dem Jesuskind ein Lämmchen ...

Am nächsten Morgen erzählte er den anderen: ‚Ich hab' dem Kindlein mein liebstes Lämmchen geschenkt, und es hat mich angelächelt. Ist das nicht genauso schön wie der Gesang eurer Engel?'

Sie nickten, weil er so glücklich war."

Raketen

„Ich freu' mich auf Silvester", sagte Uwe. „Da darf ich bis Mitternacht aufbleiben. Dann ruft mein Vater: ‚Prosit Neujahr!' und schießt zwanzig Feuerwerksraketen ab. Ganz tolle, sag' ich euch. Sie haben dreihundertsiebzig Mark gekostet."

„Na und?" spottete Peter. „Mein großer Bruder läßt zu Silvester mehr als tausend Mark hochgehen."

„Der Popstar?" fragte Manuela.

Peter nickte. „Er könnte auch mehr abschießen", prahlte er.

„Sein letzter Song ist Käse", sagte Johannes.

„Idiot", brummte Peter.

„Wie viele Raketen schießt denn dein Vater zu Silvester ab?" fragte Manuela spöttisch. „Gar keine", antwortete Johannes. „Er schickt Geld für hungernde Leute in aller Welt. Das macht er mit Sparkassenschecks und nicht mit Raketen."

Besuch am Heiligen Abend

In manchen Dörfern des Erzgebirges wurde am Heiligen Abend ein Platz mehr am Tisch gedeckt als für die Leute im Haus. Auf diesen Platz wurde eine Schale voll Milch gestellt. Zum Schluß des Tischgebetes sprach der Hausherr: „Nährvater Josef, komm geschwind und hol die Milch fürs Jesuskind!" – Da soll an einem Heiligen Abend Wundersames geschehen sein ...

In einem entlegenen Bergdorf lebte der Holzfäller Wenzel mit seiner Frau, vier Kindern und einer Ziege. Alle waren von Herzen gut und taten niemandem Böses. An jedem Heiligen Abend stand die Milch für das Christkind bereit.

So auch diesmal. Doch kaum hatte Wenzel den Nährvater Josef zu Tisch gebeten, klopfte es an die Haustür. Wenzel öffnete. Draußen stand ein Mann. Er bat: „Gib mir die Ziegenmilch!"

„Komm ins Haus", sagte Wenzel. Der Fremde trat an den Tisch, nahm die Schale und verschwand. Da meckerte es laut aus dem Stall herüber. Wenzel sah nach. Neben seiner Ziege standen vier andere und zwei Kühe. Und eine Stimme sagte:

„Das Christkind bedankt sich."

Der Hugelsdorfer Weihnachtsbaum

Die Hugelsdorfer hatten sich einen ganz besonderen Weihnachtsbaum ausgedacht. Dazu bauten sie auf dem Marktplatz ein Holzgerüst auf. Darunter stellten sie einen Motor, auf das Gerüst einen Eisenständer mit einer Tanne darin. Diese schmückten sie mit bunten Kugeln, Kerzen, Lametta und einem Weihnachtsstern. Den Ständer verband der Mechaniker mit dem Motor. Wenn er einen Hebel bewegte, sollte sich der Weihnachtsbaum langsam drehen ...

Am ersten Feiertag versammelte sich ganz Hugelsdorf um die Wundertanne. Der Mechaniker schaltete den Motor ein. Der Weihnachtsbaum drehte sich langsam. „Ooooh", flüsterten die Leute. Plötzlich begann der Motor zu spinnen. Der Weihnachtsbaum drehte sich schneller und immer schneller. Die Hugelsdorfer schrien auf. Zornig riß der Mechaniker am Hebel – und der Baum wurde verrückt. Er drehte sich rasend, warf seinen Schmuck über die Leute, kippte um und krachte auf das Gerüst nieder. Der Mechaniker blieb unverletzt. Nur der Motor gab seinen Geist auf ...

Was von der Tanne übrigblieb, wurde zu Brennholz.

Das umgetauschte Weihnachtsgeschenk

Herbert hatte sich Schlittschuhe gewünscht. Nun lagen sie unter dem Weihnachtsbaum. Herbert freute sich mächtig. Gleich morgen wollte er sie auf dem zugefrorenen Dorfteich ausprobieren.

Daraus wurde nichts. Das Wetter schlug um, und es taute. Das Eis wurde so dünn, daß niemand mehr darauf Schlittschuh laufen konnte. Das Tauwetter hielt an.

Herbert gefielen die Schlittschuhe nicht mehr. Er bat seinen Vater, sie gegen Rollschuhe umzutauschen. „Mit Rollschuhen kann ich auch durch Pfützen fahren", sagte er.

„Es wird wieder frieren", wandte Vater ein. „Noch lange nicht", sagte Herbert. „Tausch sie um – bitte!"

Vater gab nach, und Herbert bekam Rollschuhe. Da schlug das Wetter abermals um. Schnee fiel in dicken Flocken, der Dorfteich fror zu. Und Eis und Schnee blieben bis Ende März.

Die Weisen aus dem Morgenland

Der 6. Januar ist als „Dreikönigstag" bekannt. Doch die drei Männer, die vor langer Zeit nach Bethlehem reisten, waren keine Könige. Richtig heißen sie: „Die Weisen aus dem Morgenland".

Sie waren Sterndeuter. Von ihnen erzählt die Bibel: In einer Nacht sahen sie ein strahlendes Licht am Himmel. Sie erkannten es als den „Königsstern", der die Geburt eines mächtigen Herrschers anzeigte, vielleicht sogar die Ankunft des Erlösers der Welt!

Da setzten sie sich auf ihre Kamele und ritten in die Richtung, die der Stern ihnen zeigte ...

Nahe der Stadt Jerusalem entschwand er ihren Blicken. „Hier wohnt König Herodes", sagten sie. „Das Königskind muß in seinem Palast sein."

Sie gingen zu Herodes, verneigten sich und fragten: „Wo ist der neugeborene König der Juden? Wir haben seinen Stern gesehen und glauben, daß das Kind der Erlöser ist, den viele erwarten."

Herodes erschrak. Er wußte nichts von einem neugeborenen König. Das Kind könnte mich eines Tages vom Thron stürzen, dachte er. Das darf nicht geschehen! „Ruht ein wenig", sagte er zu den Weisen, „und stärkt euch mit Speise und Trank! Inzwischen werde ich mich erkundigen, wo ihr das Kindlein finden könnt."

„Ist es denn nicht in deinem Palast?" fragten sie verwundert.

„Nein", antwortete der König. „Ich habe keinen kleinen Sohn."

Die Weisen setzten sich zu Tisch.

Herodes befahl die berühmtesten Gelehrten zu sich und fragte sie, wo dieser Erlöser geboren sein könnte. Sie antworteten: „Zu Bethlehem im jüdischen Land. So steht es in der Heiligen Schrift."

Herodes ging zu den Weisen zurück und sagte: „Sucht in Bethlehem nach dem Kinde! Wenn ihr es gefunden habt, laßt es mich wissen, damit auch ich es verehre."

Die drei Weisen verließen Jerusalem, sahen den Stern wieder und folgten ihm zu einem Stall.

Dort fanden sie Maria, Josef und das Kind und wußten, daß es der Erlöser war. Sie knieten vor ihm nieder und schenkten ihm Gold, Weihrauch und Myrrhe ...

Zu Herodes kehrten sie nicht zurück. Gott der Herr hatte ihnen im Traum befohlen, dem König aus dem Weg zu gehen. Sie verließen das Land des Herodes auf geheimen Pfaden.

Die Flucht nach Ägypten

Vor fast zweitausend Jahren verbreitete sich im Lande Judäa die Nachricht, daß in einem Stall zu Bethlehem der Erlöser geboren sei. Gottes Engel hätten zum Lobe des Kindes gesungen.

König Herodes fürchtete, daß dieser Erlöser ihn eines Tages vom Thron stoßen werde. Er befahl, das Kind zu töten.

Da erschien dem Zimmermann Josef, der das Jesusknäblein und dessen Mutter Maria beschützte, ein Engel im Traum. „Steh auf, Josef", befahl er. „Flieh mit dem Kind und seiner Mutter nach Ägypten! Beeil dich, denn König Herodes will das Knäblein töten!"

Noch in derselben Nacht brach Josef auf. Der Esel aus dem Stall trug Mutter und Kind. Gottes Engel beschützte sie und verbarg sie vor den Augen der Feinde ...

Als Herodes gestorben war, erschien der Engel dem Josef wieder und erlaubte ihm, mit Maria und dem Kind in die Heimat zurückzukehren. Sie zogen nach Nazareth. Dort verbrachte der Jesusknabe seine Kindheit.

Siggi hätte es besser gemacht

Im Kindergarten erzählte Frau Schmidt von den drei Weisen aus dem Morgenland. „Sie hießen Kaspar, Melchior und Balthasar."

„Die heiligen drei Könige!" rief Bärbel. „So heißen sie bei uns", sagte Frau Schmidt. „Sie mußten durch die Wüste und über hohe Berge reiten. Ihre Kamele schaukelten hin und her. Das war sehr ungemütlich."

„Meine Tante war in Ägypten!" rief Gabi dazwischen. „Da ist sie auf einem Kamel geritten, und da ist ihr schlecht geworden!"

„Schon gut", sagte Frau Schmidt. „Jetzt erzähle ich euch von den drei Königen weiter. Ermüdet, aber gesund kamen sie nach Bethlehem und schenkten dem Jesuskind Gold, Weihrauch und Myrrhe."

Da meldete sich der kleine Siggi. „Ja, Siggi?" fragte Frau Schmidt.

Der Kleine war ganz aufgeregt. Er stotterte: „Wenn – wenn ich ein Dreikönig gewesen wär', dann – dann wär' ich im Flugzeug geflogen!"

151

Der S-ternsinger Florian

Das Sternsingen erinnert an die Weisen aus dem Morgenland, die zum Jesuskind geritten waren. Zu „Dreikönig" verkleiden sich Jungen und Mädchen als „Heilige drei Könige", ziehen von Haus zu Haus, singen das Sternsingerlied und wünschen ein gutes neues Jahr. Dafür bekommen sie Äpfel, Nüsse und Süßigkeiten, die sie behalten dürfen. Geldspenden werden an Arme und Hungernde in aller Welt weitergegeben ...

„Ich möcht' auch S-ternsingen", quengelte Florian. Er war vier Jahre alt und konnte kein „Sch" sprechen. Immer wurde „S" daraus.

„Kommt nicht in Frage", sagte sein Bruder Andreas. Er war zwölf und sang seit langer Zeit mit seinen Freunden Peter und Christian.

Dann bekam Christian, der den schwarzen König Balthasar spielte, hohes Fieber – und Florian wurde der S-ternsinger Balthasar. Mutter kürzte ihm ein weißes Nachthemd, Vater bastelte ihm eine Krone aus Goldpapier, und Bruder Andreas schwärzte ihm das Gesicht mit Schuhcreme. Einen kleineren und glücklicheren Balthasar hatte es im Dorf noch nie gegeben ...

Dann kamen sie zum ersten Bauernhof. Der Bauer und die Bäuerin traten vor die Tür. Die Sternsinger sangen ihr Lied und trugen ihre Wünsche vor. Andreas begann:

„König Kaspar werde ich genannt.
Ich wünsche Glück euch und Verstand."

Dann sagte Peter:

„Ich, Melchior, ihr lieben Leut',
wünsch' euch Gesundheit und kein' Streit."

Und der kleine Florian krähte:

„Ich bin der König Balthasar
und wüns' ein gutes neues Jahr."

Die Bauersleute schmunzelten, und Peter und Andreas wunderten sich. Noch nie hatten sie so viele Äpfel und Lebkuchen bekommen. Und der Bauer ließ einen Zwanziger springen! – So war es dann auch in den anderen Häusern. Der kleine Balthasar gefiel den Leuten. Und im ganzen Dorf hieß es: „Der Wünser war süß."

Florian freute und ärgerte sich. Immer eifriger versuchte er, das „Sch" zu sprechen. Nach einiger Zeit gelang es ihm. – Ob ihm die echten „Dreikönige" dabei geholfen hatten?

Guten Appetit!

Am 6. Januar überraschte Oma Berghammer ihre Enkelinnen mit Dreikönigsdatteln. „Super!" schwärmten Anke und Bärbel. Anke war sieben, Bärbel fünf Jahre alt.

„Die Dreikönigsdatteln sind so einfach zu machen, daß sie auch euch gelingen", sagte die Oma. „Soll ich euch das Rezept verraten?"

„Ja!" riefen Anke und Bärbel.

„Ihr braucht Datteln, Walnußkerne, Marzipanmasse und Blockschokolade", sagte die Oma. „Das alles gibt es im Kaufhaus. – Aus den Datteln nehmt ihr die Kerne heraus und steckt dafür die Walnußkerne hinein. Die Nußdatteln umhüllt ihr mit Marzipanmasse. – Die Schokolade schneidet ihr klein und gebt sie in ein Töpfchen. Dieses stellt ihr so lange in heißes Wasser, bis die Schokolade geschmolzen ist. Taucht die Walnuß-Marzipan-Datteln in die Schokolade, legt sie auf einen Teller und laßt sie auskühlen ..."

Eine Woche später ließen sich Anke und Bärbel ihre selbstgemachten „Dreikönigsdatteln" schmecken.

Kaspar, Melchior, Balthasar

Eine afrikanische Sage erzählt von drei Räubern, die sich Kaspar, Melchior und Balthasar nannten. Sie behaupteten, Nachkommen der Heiligen drei Könige zu sein. Sie waren Riesen von Gestalt, ritten auf riesigen Kamelen, und jeder hatte die Kraft von drei starken Männern. Sie überfielen Karawanen, die durch die Wüste reisten, und raubten die Bewohner von Oasen aus. Zu fassen waren sie nie ...

Eines Tages überfielen sie Pilger, die nach Bethlehem unterwegs waren. Da rief der alte Priester, der den Pilgerzug anführte: „Im Namen von Kaspar, Melchior und Balthasar, die vor dem Jesusknäblein die Knie beugten, befehle ich euch: Hebt euch hinweg, und kommt nie wieder!"

Da stießen sich die Kamele der Räuber vom Erdboden ab und verschwanden mit ihren Reitern in einer feuerroten Wolke, die im Sturmwind davonflog. Und die Räuber blieben verschollen bis auf den heutigen Tag.

In der Schule

Martins erster Schultag

Martin hatte sich auf seinen ersten Schultag sehr gefreut. Bald würde er die Geschichten, die Frau Schneider im Kindergarten und Oma zu Hause vorgelesen hatten, selbst lesen können – und vieles andere dazu.

Wenn er genug gelernt hatte, wollte er Astronaut werden und so weit ins Weltall fliegen wie die Enterprise im Fernsehen.

Die Lehrerin in der ersten Klasse war beinahe so nett wie Tante Hilde. Sie hatte nicht streng geredet und niemanden scharf angeguckt ...

Nachmittags kamen Opa und Oma zu Besuch. „Wie war's in der Schule?" fragten sie.

„Für mich okay", antwortete Martin, „für Vati nicht."

„Das gehört nicht hierher", sagte Vater ärgerlich. „Erzähl von der Schule!"

Martin erzählte: „Aus meiner Klasse werd' nur ich Astronaut. Mein Freund Peter, neben dem ich sitze, möchte zuerst Fußballer, dann Trainer der Nationalmannschaft werden, die Anja hinter mir Filmschauspielerin und Fernsehstar. Der Johannes vor mir will Jetpilot werden, die Judith aus der Metzgerei ..."

Opa unterbrach ihn. „Schon gut, Martin. Erzähl, warum es für Vati nicht okay war."

Vater verzog das Gesicht.

Martin verbiß sich das Lachen und tat betrübt. „Weil es regnete, hatte mich Vati zur Schule gefahren", erzählte er weiter. „Dann war ein Strafzettel hinter dem Scheibenwischer, weil Vati zu wenig Geld in die Parkuhr gesteckt hatte. Und als wir abfahren wollten, sprang der Motor nicht an. Vati telefonierte, aber es dauerte ziemlich lange, bis jemand von der Werkstätte kam. Zu Hause kühlte der Braten aus, und Mutti mußte ihn dann aufwärmen."

„So was kann jedem passieren", brummte Vater.

„Mir hat es gefallen", sagte Martin.

Der zweite Schultag

Am ersten Schultag war in der ersten Klasse kein richtiger Unterricht gewesen. Mütter und Väter waren mitgekommen, und die meisten Kinder hatten große Tüten geschleppt ...

Am zweiten Tag ging's los. Frau Müller – so hieß die Lehrerin – erklärte den Kindern, was sie lernen würden und daß Lernen gut und schön sei. Dann fragte sie: „Worauf freut ihr euch denn besonders?"

„Auf das Lesen", antwortete Bärbel. „Dann muß ich mir nichts mehr vorlesen lassen."

Andere Kinder freuten sich auf das Turnen, das Malen, die Handarbeit und das Singen. Auch auf das Rechnen freuten sich einige. Nur der kleine Peter hatte sich nicht gemeldet. „Und du?" fragte ihn die Lehrerin. „Ich –" stammelte Peter, „ich – freu' mich ..." Dann sprach er nicht weiter.

„Sag es, bitte", drängte Frau Müller.

Und Peter stotterte: „Ich – ich freu' mich – auf die Ferien."

Der Schulbesuch

Als Opas Opa zur Schule ging, unterrichteten Lehrer und Lehrerinnen ihre Schüler auch in Religion. Die meisten Schulräte waren Pfarrer ...

Eines Tages hatte sich der Pfarrer aus der Stadt zum Besuch der einklassigen Dorfschule in Hinterbach angemeldet.

Der Lehrer schärfte den Kindern ein: „Wenn ihr dem Herrn Pfarrer antwortet, dann sagt immer ‚Herr Pfarrer' dazu. – Was antwortet ihr also, wenn er euch fragt, wo das Jesuskind geboren wurde?"

„In Bethlehem, Herr Pfarrer!" riefen die Kinder. „Gut", sagte der Lehrer ...

Beim Schulbesuch klappte alles bestens. „Ausgezeichnet", lobte der geistliche Herr – und fragte zum Schluß den Xaver Hinterhuber: „Kannst du mir sagen, wie das siebte Gebot heißt?"

„Ja, Herr Pfarrer", antwortete der Xaver. „Du sollst nicht stehlen, Herr Pfarrer." Der geistliche Herr schmunzelte und fragte nicht weiter.

Waldi und die Schule

Waldi war ein ganz lieber Dackel mit langen Schlappohren und krummen Dackelbeinen. Er war zwei Jahre alt und sehr lustig. Die Familie Zimmermann hatte ihn lieb und verwöhnte ihn. Waldi hing besonders an seinem jungen Frauchen. Es hieß Tanja, war sechs Jahre und drei Monate alt und hatte immer Zeit für ihn. Am liebsten spielte er mit ihr in dem großen Hausgarten Fangball. Das ging so, daß Tanja einen alten Tennisball warf und Waldi hinterherjagte. Dann brachte er den Ball zurück, machte Männchen, und Tanja warf wieder.

Plötzlich wurde es anders. Das junge Frauchen ging am Morgen fort und blieb den ganzen Vormittag weg. Wenn es nach Hause kam, streichelte es den Dackel. Dann hatte es auch am Nachmittag nicht mehr so viel Zeit für ihn wie bisher. Da saß es am Tisch und schrieb etwas auf. Wenn Waldi kam, sagte es: „Jetzt muß ich meine Hausaufgabe machen." Wie sollte der Dackel das begreifen. Die Zeit, die das junge Frauchen noch für ihn übrig hatte, erschien ihm viel zu kurz.

Er wußte und begriff ja nicht, daß Tanja jetzt in die Schule ging und nicht mehr nur spielen durfte, sondern auch lernen und Hausaufgaben machen mußte. Nur langsam gewöhnte er sich an die verkürzten Fangball- und Tobezeiten.

Seltsam war, daß er Lehrer und Lehrerinnen verbellte. Er roch sie geradezu. Wenn sie vorbeigingen, sprang er am Gartenzaun in die Höhe und machte Krach. Sie taten ihm nichts, manche lockten ihn sogar freundlich. Je freundlicher sie lockten, desto grimmiger fletschte er die Zähne.

Das konnte ihm nicht einmal sein junges Frauchen abgewöhnen.

Dann hatte Tanjas Lehrerin eine Idee. Sie warf dem kläffenden Dackel ein Würstchen zwischen die gefletschten Zähne. Waldi verschlug es zuerst die Stimme, dann schmeckte es ihm, und – er wedelte mit dem Dackelschweif ...

Seither werfen ihm auch andere Lehrerinnen und Lehrer Würstchen über den Zaun, und Waldi ist mit der Schule versöhnt.

Lausebengel

Bei einem Schulausflug fand Jochen am Rande eines Steinbruchs eine Tonscherbe, in die Buchstaben eingeritzt waren.

MARIUS ASINUS EST stand darauf. Jochen zeigte die Scherbe seinem Lehrer. „Es ist lateinisch", erklärte dieser. „Vor zweitausend Jahren hatten die Römer unser Land erobert. Mit den Soldaten waren römische Händler, Frauen und Kinder gekommen. Die Söhne und Töchter reicher Eltern wurden von Privatlehrern unterrichtet, die Kinder einfacher Leute in Schulen. Dort schrieben sie mit harten Griffeln auf Tontäfelchen. – Selbstverständlich gab es auch damals Lausebengel." Der Lehrer zeigte die Tonscherbe herum. „Auf dieses Täfelchen schrieb so ein Früchtchen eine Beleidigung. Auf deutsch heißt sie: ‚Marius ist ein Esel.' – Das Täfelchen wurde verschüttet und heute wiedergefunden. Wir werden es ins Heimatmuseum bringen. Dort können die Leute nach zweitausend Jahren lesen, daß Marius – nun ja ..."

„... ein Esel ist!" riefen die Lausebengel von heute.

Geheimnisvolle Bäume

Herr Wiedemann war mit den Jungen der zweiten Klasse in die Turnhalle gegangen. In der Mitte lag eine Matte. „Heute schlagen wir Bäume", sagte Herr Wiedemann.

Die Jungen guckten verwundert.

„Welche Bäume werden es wohl sein?" fragte der Lehrer.

Die Jungen zählten auf: „Fichten – Tannen – Buchen – Eichen – Birken – Föhren – Kastanien – Apfelbäume – Birnbäume ..."

Herr Wiedemann schüttelte den Kopf und erklärte: „Der Baum, den ich meine, hat keine Wurzeln, keinen Stamm, keine Äste, keine Nadeln und keine Blätter. Er blüht nicht und trägt keine Früchte."

„So einen Baum gibt's nicht", meinte Peter. Herr Wiedemann schmunzelte. „Ich mach' ihn euch vor", sagte er, „und ihr macht ihn nach." Er nahm einen kurzen Anlauf und schlug auf der Matte – einen Purzelbaum.

Der Trichtermeister

Zweihundertfünfzig Jahre ist es her. Da las ein Mann in einem alten Buch:
„Dumme Kinder, liebe Leut',
werden in Nürnberg blitzgescheit.
Sein's Bübchen oder Mägdelein,
man trichtert ihnen Weisheit ein."

Der Mann sagte zu seiner Frau: „Unser Wenzel ist der Dümmste in der Schule. Ich bringe ihn nach Nürnberg." Er steckte einen Beutel voll Goldgulden ein und brach mit Wenzel auf. Es wurde eine beschwerliche Reise. Der Pferdewagen schüttelte sie durch und durch ...

In Nürnberg stiegen sie in einem Gasthof ab. Der Mann erkundigte sich nach dem Meister, der Dummen Weisheit eintrichterte. Der Wirt und seine Leute zuckten die Achseln. Einen solchen Meister kannten sie nicht.

Am nächsten Tag streifte der Mann mit dem dummen Wenzel durch die Stadt und fragte weiter – ohne Erfolg. Schon wollte er aufgeben, da trat ein Herr im schwarzen Gelehrtenmantel auf ihn zu und sagte: „Ich hörte, daß Ihr den Trichtermeister sucht. Ich bin es. Kommt mit." Er führte sie kreuz und quer, bis sie sich nicht mehr auskannten. Dann zog er sie in eine dämmrige Stube und drückte Wenzel in einen Lehnstuhl. Aus einem Wandschrank holte er eine bauchige Flasche und einen Trichter. Auf der Flasche stand: WEISHEIT. Der Meister setzte den Trichter auf Wenzels Kopf.

„Ihr werdet ihm doch kein Loch in den Schädel schlagen!" rief der Vater erschrocken.

Der Meister beruhigte ihn: „Aber nein. Die Weisheit fließt durch die Knochen ins Gehirn.

Wieviel soll es denn sein?"

„Für fünfzig Gulden", antwortete Wenzels Vater und zählte das Geld auf den Tisch.

Der Meister entkorkte die Flasche und goß ihren unsichtbaren Inhalt auf Wenzels Kopf.

Dann sagte er: „Jetzt bringe ich euch in euren Gasthof zurück. Reist morgen früh nach Hause. Die eingetrichterte Weisheit wirkt nach drei Tagen."

Vater und Sohn fuhren in aller Frühe ab – und Wenzel blieb dumm ...

Wütend ritt der Vater nach Nürnberg. Den Trichtermeister fand er nicht wieder.

Das Schlitzohr

In das Bergdorf war ein neuer Pfarrer gekommen. Er wußte nicht, daß der Maxl in der dritten Klasse ein Schlitzohr war. In der ersten Religionsstunde sagte der neue Herr Pfarrer: „Der liebe Gott ist überall: im Himmel, auf der Erde, auf den Bergen, in der Wüste, in der Luft und im Wasser." – Dann wollte er sich überzeugen, ob es die Kinder begriffen hatten. Er fragte sie: „Wo ist der liebe Gott in unserem Dorf?"

Sie antworteten: „In der Kirche" – „In der Schule" – „Bei uns zu Hause" – „Auf den Wiesen" – „Auf den Feldern" – und so weiter ...

Der neue Pfarrer nickte zufrieden. „Brav", sagte er immer wieder.

Da fragte der Maxl: „Ist der liebe Gott auch auf unserem Heuboden?"

„Selbstverständlich", behauptete der Pfarrer. Maxl schüttelte den Kopf.

„Wieso nicht?" fragte der Pfarrer verblüfft. „Weil wir keinen Heuboden haben", erklärte der Maxl.

Eine wahre Geschichte

Du hast Freunde, Irina

Im Herbst 1992 kam Irina Hofmann in die dritte Klasse der Neuland-Volksschule. Sie war in Rußland geboren. Ihre Vorfahren waren vor langer Zeit als deutsche Siedler nach Rußland gegangen. Jetzt kehrten die Nachkommen nach Deutschland zurück. Einige Kinder sagten „die Ausländerin", wenn sie von Irina redeten. Das tat weh. Jutta Meininger war von Anfang an lieb zu ihr ...

Am Sonntag, dem 22. August 1993, brach kurz vor Mitternacht in dem Mietshaus, in dem Hofmanns wohnten, Feuer aus. Die Mieter erwachten zu spät und konnten nicht viel retten. Irina rettete den Teddybären, den Jutta ihr geschenkt hatte. Dann wurde sie von einem brennenden Balken getroffen. Ein Rettungswagen brachte sie ins Krankenhaus.

Die Verletzungen waren nicht lebensgefährlich, und Irina erlebte Schönes. Mädchen und Jungen aus ihrer Klasse besuchten sie, brachten kleine Geschenke und wünschten gute Besserung. – Als sie wieder in die Schule kam, sangen ihr die Lehrerin und die Kinder ein Lied.

Dank auch für den Mist

Am ersten Sonntag im Oktober feiern viele Christen das Erntedankfest. Die Kirchen werden mit Getreidegarben und Früchten geschmückt.

Der Herr Pfarrer Hofmeister sagte zu seinen Schülern: „Der liebe Gott würde sich freuen, wenn ihr ihm am Samstag nachmittag ein kleines Dankeschön in die Kirche bringen würdet." Die Kinder brachten Äpfel, Nüsse, Maiskolben und Getreideähren. Der Niederleitner-Toni brachte zwei Papiertüten. In der einen waren Kuhfladen, in der anderen Pferdeäpfel.

„Was soll das?" fragte der Pfarrer.

Der Toni antwortete: „Einen schönen Gruß von meinem Vater. Er baut biologisch an und mag keinen künstlichen Mist. Und er meint, daß ohne richtigen Mist nichts Gescheites wachsen kann. Da meint er, daß auch Kuhfladen und Pferdeäpfel zum Erntedank gehören."

„Das ist richtig", sagte Pfarrer Hofmeister. „Ich werde dem lieben Gott auch für den Mist danken."

Dämpfer für einen Angeber

Stefan Billermann war mit seinen Eltern aus einer Großstadt in eine Kleinstadt übersiedelt. Hier trat er in die vierte Volksschulklasse ein. Schon am ersten Tag zeigte er den Jungen und Mädchen, daß er mehr war als sie. „Eure Schule ist 'ne Bude", spottete er. „Da, wo ich war, hatten wir dreimal so viele Klassen. Neben mir saß der Sohn eines Em-de-Be, hinter mir die Tochter eines Em-de-El." Er grinste. „Falls ihr's nicht begreift, sag' ich's euch. MdB heißt: Mitglied des Bundestages, MdL: Mitglied des Landtags. Ich saß mit Abgeordnetenkindern zusammen!"

Da sagte Hans Baier neben ihm: „Mein Vater ist Em-de-O."

Stefan guckte verblüfft. MdO hatte er noch nie gehört.

„Mitglied der Ortskrankenkasse", erklärte Hans Baier. Die Jungen und Mädchen lachten schallend.

Stefan Billermann schluckte – und wurde nach und nach ein brauchbarer Mitschüler.

Mick, mack, meck – ich bin weg

In der Schule eines Nordseedorfes erzählte der pensionierte Schiffskapitän Jens Kneesebeck den Kindern der zweiten Klasse von Klabautermännern. „Sie sind Wasserkobolde", erzählte er. „Sie werden nicht größer als einjährige Seehunde und stellen dauernd Unfug an. Wenn sie ‚Mick, mack, meck – ich bin weg' sagen, sind sie unsichtbar. Wenn sie wieder sichtbar werden wollen, sagen sie: ‚Mi, me, ma – ich bin da.' – Fabelhaft, was? Das müßten wir auch können, aber wir schaffen es nie. Dabei klingt es so einfach." Er zuckte die Achseln und murmelte: „Mick, mack, meck – ich bin weg." Dann staunte er. Alle Mädchen und Jungen verschwanden unter den Bänken.

„Is' ja toll!" rief der Kapitän. „Statt daß ich euch was vormache, macht ihr mir was vor!" Dann sagte er: „Mi, me, ma – ich bin da."

Die Kinder tauchten wieder auf ...

Das tun sie jetzt öfter – nur so zum Spaß.

Kaiser Karl und die Faulen

Vor eintausendzweihundert Jahren besuchte Kaiser Karl der Große eine Klosterschule, in der die Söhne vornehmer Herren und Kinder einfacher Leute unterrichtet wurden.

Der Kaiser prüfte die Schüler. Die fleißigen stellte er zu seiner rechten, die faulen zur linken Seite auf.

Und siehe da! Unter den Faulen standen viele Söhne von Fürsten, Grafen und reichen Handelsherren. Bei den Fleißigen waren mehr Kinder einfacher Leute als vornehme Knaben. Der Kaiser lobte die Fleißigen und versprach ihnen wichtige Ämter in seinem Reich.

Den faulen Adeligen und Vornehmen rief er zu: „Schämt und bessert euch! Glaubt nicht, daß ich euch bevorzuge, weil ihr Herrensöhne seid! Wenn ihr faul bleibt, werde ich keinen von euch in meinen Dienst nehmen! Meinetwegen könnt ihr dann Steine brechen oder Mist fahren!"

Die Sage erzählt, daß sich viele der Faulen gebessert hätten.

Würstchen für Nicki

Bei wunderschönem Sommerwetter feierten die Schüler und Schülerinnen der neunten Klasse das Ende ihrer Hauptschulzeit.

Nach der Zeugnisverteilung kamen sie mit dem Schulleiter, ihren Lehrern, Lehrerinnen, dem Pfarrer und dem Hausmeisterehepaar im Schulhof zusammen. Dort warteten die Eltern mit Leckerbissen. Auf Brettertischen lagen selbstgebackene Kuchen, Torten, Apfel- und Mohnstrudel. Im Schatten standen Kannen mit Tee- und Fruchtsäften.

Daneben kräuselte leichter Rauch nach oben, und es roch nach Grillwürstchen. Die Väter hinter den Grillrosten schwitzten.

Die Ehrengäste nahmen auf drei Bänken Platz. Von den Grillrosten her duftete es verführerisch.

Doch vor der Mahlzeit wurde geredet. Zuerst redete der Schulleiter, dann der Pfarrer, dann der Polizeiobermeister Papenbrink als Vorsitzender des Elternbeirats. Zuletzt redete ein Schüler. Im Namen der neunten Klasse dankte er den Lehrern und ganz besonders dem Hausmeister Müller und dessen Frau. "Sie haben uns oft geholfen", sagte er. "Sie, Herr Müller, wenn Fahrradketten gerissen und Reifen platt waren. Sie, Frau Müller, wenn Knöpfe schnell angenäht, Jammerer getröstet werden mußten – und so weiter. Ganz besonders danken wir Ihnen, daß Sie uns Geld für Eis und Cola geliehen haben, wenn wir keines dabeihatten."

Ein Mädchen überreichte den Müllers zwei große Blumensträuße. "Das ist doch nicht nötig", sagte die Hausmeisterin verlegen.

Dann ging's zum Essen. Es schmeckte vorzüglich, und alle lobten die gelungene Entlaßfeier.

Nur einer lag unter dem Tisch und japste: Nicki, der Dackel des Polizeiobermeisters Papenbrink. Er hatte sich an geschenkten und geklauten Grillwürstchen überfressen.

162

Sechs und vier ist eins

Der Huber Toni war ein gescheites Kerlchen und ein Schlitzohr dazu. Das bewies er schon in der ersten Klasse, als die Kinder bis zehn rechneten.

Den Mädchen und Jungen machte es Spaß.

„Wie viele Äpfel liegen auf dem Tisch, wenn ich zu sieben Äpfeln zwei dazugebe?" fragte die Lehrerin.

„Neun Äpfel!" riefen die Jungen und Mädchen. „Und vier Pflaumen und drei Pflaumen?" fragte sie weiter.

„Sieben Pflaumen!" antworteten die Kinder.

Dann ließ sie Äpfel und Pflaumen weg und fragte: „Sechs und vier?"

„Eins!" rief der Huber Toni.

„Zehn!" riefen die anderen und lachten ihn aus. „Wie kommst du auf eins, Toni?" wollte die Lehrerin wissen.

„Sechs und vier ist eins", behauptete er, „weil sechs Zehnerle und vier Zehnerle eine Mark sind."

Drei Bananen

Lehrer Deinhard stellte seinen Schülern gern knifflige Scherzfragen. Wer richtig antwortete, brauchte keine Hausaufgabe zu machen.

So sagte er einmal: „Opa Pfiffig stellte eine Schüssel, in der drei Bananen lagen, auf den Tisch. Dann sagte er zu seinen drei Enkelkindern: ‚Jedem gehört eine Banane – aber eine muß in der Schüssel bleiben. Denkt nach, es geht.'

Die Enkel überlegten, und es klappte. Jedes Kind bekam eine Banane – und eine blieb in der Schüssel. Wie hatten sie das gemacht?"

Peter Hansen meldete sich sofort. „Das dritte Enkelkind nahm die Banane mit der Schüssel", antwortete er.

„Ausgezeichnet", lobte der Lehrer. „Wie hast du das so schnell herausgefunden?"

Peter grinste. „Ich hab' die Geschichte von meinem Vater. Er hat sie von Ihnen. Sie haben sie ihm im Gasthaus erzählt."

„Du bist ein Schlitzohr", sagte Herr Deinhard. „Die Hausaufgabe schenk' ich dir trotzdem."

Freunde

Der verlorene Sohn

Die Geschichte vom verlorenen Sohn steht in der Bibel. Pfarrer Lindinger erzählte sie seinen Schülern jedes Jahr im Religionsunterricht auf seine Art:

Ein Mann hatte zwei Söhne. Eines Tages sagte der Jüngere: „Vater, gib mir mein Erbteil schon jetzt. Ich will mich in der Welt umsehen und Abenteuer erleben."

Der Vater gab ihm das Erbteil, und der Sohn zog in die Welt. Dort führte er ein flottes Leben und warf sein Geld mit vollen Händen raus. Viele Leute versammelten sich um ihn. Sie nannten sich seine Freunde und lebten auf seine Kosten in Saus und Braus.

Das Vermögen des jungen Mannes schmolz rasch zusammen, und eines Tages besaß er nichts mehr. Die angeblichen Freunde verschwanden so schnell, wie sie ihm zugelaufen waren.

Dann kam eine Hungersnot über das Land, und der Verschwender hatte nichts, womit er Brot kaufen konnte. In seiner Not arbeitete er als Schweinehirt. Hunger litt er trotzdem ...

An einem Abend sagte er zu sich selbst: „Die Knechte meines Vaters haben mehr als genug zu essen, während ich hier vor Hunger fast umkomme. Ich will zu meinem Vater gehen, ihm von meinem leichtsinnigen Leben erzählen und ihn bitten, mich als Knecht auf seinem Hof arbeiten zu lassen." Er gab das Schweinehüten auf und kehrte nach Hause zurück.

Sein Vater sah ihn schon von weitem kommen. Er eilte dem Sohn entgegen und umarmte ihn.

Da sagte dieser: „Vater, ich bin nicht wert, dein Sohn zu sein."

„Du warst verloren und bist wiedergefunden", sagte der Vater. „Sei willkommen!" Und er ließ zu Ehren des Heimgekehrten ein Freudenfest feiern.

Zum Schluß sagte Pfarrer Lindinger immer: „Der junge Mann hatte Freunde verloren, die keine waren. Ein wirklicher Freund war ihm geblieben."

Und jedesmal riefen die Kinder: „Der Vater!"

Wer wird zu Stein?

Ein Zauberer hatte den Sohn des Königs entführt und drohte, ihn in Stein zu verwandeln. „Er wird nur freikommen, wenn sich ein Freund oder eine Freundin für ihn versteinern läßt", ließ er dem König melden. „Ich gebe dir drei Tage Zeit." Herolde verkündeten im ganzen Reich: „Seine Majestät der König wird dem Freund, der sich für den Königssohn versteinern läßt, ein Denkmal setzen lassen!"

Die Freunde des Königssohnes schüttelten die Köpfe. Einer wollte heiraten, ein anderer seine Eltern pflegen, der dritte eine Reise antreten, der vierte studieren – und so weiter ...

Der böse Zauberer rieb sich die Hände – und erschrak. Am dritten Tag erschien ein Mädchen in seiner Burg. „Ich bin des Königs Küchenmagd", sagte es. „Der Königssohn war gut zu mir. Verwandelt mich für ihn!" Da zuckte ein Blitz vom Himmel – und der Zauberer wurde zu Stein ...

Daß der Königssohn die Küchenmagd zu seiner Frau machte, ist selbstverständlich. (Zumindest in der Sage, die diese Geschichte erzählt.)

Babsi und Tapsi

Babsi war eine Hundedame; genau gesagt eine Bernhardinerin, sechs Jahre alt und groß wie ein Kalb. Sie wohnte auf einem Bauernhof. Anfang Juni spazierte sie mit einem seltsamen Freund an. „Wuff", sagte sie, und der Freund sagte: „Miauuu." Er war ein kleiner schwarzweiß gefleckter Kater und tapste ungeschickt hinter Babsi her.

Die Kinder der Bauersleute nannten ihn „Tapsi".

Babsi bemutterte ihn rührend. Sie klaute ihm Leckerbissen, schleckte ihn ab, und wenn er müde war, ließ sie ihn zwischen ihren Vorderpfoten schlafen ...

Die Freundschaft blieb auch, als Tapsi ein ausgewachsener Kater wurde und sich bei Babsi auf seine Art bedankte. Er brachte ihr Mäuse und verspeiste sie erst, wenn Babsi die Delikatesse verschmähte ...

So ist es geblieben. Die Kinder des Huberbauern können es bezeugen.

Wuff, wuff! – Miauuu!

165

Wir bleiben Freunde

Heinrich Müller und Peter Schneider waren Nachbarskinder und ganz dicke Freunde gewesen. In der Schule waren sie nebeneinander gesessen und hatten im gleichen Sportverein Fußball gespielt.

Als sie vierzehn Jahre alt waren, wanderte Heinrichs Vater mit seiner Familie nach Amerika aus. Beim Abschied versprachen die Jungen einander: „Wir bleiben Freunde."

Eine Zeitlang schrieben sie Briefe und Karten, dann brach die Verbindung ab ...

An seinem dreißigsten Geburtstag wurde Peter Schneider arbeitslos – und dann zum Dieb. Bei seinen Einbrüchen arbeitete er mit einem Komplizen zusammen.

An einem Mittwoch kam ihr großer Tag, wie sie glaubten. Henry Miller, ein schwerreicher Amerikaner, war im besten Hotel der Großstadt abgestiegen. Seine Frau, hieß es, habe einen Koffer voll Schmuck mitgebracht. „Wenn wir bei denen abräumen, brauchen wir nie mehr zu stehlen", sagte Peter Schneider zu seinem Komplizen.

Am Abend, als Henry Miller mit seiner Frau ausgegangen war, drangen die Diebe ein. Sie knackten den Tresor der Amerikaner und fanden Schmuck und Banknoten darin. Ganz unten lag ein Kuvert.

Peter Schneider öffnete es und zuckte zusammen. Das Foto im Briefumschlag zeigte die Jungen Heinrich Müller und Peter Schneider, wie sie einander zum Abschied die Hände reichten.

„Henry Miller ist Heinrich Müller", murmelte Peter Schneider. „Er hat seinen deutschen Namen amerikanisch gemacht."

„Pack ein!" drängte der Komplize.

„Hier stehlen wir nichts", sagte Peter Schneider. „Der Amerikaner ist mein Freund."

„Spinnst du?" fauchte der andere. „Der Kerl hat Geld wie Heu, und gegen Diebstahl ist so einer versichert."

„Er ist mein Freund", wiederholte Peter Schneider. „Freunde bestiehlt man nicht. Gehen wir." Sie gingen, und der Komplize trennte sich von dem „verrückten Kerl", wie er sagte, für immer. Eine Woche später erhielt Peter Schneider ehrliche Arbeit in einer Fabrik.

Die allerbeste Freundin

Eine Königstochter wollte wissen, wer ihre allerbeste Freundin war. Sie fragte drei Mädchen, die sie für ihre besten Freundinnen hielt.

„Sagt mir, was ich falsch mache", befahl sie. „Nichts", versicherten die erste und die zweite. Die dritte sagte: „Du bist zu hochmütig und bildest dir zuviel ein."

„Wer wagt, das zu behaupten?!" rief die Königstochter zornig.

„Hör dich dort um, wo dich niemand kennt!" antwortete die Freundin. „Viele Menschen hungern. Sie verwünschen dich, weil du im Überfluß lebst. Und wenn du auf deinem Elefanten ausreitest, siehst du über die Armen hinweg. Dabei lebst du von ihren Steuern."

Je länger die Freundin sprach, desto nachdenklicher wurde die Königstochter. Dann sagte sie: „Du bist meine allerbeste Freundin. Wenn ich Königin geworden bin, werde ich vieles ändern. Willst du mir dabei helfen?"

„Gern", antwortete die Freundin.

Einem indischen Märchen nacherzählt

Freunde und Feinde

Von der Vorderwand des Ganterhofs leuchtet ein seltsames Bild: Auf einer hellen Wolke steht ein gepanzerter Engel mit Schild und Schwert. Seitlich unter ihm hockt in rot-gelben Flammen der Teufel. Von dem Bösen sind nur der gehörnte Kopf und der Oberkörper zu sehen, dazu ein Dreizack, den der Teufel in der Hand hält. Neben dem Engel steht in schwarzen Buchstaben:

Allen, die uns Freunde sind,
sei dies Haus befohlen!

Neben dem Gehörnten:
Jene, die als Feinde kommen,
soll der Teufel holen!

Dazu erzählt die Legende:

In einem großen Krieg kamen plündernde Soldaten auch zum Ganterhof. Der Bauer trat ihnen entgegen und rief die beiden Sprüche. Da tat sich die Erde auf, und die Plünderer verschwanden in Feuer und Qualm.

Zum Gedenken daran malte der Bauer das Bild an die Wand und die Sprüche dazu. (Die grellen Farben werden immer wieder aufgefrischt.)

Julias besondere Freunde

Zu ihrem zehnten Geburtstag hatte Julia vier Mitschülerinnen eingeladen. Nach Kakao und Zwetschgenkuchen setzten sie sich in Julias Zimmer zusammen. Sie machten Spiele, tranken Limo und unterhielten sich auch über Freundinnen und Freunde.

„Ich habe hundertzwei besondere Freunde", erzählte Julia. „Sie sind immer da, wenn ich sie brauche. Sie erzählen mir Gescheites, Spannendes, Lustiges und Trauriges. Sie machen mich klüger, lassen mich nachdenken, bringen mich zum Lachen und auch zum Weinen. Sie streiten nicht mit mir und sind nicht beleidigt, wenn ich sie manchmal nicht mag."

„Du willst uns verkohlen", spottete Anja.

„Aber nein", sagte Julia. „Solche Freunde habt auch ihr."

„Nee!" riefen Sonja und Christine.

Julia schmunzelte. „Doch. Die hundertzwei besonderen Freunde sind – meine Bücher."

Der beste Freund

Tobias war neun Jahre alt und lebte im Rollstuhl. Vor zwei Jahren hatte ihn ein Motorradraser angefahren. Die Ärzte hatten eine Querschnittlähmung festgestellt.

In der Schule gewann Tobias einen neuen besten Freund. Er hieß Michael, war kurz angebunden und schmeichelte nicht. Gerade das gefiel Tobias. Er wollte kein Mitleid.

Als Michael das erstemal „Du Pflaume" zu ihm sagte, freute er sich darüber. Im Werkunterricht war's. Tobias hatte sich in den Finger geschnitten. „Du Pflaume", brummte Michael. „Du sollst das Hölzchen zuspitzen und nicht deinen Daumen."

Einmal hatten sie sogar gerauft. Nur mit den Händen selbstverständlich, und Tobias hatte zuerst dem Michael, dann Michael dem Tobias eine geklebt.

„Was finden die zwei bloß aneinander?" spotteten einige Mitschüler.

„Das verstehst du nicht, du Armleuchter", antwortete Michael einem der Spötter.

168

Freund Bello

Herr Gieseke verbrachte den Urlaub mit seinem Hund im Gebirge. Bello war ein mittelgroßer Schnauzer. An einem schönen Morgen begleitete er seinen Herrn auf einer Bergwanderung ...

Zwei Stunden später wunderten sich drei Männer, die ebenfalls bergauf stiegen. Auf halbem Hang rannte ein Schnauzer auf sie zu. Er bellte sie an, lief ein Stück nach oben und sah sich um. Als sie ihm nicht folgten, kam er wieder, bellte und zerrte einen der Männer am Hosenbein. „Vielleicht möchte er uns etwas zeigen", meinte der Mann. Der Hund winselte, als ihm die Wanderer folgten. Er führte sie zu einem Gebüsch, in dem ein bewußtloser Mann lag. Vermutlich war er ausgerutscht und abgestürzt. Sein Herz schlug. Die Männer verbanden ihn und trugen ihn ins Tal. Der Hund folgte ihnen ...

Herr Gieseke – denn er war der Verunglückte – kam ins Krankenhaus und erholte sich bald.

Freund Bello erhielt als Belohnung einen Markknochen mit viel Fleisch daran und eine ganze Menge Streicheleinheiten.

Mein lieber Freund und Zwetschgenröster

Der Oberlehrer Harzinger lebt nicht mehr, aber seine Schüler erinnern sich noch gut an ihn. Er hatte sie nie beschimpft. Zu Faulen und Schlampigen hatte er nur „Mein lieber Freund und Zwetschgenröster" gesagt. – Den lieben Freund hätte sich jeder gefallen lassen, aber ein Zwetschgenröster wollte niemand sein. Das klang beleidigend. – Der größte Zwetschgenröster war Emil Kranewitt gewesen ...

Zwanzig Jahre später fuhr der Schlamper von damals einen schicken Wagen. Er sah seinen ehemaligen Lehrer auf dem Gehsteig, hielt an und rief: „Hallo, Herr Harzinger!"

Der pensionierte Oberlehrer erkannte den Zwetschgenröster sofort. „Was sind Sie denn geworden?" fragte er.

„Zwetschgenröster", antwortete Emil Kranewitt. „Ich hab' eine Fabrik, in der Zwetschgen gedörrt werden. Darf ich Sie zum Mittagessen einladen, lieber Herr Harzinger?"

Der liebe Herr Harzinger hatte nichts dagegen.

Helfer in der Not

David und Goliath

In uralter Zeit zog ein gewaltiges Heer der Philister gegen das Volk Israel, das von König Saul regiert wurde. Beide Heere lagerten einander gegenüber. Da wurde Saul trübsinnig und wußte nicht, was er tun sollte.

„Laß David aus Bethlehem holen", riet ihm ein Freund. „Er ist fast noch ein Knabe, aber die Harfe spielt er gut. Harfenspiel vertreibt die Sorgen."

Ein Bote holte David, der die Herde seines Vaters hütete. Als sie in das israelitische Lager kamen, trat der Riese Goliath vor das Heer der Philister. Er trug einen schweren Eisenhelm, ein breites Schwert, einen mächtigen Schild und einen überlangen Speer mit scharfer Spitze. „Hört, ihr israelitischen Zwerge!" rief er mit dröhnender Stimme. „Schickt mir einen Kämpfer entgegen! Wenn er mich niederschlägt, werden wir eure Knechte sein! Schlage ich ihn nieder, seid ihr unsere Sklaven! Beeilt euch, ihr Feiglinge!"

„So spottet er schon tagelang", murmelte König Saul. „Doch wer soll ihn bezwingen?"

„Laß den Mut nicht sinken, König", sagte David. „Mit Gottes Hilfe werde ich den Koloß besiegen." Helm, Schild und Schwert lehnte er ab. Er nahm nur seinen Hirtenstab, seine Schleuder und fünf glatte Steine in seiner Hirtentasche mit.

„Bin ich ein Hund, daß du mit einem Stekken zu mir kommst?!" rief David und legte einen Stein auf die Schleuder.

Goliath hob den mächtigen Speer.

Blitzschnell schleuderte David den Stein auf des Riesen Stirn. Wie vom Blitz getroffen stürzte Goliath nieder. David lief zu ihm, zog ihm das Schwert aus dem Gehänge und tötete ihn.

Da flohen die Philister in heillosem Schreck. Die Israeliten jagten ihnen nach und schlugen sie vernichtend.

König Saul wollte David danken, doch fand er ihn nicht. Der Junge war zur Herde seines Vaters zurückgekehrt. Er hütete die Schafe, als ob nichts geschehen wäre ...

So erzählt es die Bibel.

Die Gänse von Rom

Was ich jetzt erzähle, geschah in längst vergangener Zeit, als die meisten Völker an viele Götter glaubten. Die alten Römer glaubten an Gott Jupiter, seine Gemahlin Juno und an andere Götter auch. Gänse waren die heiligen Vögel der Juno. Eine Gänseschar wurde in der Burg von Rom gehalten, verehrt und gefüttert ...

Alles ging gut, bis die kriegerischen Gallier die Stadt Rom eroberten – nur die Burg nicht. Dort verteidigten sich die Römer verbissen. In einer finsteren Nacht wollten die Gallier die Stadtburg endlich erstürmen. Sie hatten Glück. Die Wächter waren müde und schliefen. „Vorwärts!" befahl der gallische Anführer. Da schrien die Gänse der Juno.

Die Krieger in der Burg erwachten und schlugen die Angreifer zurück.

Kurze Zeit später zogen die Gallier ab.

Das Mäuslein

Ritter Robert ließ seinen Nachbarn, den Ritter Dankwart, entführen und in den Kerker werfen. Dort lag fauliges Stroh. In der Wand steckte eine qualmende Fackel. Es gab keine Tür. Nur in der Decke war eine Öffnung, durch die Dankwart abgeseilt worden war. Von oben sah Robert herunter. „Wenn du mir deine Burg übergibst, lass' ich dich frei", sagte er höhnisch.

„Niemals!" keuchte der Gefangene.

„Dann gehst du hier zugrunde", spottete Robert und schloß die Öffnung in der Decke.

Dankwart schwor, eine Kirche zu bauen, wenn er freikäme. – Ein Geräusch schreckte ihn auf. Im Fackelschein sah er ein Mäuslein in der Felswand verschwinden. Dort entdeckte er einen Spalt und spürte Fugen im Gestein. Im Stroh lag ein rostiges Messer.

In mühevoller Arbeit kratzte Dankwart den Mörtel aus den Fugen und löste zwei Quader aus der Wand. Durch den Gang dahinter gelangte er ins Freie. Seine Burg erreichte er gerade noch rechtzeitig, um Roberts Kriegsknechte zurückzuschlagen. – Dann ließ er die Kirche bauen – mit einem steinernen Mäuslein im Portal.

Die Kinder von Dinkelsbühl

Im Dreißigjährigen Krieg (vor mehr als 350 Jahren) belagerten die Schweden auch die Stadt Dinkelsbühl. Der schwedische Obrist von Speerreuth forderte die Bürger auf, sich „auf Gnad' und Ungnad'" zu ergeben.

„Das bedeutet Plünderung, Raub und Gewalt", warnten einige Stadträte. „Die Schweden sind stärker als wir", sagten andere. „Wenn wir ablehnen, werden sie die Stadt erstürmen und niederbrennen. Dazu wird es viele Tote geben."

Die Stadttore wurden geöffnet – und Unerwartetes geschah. Lore, die Tochter eines Turmwärters, ging den Schweden entgegen. An den Händen führte sie zwei kleine, blonde Kinder. Viele Knaben und Mädchen folgten ihnen. Sie flehten um Gnade.

Der schwedische Obrist zügelte sein Pferd und hob einen der Blondschöpfe zu sich in den Sattel. „Du siehst wie mein Söhnchen aus, das vor einigen Wochen gestorben ist", sagte er leise und strich dem Knaben über den Kopf. Um der Kinder willen verschonte er die Stadt und ihre Bewohner.

Der Meistertrunk

Im Dreißigjährigen Krieg (Ende Oktober 1631) zog Graf Tilly mit 60 000 Kriegern vor die befestigte Stadt Rothenburg ob der Tauber und ließ sie mit Kanonen beschießen. Als der Pulverturm explodierte, ergaben sich die Verteidiger. Die Sieger zogen in Rothenburg ein, raubten und plünderten. Graf Tilly verurteilte den Bürgermeister und die Ratsherren zum Tode.

In ihrer Angst ließen sie den Willkommenstrunk bringen. Der Kellermeister reichte Tilly einen Pokal, der mit dreieinviertel Liter Wein gefüllt war. „Wenn einer von euch diesen Humpen in einem Zuge leert, will ich gnädig sein", spottete der Graf.

Der Rothenburger Altbürgermeister Nusch schaffte es. Mit seinem „Meistertrunk" rettete er das Leben der Ratsherren und bewahrte die Stadt vor der Zerstörung. (Nachher, heißt es, soll er eine Zeitlang keinen Weindurst mehr gehabt haben.)

Räuber als Nothelfer

Vor zweihundert Jahren gab es noch keine Eisenbahnen, keine Autos und erst recht keine Flugzeuge. Die „Eisenbahn von damals" war die Postkutsche. Reisen war unbequem. Die Kutsche holperte und schaukelte. Dazu kam die Angst vor Räubern. Eine alte Kalendergeschichte erzählt davon:

Die Postkutsche fuhr durch den Wald. Mißtrauisch spähte der Postillion (so hieß der Postkutscher) nach allen Seiten. Im Wagen saßen Kaufleute. – Da, wo der Wald am dunkelsten war, sprangen drei maskierte Kerle auf die Straße und drohten mit klobigen Pistolen. „Geld und Schmuck her!" riefen sie.

Als Helfer in der Not stürzten drei andere Räuber aus dem Wald heraus. „Verschwindet!" brüllten sie die Maskierten an. „Auf diese Kutsche haben wir gewartet!" Und schon rauften die sechs miteinander.

„Hüü!" rief der Postillion und schlug auf die Pferde ein. – Zu spät schossen die Räuber der Kutsche nach. Ihre Kugeln trafen nicht mehr.

Im letzten Augenblick

1971 war ich im Auto in Norditalien unterwegs. Meine Frau begleitete mich. Wir fuhren durch das Vallarsatal. Links stiegen Felshänge auf, rechts fiel eine tiefe Schlucht zu einem Gebirgsbach ab. In engen, steilen Kurven wand sich die Straße bergan.

In einer solchen Kurve kam mir ein Autobus entgegen. Ich mußte meinen Wagen einige Meter zurückstoßen. Der Bus fuhr knapp vorbei. Als ich wieder anfahren wollte, drehten die Räder auf der sandigen Steilstelle durch. Langsam rutschte der Opel dem nahen Abgrund entgegen. Meine Frau sprang aus dem Wagen und stemmte sich gegen das Fahrzeug.

Sie allein hätte es nicht geschafft – da half im letzten Augenblick ein Straßenarbeiter. Er war um die Kurve gekommen, hatte die Gefahr sofort erkannt und stemmte sich mit gegen den Wagen. Mit seiner Hilfe bekamen wir den Opel flott. – Der gute Mann verschwand, bevor ich ihm richtig danken konnte.

Es brennt

Alarm in der Hauptfeuerwache der Städtischen Feuerwehr: Großbrand im Kaufhaus Merlin!

Schon nach wenigen Minuten jagten die roten Autos mit Blaulicht und Warnsignal zum Brandherd.

Dort drängten Polizisten Schaulustige zurück. Aus den Fenstern im zweiten und dritten Stock des Kaufhauses quoll Rauch und schlugen Flammen heraus.

Die roten Wagen hielten mit kreischenden Bremsen. In fieberhafter Eile wurden Leitern hochgefahren, Schläuche ausgerollt und an Hydranten angeschlossen.

„Wasser marsch!" kommandierte der Brandmeister. Wasserstrahlen zischten in die Flammen. Feuerwehrmänner mit Rauchmasken vor den Gesichtern rannten ins Haus und hetzten die Treppen hoch. Einige sprühten Schaum in die Glut, andere schafften Waren ins Freie. Nach einiger Zeit mußten sie sich zurückziehen, die Gefahr wurde zu groß. Der zweite und dritte Stock brannten aus. Jetzt galt es, das Übergreifen des Feuers auf den ersten Stock und das Erdgeschoß abzubremsen.

Da geschah das Schreckliche. In einem Dachfenster erschien der Kopf eines Mannes! Der Unglückliche konnte nicht mehr nach unten. Die Treppen waren eingestürzt. Der Mann fuchtelte mit den Armen und schrie um Hilfe.

In Minutenschnelle spannten Feuerwehrmänner das große Sprungtuch aus und hielten es fest. „Springen Sie!" rief der Brandmeister dem Mann auf dem Dachboden durch das Sprachrohr zu.

Der Mann zögerte; doch als dicht neben ihm ein Balken niederkrachte, kletterte er aus dem Fenster und sprang. Das Tuch fing ihn auf und federte zurück. Die Feuerwehrmänner hielten es fest. Kurz darauf stand der Gerettete benommen und wacklig auf den Beinen. Ein Arzt kümmerte sich um ihn ...

Nach einigen Stunden war das Feuer gelöscht. Nur eine Brandwache blieb zurück.

Wieder einmal hatte die Feuerwehr Schlimmstes verhütet.

Kasperl macht piks

Peter war vier Jahre alt und fürchtete sich vor dem „Onkel Doktor", der ihn einmal mit einer Spritze gepikst hatte. Jetzt war der Kleine sehr krank geworden. Er weinte, als der Doktor kam. Ängstlich ließ er sich untersuchen. – Der Arzt sagte den Eltern, daß der kleine Patient jeden zweiten Tag eine Spritze bekommen müsse. Zu Peter sagte er: „Morgen spielen wir Kasperl und Polizist miteinander, ja?" Peter nickte.

Als der Arzt wiederkam, setzte er sich eine große Kasperlmütze und Peter einen aus Papier gefalteten „Polizeihut" auf. Dann sang er: „Wenn ich Kasperl jetzt nur wüßt', ob Polizist Peter kitzlig ist."

„Ich bin nicht kitzlig, Kasperl", versicherte der Kleine. Der große Kasperl begann ihn zu kitzeln, und plötzlich machte es piks. Ganz schnell hatte der Doktor dem Patienten eine Spritze gegeben. Der Polizist Peter tat keinen Mucks, und der Kasperl lobte ihn. – Das geschah jeden zweiten Tag. Und fast tat es Peter dann leid, daß er so bald wieder gesund wurde.

Hans-Dieter hat Zahnweh

„Ich möcht' ein Krokodil sein, Mutti", sagte Hans-Dieter.

„Warum denn?" fragte die Mutter.

„Weil ich Zahnweh hab'", jammerte er. „Krokodile kriegen kein Zahnweh, weil ihre Zähne keine Nerven haben. Wo keine Nerven sind, tut's nicht weh. Das hat unser Lehrer gesagt. Und ich hab' ganz scheußliches Zahnweh."

„Wir gehen zum Zahnarzt", sagte die Mutter. „Du brauchst keine Angst zu haben. Es ist alles schnell vorbei."

Dann war es, wie Mutti gesagt hatte. Und weil sie gern Gedichte machte, schrieb sie jetzt eines für Hans-Dieter. Hier ist es:

Hans-Dieter tat der Zahn so weh.
Vom Kopf hinunter bis zum Zeh
fuhr ihm der Schmerz durch alle Glieder.
Da weinte der Hans-Dieter.
Der Zahnarzt hat ganz kurz geruckt,
Hans-Dieter hat nur leicht gezuckt.
Der Zahn ist raus, der Schmerz ist weg.
Jetzt lacht Hans-Dieter wieder keck.

Piet in der Pfütze

Auch Teiche sind gefährlich. Das erfuhr der neunjährige Piet. Zu Hause war er an der Nordsee, und schwimmen konnte er wie ein Fisch. Die großen Ferien verbrachte er mit seinen Eltern in Bayern. Vater und Mutter waren begeisterte Bergwanderer.

In der Nähe des Gasthofs, in dem sie während des Urlaubs wohnten, war ein großer Teich. *Baden verboten!* warnten zwei Tafeln am Ufer. „Warum?" fragte Piet einen Dorfjungen.

„Weil Strömungen drin sind", antwortete dieser. „Auf dem Grund sind Quellen, aus denen eiskaltes Wasser aufsteigt. Wenn du da reinkommst, zieht's dich zusammen, und du säufst ab."

„Mit so 'ner Pfütze werd' ich fertig", brummelte Piet.

Am nächsten Morgen sagte er zu seinen Eltern: „Ich mag nicht dauernd Bergwandern. Heut' möcht' ich schwimmen." Die Eltern hatten nichts dagegen. Im Schwimmbad kann nichts passieren, dachten sie.

Um halb zehn stand Piet in der Badehose am Teich und wartete, bis Urlauber vorbeikamen. Er wollte seine Mutprobe vor Zeugen ablegen. „He!" rief ein Mann. „Da ist Baden verboten!" Piet schwamm davon – und da geschah es!

In der Mitte des Teiches zuckte der Schwimmer zusammen, schrie auf und ging unter. Die Leute am Ufer standen erstarrt da.

Piet tauchte wieder auf, schrie noch einmal um Hilfe und verschwand. Ein junger Mann, der neu dazugekommen war, riß sich die Jacke vom Körper. „Rufen Sie einen Arzt!" rief er den Leuten zu und hechtete ins Wasser.

Wenige Minuten später zerrte er Piet an Land. Der Junge war ohnmächtig.

„Hoffentlich kommt der Doktor bald", keuchte der Retter. „Ich versteh' nichts von Erster Hilfe." Die anderen verstanden auch nichts davon.

Zum Glück kam der Arzt sofort und kümmerte sich um Piet. „Er kommt durch", sagte er ...

Nach ihrem Urlaub meldeten sich sieben der Zuschauer beim Roten Kreuz zu einem Kurs in Erster Hilfe an.

Wo ist Lisa?

Oma Härtlein war mit ihrer drei Jahre alten Enkelin Lisa aufs Volksfest gekommen. Vor der Geisterbahn traf sie eine Bekannte. Sie redeten nur kurz miteinander – und schon war Lisa verschwunden. Oma Härtlein suchte und rief vergebens nach ihr. – Sie ist entführt worden! schoß es ihr durch den Kopf. Sie lief zur Festplatz-Polizeiwache und erstattete Anzeige ...

Lisa war zu einem Karussell gelaufen; doch weil sie kein Geld hatte, durfte sie sich auf keines der schönen Pferdchen setzen. Sie wollte zur Oma zurück, verlief sich und weinte. Ein Polizist kümmerte sich um sie. „Wie heißt du?" fragte er. – „Lisa", schluchzte sie. – „Und wen suchst du?" erkundigte er sich. – „Oma", sagte Lisa. – „Und wie heißt deine Oma?" wollte er wissen. – „Oma", jammerte die Kleine. Der Polizist brachte sie zur Wache.

Dort trafen sie Oma Härtlein. Sie bedankte sich herzlich, dann sagte sie: „Wenn jemand noch einmal Bulle statt Polizist sagt, fahr' ich ihm mit der Kratzbürste über den Mund!"

Pips und das Nashorn

„Daß mich ein Zwerg vor einem Riesen retten würde, hätte ich nie gedacht", erzählte der berühmte Tierforscher.

„Es war in Afrika. Ich filmte wilde Tiere. Ein kleiner herrenloser Hund hatte sich mir angeschlossen. Ich nannte ihn Pips.

Eines Tages sah ich eine Nashornmutter mit ihrem Jungen. Ich schlich mich an, soweit es ging.

Das Surren der Filmkamera schreckte die Nashornmutter auf. Sie schnaubte – und rannte auf mich zu. Ich warf mich zur Seite, stolperte über eine Wurzel und fiel.

Jetzt ist es aus, dachte ich.

Da schoß Pips, der bisher hinter mir hergelaufen war, auf den Koloß zu und kläffte wie verrückt.

Die Nashornmutter bremste mit allen vieren zugleich, machte kehrt und lief zu ihrem Jungen.

Pips bellte triumphierend. ‚Danke, Pips', sagte ich und kraulte ihn hinter den Ohren."

Die Bergwacht hilft

In den Ferien war Benno Schulze mit einer Schülergruppe in den Alpen. Die Jungen waren zwischen dreizehn und vierzehn Jahren alt. An einem Abend sahen sie im Fernsehen einen Heimatfilm, in dem ein junger Mann unter Lebensgefahr ein Edelweiß vom Fels holte.

„Das sieht bloß im Film so gefährlich aus", meinte Benno. „Ich könnte das auch."

„Unsinn", sagte der Gruppenleiter. „Erstens ist das Klettern im Fels für Ungeübte lebensgefährlich; zweitens steht das Edelweiß unter Naturschutz. Wer es pflückt, wird bestraft."

„Morgen hol' ich eines", flüsterte Benno seinem besten Freund zu. „Aber verrat mich nicht!"

„Du spinnst", brummte der Freund.

Den nächsten Tag durfte jeder Junge so verbringen, wie er wollte. Nur zu den Mahlzeiten sollten alle in der Jugendherberge sein.

Benno Schulze schlich davon. Er trug Turnschuhe mit gerippten Sohlen. Die sind zum Klettern gut, dachte er ...

„Weiß jemand, wo sich Benno herumtreibt?" fragte der Gruppenleiter beim Mittagessen. Niemand antwortete.

Als Benno auch nachmittags nicht zurückkehrte, wurden die Jungen unruhig; und der beste Freund sagte Bescheid. Der Gruppenleiter rief die Bergwacht an.

Da niemand wußte, wohin der Verschwundene geklettert war, stieg ein Hubschrauber auf. An Bord war auch ein Notarzt.

Die Männer der Bergwacht entdeckten Benno in einem Geröllfeld am Fuß eines Felsens.

Er war abgestürzt und hatte sich Knochenbrüche und Schürfwunden zugezogen.

Der abgeseilte Notarzt schiente und verband den Verunglückten. Dann ließ er sich mit ihm nach oben ziehen. „Turnschuhe!" schimpfte er. „Was für ein Leichtsinn!"

Benno Schulze kam für lange Zeit ins Krankenhaus.

Eine saftige Rechnung folgte.

Da, wo er herumgeklettert war, wuchs kein einziges Edelweiß.

Komm, Oma!

Es war Spätherbst. Als die Fabriksirenen zum Ende der Arbeitszeit aufheulten, brannten schon alle Lichter der Großstadt. Arbeiter und Arbeiterinnen strömten aus den Fabriktoren. An einer Verkehrsampel stand eine alte Frau mitten im Gedränge. Immer wieder sah sie sich hilflos um. In ihren Brillengläsern spiegelte sich das Licht der Autoscheinwerfer. Es blendete, und der Lärm verwirrte. Wenn die Ampel für Fußgänger von Rot auf Grün schaltete, drängten Ungeduldige an der alten Frau vorbei, und andere Eilige schoben sich vor.

Die alte Frau war dem Weinen nahe. Da stupste sie ein kleiner Junge an. „Komm, Oma", sagte er, „ich bring' dich hinüber!" Er faßte sie bei der Hand. Als die Ampel auf Grün schaltete, drängte er sich mit der alten Frau nach vorne durch, und sie überquerten die Straße. „Danke schön", sagte die alte Frau. Der Junge lachte. „Hab' ich gern gemacht, Oma."

Sie wollte ihm eine Mark geben, doch da war er schon in einer Seitengasse verschwunden.

Geld oder Leben

Ein Ausflugsschiff fuhr auf dem Nil. An Bord war eine Reisegruppe. Am linken Nilufer sonnten sich Krokodile.

Da fiel ein Mann über Bord. „Hilfe!" schrie er. „Ich kann nicht schwimmen und habe eine Frau und fünf Kinder zu Hause!"

„Es ist der Schiffskoch", sagte der Kapitän. „Beim Abkippen der Essensreste ist er ins Wasser gefallen. Er war ein schlechter Koch."

„Die Krokodile sind schneller als wir", sagte der Leiter der Reisegruppe. Dann rief er dem Ertrinkenden zu: „Wir werden für deine Witwe und Waisen Geld sammeln!"

Da stürzte sich ein junger Mann aus der Reisegruppe ins Wasser und rettete den Verzweifelten an das rechte Ufer des Stromes ...

„Tja", fragte mein ägyptischer Freund Amin, der mir diese Geschichte erzählt hatte. „Was meinst du, wem der Gerettete mehr gedankt hat: dem jungen Mann – oder denen, die zweitausend Dollar gesammelt hatten?"

Im Kinderdorf zu Hause

Am ersten Junisonntag 1950 war Gisela elf Jahre alt geworden. Als Geburtstagsgeschenk bekam sie von ihrem Stiefvater eine Ohrfeige, weil der Kaffee zu dünn war. Dann ging er ins Wirtshaus, um etwas Kräftigeres zu trinken ...

Die Leute im Dorf nannten ihn Schnapspeter. Viele bemitleideten Gisela. Ihr richtiger Vater war vor sechs, ihre Mutter vor drei Jahren gestorben. Als sie wieder geheiratet hatte, war der neue Papi sehr lieb zu Gisela gewesen. Nach Mutters Tod war er der Schnapspeter geworden ...

Die Geburtstagsohrfeige tat Gisela mehr weh als alle Schimpfwörter, die ihr der Stiefvater gesagt hatte. Sie lief zum Pfarrer in die nahe Stadt. Ihm vertraute sie.

Er hörte sie an und meinte: „Vielleicht kann ich dich im Kinderdorf in Imst unterbringen. Aber jetzt laß dich von meiner Haushälterin ein bisserl verwöhnen!"

Es klappte. Der Stiefvater war froh, „das faule, nichtsnutzige Ding" loszuwerden. Gisela wurde im SOS-Kinderdorf Imst aufgenommen. – Sie kam in eine richtige Familie. Daß die Kinder nicht miteinander verwandt waren, machte nichts aus. Es gab eine Mutter, die sich um alle kümmerte.

Das jüngste Kind war zwei, das älteste zwölf Jahre alt. Bald fühlte sich Gisela zu Hause. Schön war auch, daß die Kinder nicht dauernd brav waren. Die Familienmütter mußten manchmal dazwischenfahren.

Die Kinder aus dem Kinderdorf gingen mit den Stadtkindern zusammen in die Schule. Auch da gab es Reibereien – und Freundschaften. Für Gisela wurde es ein neues, schönes Leben.

Nach der Schulzeit machte sie eine Schneiderinnenlehre und wurde Meisterin.

1949 gründete Hermann Gmeiner das erste SOS-Kinderdorf in der Stadt Imst in Tirol. Hier gab er verwaisten und verlassenen Kindern ein Zuhause. Heute gibt es 310 SOS-Kinderdörfer in der ganzen Welt. Sie sind auf Spenden angewiesen. Jede Mark hilft einem Kind aus der Not.

Der Barmherzige

Ein Mann ging auf der Landstraße gemütlich dahin. In einer gefährlichen Kurve streifte ihn ein Motorradfahrer. Schwer verletzt flog der Mann in den Straßengraben. Der Motorradfahrer raste weiter.

Kurz darauf kam ein Autofahrer vorbei. Er sah den Verletzten und dachte: Wenn ich ihn mitnehme, macht er mir die Sitzpolster blutig. Er zuckte die Achseln und fuhr davon.

Dann kam ein Lastwagenfahrer, sah den Verunglückten und dachte: Wenn ich ihn in ein Krankenhaus bringe, verliere ich viel Zeit, und mein Chef wird wütend. Er gab Gas und fuhr weiter.

Da kam ein Bauer mit einem Pferdefuhrwerk. Er sah den Verletzten, verband ihn notdürftig und brachte ihn ins Krankenhaus.

Der Verunglückte wurde geheilt – und drei Männer lebten mit schlechtem Gewissen.

Nach der Bibelgeschichte „Der barmherzige Samariter"
in unsere Zeit übertragen

Der größte Nothelfer

Dunja war mit ihrer Mutter nach Deutschland geflohen. In ihrer Heimat tobte der Krieg. Dunjas Vater war vermißt. Niemand wußte, ob er noch lebte. Dunja sprach kein gutes Deutsch. Wenn Deutsche darüber kicherten, war sie traurig und hatte Heimweh.

Eines Tages unterhielt sich die Lehrerin mit den Mädchen über Helfer in der Not. „Wer ist wohl der größte?" fragte sie. Wie erwartet, antworteten die meisten: „Der liebe Gott." Dunja zuckte die Achseln.

„Meinst du jemand anderen?" fragte die Lehrerin.

„Für mich wär' größte Helfer in alle' Not, wer abschafft Krieg in ganze' Welt", antwortete Dunja. Sie zeigte ihre linke Hand, von der Granatsplitter zwei Finger abgerissen hatten. Da war es ganz still in der Klasse, und niemand lachte über Dunjas komisches Deutsch.

Heute wird gefeiert

Speckknödel

An ihrem achten Geburtstag wollte Sonja ihre sieben Freundinnen mit selbstgekochten Speckknödeln überraschen. „Zeigst du mir, wie ich sie machen muß, Mutti?" fragte sie.

„Gern", sagte die Mutter. „Ich kochte sie das erstemal, als ich sieben Jahre alt war. Morgen zeige ich es dir." Sonja freute sich mächtig. Am nächsten Mittag kochte Mutter acht Speckknödel für vier Personen. Sonja sah zu. „Für deinen Geburtstag nimmst du die doppelte Menge der Zutaten", sagte die Mutter. Für vier Personen nahm sie 6 trockene Brötchen, 1/4 Liter Milch, 3 Eier, 100 Gramm Speck, 150 Gramm geräucherte Wurst, 30 Gramm Butter, 1 Zwiebel, 3 Eßlöffel Mehl, etwas Salz, Petersilie, Schnittlauch und viel klare Brühe. Sie schnitt die Brötchen in Würfel, verquirlte die Milch mit den Eiern, goß sie über die Brötchenwürfel und ließ sie eine halbe Stunde lang durchweichen. Inzwischen schnitt sie auch den Speck in kleine Würfel und ließ ihn ausbraten.

Dann gab sie die feingeschnittene Räucherwurst dazu und röstete alles knusprig an. Noch kürzer röstete sie die würfelig geschnittene Zwiebel in der Butter und rührte wieder um. – Jetzt vermischte sie Speck und Wurst mit den eingeweichten Brötchenwürfeln und gab etwas Salz, feingehackte Petersilie und gehackten Schnittlauch dazu. Mit dem Kochlöffel mengte sie alles zu einer festen Masse zusammen. – Dann tauchte sie die Hände in kaltes Wasser und formte acht Knödel. Sieben legte sie auf das Nudelbrett, den achten in die leicht kochende Fleischbrühe.

Nach zehn Minuten nahm sie den „Probeknödel" heraus und schnitt ihn auf. „Er ist außen glatt und innen locker", sagte sie. „Das ist gut. Wenn er zu weich ist, streust du auf die Knödel noch etwas Mehl, knetest sie noch einmal, und gibst sie in die Brühe."

An Sonjas achtem Geburtstag bekam jede Freundin einen Speckknödel auf gekochtem Sauerkraut. Alle ließen es sich schmecken ...

Acht Knödel waren Sonja gelungen, die anderen acht in der Brühe zu Brei zerkocht.

Den verzehrte Nachbars Schwein Jolanthe. Es schmatzte vor Wonne.

Der 80. Geburtstag

Uroma Hansen war achtzig Jahre alt geworden. Zu ihrem Geburtstag waren ihre Söhne und Töchter, Enkel und Enkelinnen, Urenkelinnen und Urenkel gekommen.

Ihr jüngster Urenkel, der vierjährige Thomas, sollte ein Gedicht aufsagen. Vati und Mutti hatten es mit ihm eingeübt.

Jetzt machten ihn die vielen Leute nervös. Als er vor der Uroma stand, wurde ihm ganz mulmig. „Liebe – liebe Uroma", stotterte er. „Zum – zum Geburtags..."

Dann wußte er nicht weiter. Mutti sagte es ihm: „Zum Geburtstagsfeste wünsch' ich dir das Allerbeste." „... wünsch' ich dir das ..." wiederholte Thomas und blieb abermals stecken.

Da brummelte er: „Blödes Gedicht", ging ganz nahe zur Uroma hin und flüsterte ihr ins Ohr: „Ich hab' dich lieb."

„Danke schön, Thomas", sagte die Uroma. „Du hast mir ein sehr schönes Geschenk gemacht."

Das Heimatfest

Die Stadt Rummelhausen war zweitausend Jahre alt geworden; und die Rummelhausener beschlossen, ein Heimatfest zu feiern. Der Höhepunkt sollte ein Festzug mit Germanen, Römern, Rittern und Landsknechten sein. Das Fernsehen hatte sich angemeldet.

Am meisten freuten sich die Kinder, die kleine Germanen, kleine Römer, mittelalterliche Ritter- und Bauernkinder und verwahrloste Bengel aus dem Dreißigjährigen Krieg spielen durften ...

Eine Viertelstunde vor dem Abmarsch sollten sich alle Festzugsteilnehmer auf dem Sportplatz vor der Stadt versammeln. Bequeme fuhren mit Fahrrädern, auf Motorrädern oder im Auto hin. Die Fernsehleute filmten sie ...

In der Sendung waren dann strampelnde und motorisierte Landsknechte, Ritter, Römer und Germanen zu sehen. Die Zuschauer lachten darüber.

Die Rummelhausener regten sich nicht auf. Vom Fernsehen hatten sie eine hübsche Geldsumme zum Ausbau ihres Kindergartens erhalten.

Mutti ist wieder da

Nach drei Wochen war Mutti aus dem Krankenhaus zurückgekommen. Vati und die acht Jahre alten Zwillinge Karin und Karolin machten die Heimkehr zum Fest.

Für Mutti hatte Tante Hilde den Haushalt geführt. Sie war Vatis älteste Schwester und nicht verheiratet.

Jetzt standen auf allen Tischen Vasen mit Blumen darin, und über der Haustür hing ein Spruchband mit der Aufschrift
HERZLICH WILLKOMMEN!

Mutti war gerührt und bedankte sich mit Küßchen. „Bist du zurechtgekommen, Hilde?" erkundigte sie sich.

„Einigermaßen", antwortete die Tante. „Schön, daß ich morgen nach Hause fahren darf. Dort gibt's im Garten viel zu tun."

„Euch hat es bei Tante Hilde sicher gut gefallen", sagte Mutti zu den Zwillingen.

Sie nickten widerwillig

Als die Tante am nächsten Morgen weggefahren war, fragte Mutti die Zwillinge: „Wie war's denn nun wirklich?"

„Nicht so schön wie bei dir, Mutti", gestand Karin. „Tante Hilde hat nur Ordnung im Kopf. Wenn wir unsere Kleider bloß mal nur so auf die Stühle geworfen hatten, mußten wir sie sofort auf die Bügel hängen. Und das Waschbecken mußten wir auswischen und unsere Schuhe selber putzen."

„Beim Geschirrspülen mußten wir mithelfen", beklagte sich Karolin. „Und ..."

Mutti winkte ab. „Schon gut. Mir wär's recht, wenn es so weiterginge. Ein wenig mehr Hilfe als bisher könnte ich brauchen." Sie wandte sich an Vati: „Und du?"

„Mir hat sie das Rauchen im Hause verboten", brummte er ärgerlich. „Der Zigarettenqualm schade nicht nur mir, schimpfte sie, sondern auch denen, die ihn einatmen. Und meine Wäsche, Krawatten und Anzüge mußte ich mir selbst aus dem Schrank nehmen."

„Ist es dir schwergefallen?" fragte Mutti. „Aber nein", antwortete Vati verlegen. „Und vielleicht bleib' ich dabei."

An diesem Abend flüsterte Mutti vor dem Einschlafen: „Danke, Hilde, danke schön."

184

Die Kaiserlein

Vor fünfhundert Jahren war Kaiser Friedrich III. nach Nürnberg gekommen. Da wohnte er in der Burg hoch über der Stadt.

Als er einmal auf Nürnberg hinunterblickte, kamen Kinder in den Burghof und sangen ihm unter der Leitung ihres Singmeisters lustige Lieder vor.

Das freute den Kaiser so sehr, daß er an alle Nürnberger Jungen und Mädchen Lebkuchen verteilen ließ. Die runden Küchlein trugen das Bild des Kaisers, der auf seinem Thron saß. Das war ein Festtag für die Kinder!

Die Lebkuchen mit dem Kaiser darauf wurden „Kaiserlein" genannt.

Eine andere Geschichte erzählt, daß der Kaiser jedem der viertausend Kinder, die ihm Lieder gesungen hatten, ein Goldstück geben ließ.

Hinterher hätten es ihnen die Ratsherren wieder abnehmen lassen und in die Stadtkasse eingezahlt. (Mir gefällt die Geschichte von den Kaiserlein besser.)

Ein Fest für Peter

Peter ist ein ganz lieber Kater, schwarz-braun-gelb gefleckt mit einer lustigen weißen Schwanzspitze. Er ist zwei Jahre und drei Monate alt und hat immer Appetit.

Ganz besonders mag er Katzenleckerli mit Fischgeschmack, lauwarme Milch und Schlagsahne.

Wenn er etwas Appetitliches erschnuppert hat, ist es ihm gleich, ob es ihm oder jemand anderem gehört. Er läßt es sich schmecken ...

Da wollte die kleine Andrea ihre Mutti zum Muttertag mit selbstgeschlagener Sahne auf dem Muttertagskuchen überraschen. – Mhmmmm, das würde schmecken!

Andrea setzte sich in die Küche und schlug süßen Rahm zu Sahne. Ausgerechnet jetzt kam ihre beste Freundin Bärbel zu Besuch.

Die Mädchen setzten sich in Andreas Zimmer und plauderten miteinander.

Die Sahne in der Küche wurde zum Festschmaus für Kater Peter.

Lang solln sie leben!

Bärbel und Bettina verbrachten die Pfingstferien auf einem Bauernhof am See. Leider ging die schöne Zeit schon zu Ende. Peter, der Sohn des Bauern, ruderte sie zum letzten Mal auf den See hinaus.

„Heee!" rief Bärbel und wies zum Ufer. „Dort wirft ein Mann eine Tüte ins Wasser! Und in der Tüte zappelt es!"

„Das ist der Huber Ignaz", sagte Peter. „Er schmeißt die Frühlingskätzchen ins Wasser. Seine Mimi hat ihm zu viele geworfen. Da ersäuft er die überflüssigen."

„Das ist gemein!" rief Bärbel.

„Fahr hin, Peter!" fauchte Bettina.

Kurz darauf holte sie die mit Steinen beschwerte Plastiktüte aus dem Wasser. Die drei Kätzchen zappelten noch ...

Vierzehn Tage später feierten Bärbel und Bettina die Rettung der Kätzchen. Die hatten sich bestens erholt und waren bei Bärbels und Bettinas Oma gut aufgehoben.

„Lang solln sie leben!" sangen die Mädchen.

Kommst du mit?

An einem nebligen Herbsttag ritt ein entlassener Soldat auf einem Maultier über das Gebirge. Da erschien ihm ein riesiger Geist mit feurigen Augen und flammendem Haar.

„Ich habe ein Söhnchen bekommen!" rief er mit Donnerstimme. „Das wird gefeiert! Kommst du mit?"

Der entlassene Soldat trieb sein Maultier an und galoppierte davon. – Auch ein Räuber, dem der Geist erschien, ergriff die Flucht.

Da kam ein Hirtenbüblein vorbei. Es suchte ein Lämmchen, das sich verlaufen hatte.

Der Geist erzählte ihm von seinem Söhnchen und fragte: „Kommst du mit?"

„Gern", antwortete das Hirtenbüblein, „wenn du mir das Lämmchen zurückbringst." Das versprach der Geist; und das Hirtenbüblein feierte mit den Geistern ein Fest ...

Als es erwachte, lag es auf einer Bergwiese. Das entlaufene Lämmchen stand bei ihm, und neben ihm lagen drei Goldstücke.

Einer spanischen Sage nacherzählt

Muttertag bei Billermanns

Zur Familie Billermann gehörten Vater, Mutter und die Kinder Astrid, Benno, Christine und Dieter. Astrid war zwölf Jahre alt, die anderen Kinder jeweils ein Jahr und einige Monate jünger. – Zum Muttertag hatten sich die Billermänner etwas Besonderes ausgedacht ...

Als Mutter das Frühstück machen wollte, war es schon zubereitet. Auf dem Tisch stand eine Vase mit Blumen darin. Darunter lag eine Glückwunschkarte. Darauf stand: „Liebe Mutti, wir danken Dir. Und weil es doof ist, den Muttis nur einmal im Jahr etwas zum Muttertag zu schenken, haben wir uns etwas anderes ausgedacht:

Astrid putzt jede Woche einmal die Schuhe. Benno hilft dir alle vierzehn Tage beim Geschirrspülen. Christine und Dieter bringen die Küchenabfälle weg. Und Vati geht mit Dir viermal aus – ins Theater, oder wohin Du sonst willst."

Mutter bedankte sich herzlich. Sie sind lieb, dachte sie, auch wenn sie nur das halbe Versprechen halten werden.

Seid ihr alle da?

Die Zwillinge Andreas und Andrea waren acht Jahre alt geworden und feierten ihren zweiten Geburtstag.

Das gibt es nicht, meinst du? – Doch, das gibt es. Andreas und Andrea waren am 29. Februar geboren. Und den 29. Februar gibt es nur alle vier Jahre.

Zum Geburtstag schenkten ihnen Vati und Mutti ein Kasperltheater mit wunderschönen Handpuppen. Der Kasperl Larifari und seine Gretel waren dabei, der Teufel, ein Polizist, ein Jäger, ein Räuber, ein Bauersmann und ein Krokodil.

Andreas und Andrea waren begeistert. So ein Kasperltheater hatten sie sich schon lange gewünscht. Zur ersten Vorstellung luden sie Freundinnen und Freunde ein. Alle warteten gespannt.

Dann ging der kleine Vorhang auf, und der Kasperl fragte: „Seid ihr alle da?"

„Jaaa!" riefen die Kinder.

Kasperltheater

Schnitzel mit Bratkartoffeln

Der Kasperl Larifari hatte riesengroßen Hunger und keinen Pfennig Geld in der Tasche. Zum Arbeiten, um Geld zu verdienen, hatte er keine Lust.

Da sagte er zu seiner Gretel: „Sieh zu, daß du Geld verdienst, damit du mir etwas Gutes kochen kannst. Am liebsten esse ich zuerst eine Leberknödelsuppe, dann ein Wiener Schnitzel mit Bratkartoffeln und als Nachspeise ein Himbeereis mit Schokosahne."

Seine Gretel stemmte die Fäuste in die Hüften und sagte streng. „Warum hab' ich bloß dich Taugenichts geheiratet! Den ganzen Tag über prügelst du dich mit dem Teufel und dem Krokodil herum, als ob das was wäre! Was kriegst du denn dafür?"

„Blaue Flecken" antwortete der Kasperl, „aber sie zeigen, wie tapfer ich bin!"

„Und wer bezahlt dich für deine Tapferkeit?" spottete Gretel.

„Na, hör mal!" rief der Kasperl empört. „Wer tapfer kämpft, denkt nicht an Geld!"

„Aber ans Essen" schimpfte die Gretel. „Und ohne Geld krieg' ich keine Leber für die Suppe, kein Fleisch für das Schnitzel und kein Eis für den Nachtisch. –

Der Kasperl verzog das Gesicht, kratzte sich hinter den Ohren und murmelte: „Ja dann – dann helf' ich vielleicht doch dem Obsthändler Obermaier beim Bananenabladen. Er bezahlt dafür."–

„Tu das!" sagte die Gretel.

Und als ihr der Kasperl das Geld brachte, bekam er die Leberknödelsuppe, das Wiener Schnitzel und das Himbeereis mit Schokosahne.

Der Kasperl angelt

Der Teufel und das Krokodil sind die größten Feinde des Kasperls Larifari. Weil er sie immer wieder besiegt, sind sie besonders böse auf ihn.

Eines Abends ging der Kasperl an den Fluß zum Angeln. Der Teufel versteckte sich im Ufergestrüpp, das Krokodil lauerte im Wasser und scheuchte alle Fische davon.

Der Kasperl zog nur den schmutzigen Lappen an Land, den der Teufel in den Fluß geworfen hatte. „Besser als nichts", meinte der Kasperl und nahm den Lappen mit nach Hause.

„Den mach' ich sauber", sagte Gretel. „Dann verkaufst du ihn der Nachbarin. Die braucht einen Putzlappen ..."

Als der Teufel erfuhr, daß der Kasperl Geld für den Lappen bekommen hatte, raufte er sich drei Büschel Haare aus. Das Krokodil biß sich vor Wut in den Schwanz, und der Kasperl sang: „Tri-tra-tra-lala, tra-lalala – laaa!"

Hü, Teufel, hüüü!

Mit seinem Knotenstock hatte Kasperl Larifari den Teufel schon oft in die Flucht geschlagen. Diesen Stock hätte ihm der Satan gar zu gerne abgenommen. An einem stürmischen Nachmittag versuchte er es mit einer List.

Der Kasperl und seine Gretel spielten „Mensch ärgere dich nicht!", als ein Bettler in einem völlig durchnäßten Kapuzenmantel ans Fenster klopfte. Der Kasperl führte ihn in die Stube und sagte: „Gib mir deinen Mantel, alter Mann. Ich häng' ihn zum Trocknen auf."

„Nein, nein!" rief der Bettler, und der Kasperl erkannte ihn an der Stimme. Er riß dem Alten die Kapuze vom Kopf, und siehe da: Der angebliche Bettler hatte zwei Hörner auf der Stirn. „Der Teufel!" schrie Gretel. Kasperl Larifari ergriff seinen Stock und sprang dem Satan ins Genick. „Hü, Teufel, hüüü!" rief er und ließ den Bösen eine halbe Stunde lang wie ein Reitpferd durch den Regen galoppieren ...

Als er zurückkam, hatte Gretel Kakao gekocht, und der Teufel hinkte in die Hölle zurück.

Kartoffeldampf in Kasperls Nase

Kasperl Larifaris große Spürnase war drei Monate lang verstopft gewesen. Nicht einmal Doktor Schnauferich hatte helfen können. Da sagte Kasperls Gretel: „Meine Mutter machte verstopfte Nasen mit Kartoffeldampf frei. Warum ist mir das nicht früher eingefallen?" Sie kochte Kartoffeln, bis der Dampf aufstieg. Dann mußte sich der Kasperl über den Dampftopf beugen, und Gretel warf ihm ein Tuch über den Kopf. „Tüchtig einatmen!" befahl sie.

Nach einer halben Stunde war die Nase frei. „Juhuuu!" jubelte der Kasperl und lief aus dem Haus, um die geheilte Nase auszuprobieren.

Er rannte auf einen Hügel – und zuckte zusammen. „Ei, ei, ei und noch ein Ei", murmelte er. „Da stinkt es von rechts nach Pech und Schwefel, von links nach fauligem Schlamm. Das können nur der Teufel und das Krokodil sein." Die geheilte Nase hatte ihn gewarnt. Er entdeckte den Teufel, der sich rechts hinter einem Dornstrauch versteckt hielt, links das Krokodil, das in einer Regenpfütze lauerte. Kasperl Larifari packte seinen Stock fester.

Der Teufel stieß einen Pfiff aus und sprang in hohem Bogen aus den Dornen heraus. Von links hechtete das Krokodil heran.

Der Kasperl warf sich zu Boden. Die Angreifer flogen über ihn hinweg. Der Teufel landete im aufgerissenen Rachen des Krokodils. Dicht vor dem Kasperl plumpsten sie zu Boden. Wütend versuchte sich der Satan aus dem Krokodilsrachen zu befreien; und das Krokodil hätte ihn gerne ausgespuckt, weil der Teufel unverdaulich ist.

Der Kasperl sprang auf und versohlte zuerst den Teufel, dann das Krokodil mit seinem Stock. Sie kamen erst voneinander los, als Larifari längst verschwunden war …

Der Kasperl baute seiner Gretel ein Denkmal. Darauf sitzt sie mit einem dampfenden Kartoffeltopf in den Händen.

Danke schön, Gretel
steht auf dem Sockel.

Um dieses Denkmal schlagen der Teufel und das Krokodil einen weiten Bogen.

Wünsch dir was!

An einem schönen Sommertag ging Kasperl Larifari im Wald spazieren. Da hörte er ein piepsendes Stimmchen um Hilfe rufen. Er eilte darauf zu und sah eine kleine Elfe in einem Spinnennetz zappeln. Sie war kaum größer als ein Schmetterling und hatte ein zartes Menschengesichtlein. „Hilf mir", jammerte sie. Der Kasperl sah, daß eine dicke Spinne in einer Ecke des Netzes lauerte. Er zerriß die Fäden und befreite die Elfe.

„Danke schön!" flüsterte sie. „Ich bin die jüngste Tochter der Elfenkönigin und erfülle dir einen Wunsch."

Aus dem nahen Dorf klang Kinderlärm herüber. „Ja!" rief der Kasperl laut. „Dann wünsch' ich mir, daß Jungen und Mädchen fröhlich sind, wenn sie mich sehen!"

„So soll es sein", sagte die kleine Elfe ...

Seither jubeln alle Kinder dem Kasperl Larifari im Kasperltheater zu.

Der Hexenmeister Fitzliputz

Als der Hexenmeister Fitzliputz wieder einmal in seinem Zauberbuch las, kam der Teufel zu ihm und sagte: „Hex mir den Kasperl ein Jahr lang weg!"

Der Hexenmeister verkleidete sich als alte Frau und ging zum Kasperl. Der war allein zu Hause. „Ich habe wunderschöne Birnen", sagte die alte Frau, nahm die größte aus ihrem Korb und hielt sie dem Kasperl hin. Der Kasperl griff nach seinem Stock und befahl:

„Beiß du zuerst hinein, Mütterchen!"

Der Hexenmeister gehorchte zitternd – und wurde ein Maulwurf, der in der Erde verschwand. „Eine verhexte Birne", murmelte der Kasperl. Dann rief er in das Maulwurfsloch: „Was du nicht willst, das man dir tu', das füg auch keinem andern zu!"

Und der Hexenmeister buddelte ein Jahr lang als Maulwurf herum.

Kasperls Gretel ist verschwunden

Der Kasperl Larifari sah fleißigen Ameisen zu. Anderen bei der Arbeit zuzusehen, machte ihm Freude. – Als er dann heimkam, erschrak er. Auf dem Tisch lag ein Zettel. Darauf stand:

Ich hab' Deine Gretel entführt!
Du kriegst sie wieder, wenn Du mir in zehn Säcke Kartoffeln schälst! Wenn Du das tun willst, steck eine weiße Fahne auf Dein Hausdach, sonst siehst Du Deine Gretel nie wieder!!!
Das schreibt Dir der Räuberhauptmann Hurraxdax.

„O Gretel", jammerte der Kasperl, „meine liebe, arme Gretel! Wer soll mir jetzt das Essen kochen und die Wäsche waschen!" – Dann machte er plötzlich einen Luftsprung. „Hurra, ich hab's!" rief er fröhlich. Er stieg auf das Dach, schwenkte ein weißes Handtuch und rief zum Waldrand hinüber: „Hee, Hurraxdax! Ich bin einverstanden! Komm morgen abend mit meiner Gretel und zehn Kartoffelsäcken zu mir; dann kannst du die geschälten Kartoffeln mitnehmen!" – „Keine Polizei!" rief es vom Waldrand zurück. „Keine Polizei!" bestätigte ihm Kasperl ...

Am nächsten Abend fuhr ein Lastwagen vor. Am Lenkrad saß Räuberhauptmann Hurraxdax, neben ihm die Gretel. Auf der Ladefläche hockten zehn Räuber mit leeren Kartoffelsäcken.

Der Kasperl saß auf dem Hausdach. „Wenn meine Gretel frei ist, kriegt ihr die Kartoffeln!" rief er den Räubern zu. Der Räuberhauptmann ließ Gretel frei. Sie huschte ins Haus.

„Jetzt die Kartoffeln!" rief Hurraxdax. Die Räuber auf der Ladefläche hielten die Säcke auf. In jeden Sack warf Kasperl eine geschälte Kartoffel hinein. „Willst du mich zum Narren halten?!" brüllte der Räuberhauptmann.

„Aber nein", antwortete der Kasperl. „Ich habe in jeden deiner zehn Säcke eine geschälte Kartoffel geworfen. Das genügt. Wie viele Kartoffeln ich in jeden Sack geben sollte, hast du mir nicht gesagt. Wenn du jetzt Krach machst, ruf' ich die Polizei."

„Wir fahren ab!" brüllte Hurraxdax seinen Räubern zu und schämte sich, daß er auf Kasperls List hereingefallen war.

Kasperl und der Polizist

Es gibt gute und schlechte Polizisten, schlechte zum Glück nur wenige. Adam Roßkopf war ein schlechter Polizist. Er ließ Spitzbuben frei, wenn sie ihm Geld gaben. Einmal ertappte er auch Kasperl Larifari.

Der Kasperl hatte im Wald Pilze gesammelt. Da verhaftete ihn Adam Roßkopf. „Hier ist Pilzesammeln verboten", sagte er. „Wenn du mir zwei Taler bezahlst, will ich nichts gesehen haben."

Der Kasperl guckte nach oben und rief: „Uiii! Im Wipfel dieser Eiche ist ein Vogelnest mit drei ganz großen Eiern darin! Mhmmmm, die würden schmecken!" – Der Polizist sah ebenfalls nach oben, entdeckte aber kein Nest. „Steig hinauf, dann siehst du es", sagte der Kasperl. „Dein Gewehr und deinen Säbel kannst du bei mir lassen, ich werde sie bewachen."

Der Polizist legte die Waffen ab, kletterte auf den Baum – und fand kein Nest. Als er wieder herunterkam, war der Kasperl mit dem Gewehr und dem Säbel verschwunden.

Blumenkohl für Teufels Oma

Die Großmutter des Teufels hatte Appetit auf den Blumenkohl, der im Garten von Kasperls Gretel wuchs. „Bring ihn mir", sagte sie zum Teufel, „aber laß dich nicht wieder vom Kasperl verhauen. Nimm den Zerberus mit." (Zerberus ist der Höllenhund.)

In der Nacht schlichen die beiden auf Gretels Garten zu. Als sie über den Zaun kletterten, erwachte der Kasperl. Der Geruch von höllischem Pech und Schwefel hatte ihn aufgeweckt. Hoppla, dachte er, das ist doch nicht der Teufel allein. Da ist der Zerberus dabei!

Hastig tauchte er einen dicken Pappestreifen in zähen Klebstoff, packte seinen Knotenstock und lief ins Freie.

Dort warf er dem Höllenhund den Klebestreifen in den Rachen. Zerberus schnappte zu – und bekam die Zähne nicht mehr auseinander.

Der Kasperl vertrimmte die höllischen Bösewichter und jagte sie davon. – Teufels Oma mußte auf den Blumenkohl verzichten ...

Aus Kasperls Klebepappe wurde der Kaugummi.

Der Kasperl überlistet zwei Halunken

Kasperls Gretel hatte einen kleinen Acker geerbt. „Grab ihn um, damit wir ihn bebauen können", sagte sie zum Kasperl. Seufzend ging er zum Feld hinaus. Dort erwartete ihn der Teufel. „Wenn du mir von der Ernte gibst, was unter der Erde gewachsen ist, grab' ich den Acker um", sagte er. Dabei schielte er zum Nachbarfeld hinüber. Dort spitzten Kartoffelpflänzchen aus dem Boden. „Einverstanden", sagte der Kasperl, und im Nu war der Acker umgegraben ...

Zur Erntezeit machte der Teufel ein dummes Gesicht. Der Kasperl hatte Weizen gesät. Ihm gehörten jetzt die prallen Ähren über der Erde, dem geprellten Teufel die Wurzeln im Boden ...

Wütend erzählte es der Satan dem Hexenmeister Fitzliputz. „Ich mache es besser", versprach dieser, ging zum Kasperl und sagte: „Wenn du mir von der nächsten Ernte gibst, was über der Erde gewachsen ist, grab' ich dein Feld um." Der Kasperl nickte, und Fitzliputz schuftete ...

Diesmal erntete der Kasperl Kartoffeln. Dem Hexenmeister blieb das dürre Kraut. – Dann verkaufte die Gretel den Acker.

Der Kampf mit dem Riesen

Kasperl Larifari ging durch einen dunklen Wald. Da ließen schwere Tritte den Boden erzittern. „Gut, daß du da bist, Larifari! dröhnte eine tiefe Stimme. „Du bist zwar ein Winzling, doch besser als nichts! Ich hab' noch nicht gefrühstückt!"

Eine Riesenhand griff nach dem Kasperl, und er erkannte den Riesen Großmaul, der sieben Meter hoch und ein Allesfresser war.

Der Kasperl hieb mit seinem Knotenstock auf die Pranke des Unholds. Der zerknickte den Stecken wie ein Streichholz. Dann drückte er zu. Der Kasperl biß ihn in den Daumen – und erwachte. Da saß er zu Hause im Lehnstuhl und hatte geträumt.

„Ach was", meinte er, „das Großmaul hätt' ich auch besiegt. Der Kasperl kann doch nicht untergeh'n!"

„Bestimmt nicht", sagte seine Gretel.

Kasperl und der Wassermann

„Diesmal soll es dem Kasperl an den Kragen gehen", sagte der Teufel zum Krokodil. „Ich hetze den Wassermann auf ihn!" – Am nächsten Morgen lag ein Brief vor Kasperls Haustür. Darin stand: „Lieber Kasperl, ich bin Prinzessin Rosenrot. Der böse Wassermann hält mich im See gefangen. Befrei mich bitte!"

„Das Papier riecht nach Teufel", sagte der Kasperl zu seiner Gretel. „Er soll sich wundern!" Am nächsten Morgen ging er zum See. Ein Boot lag am Ufer. Der Kasperl entdeckte den Teufel im Schilf, sprang hinein und schlug ihm mit dem Stock ein Horn ab. Heulend fuhr der Satan zur Hölle. – Der Kasperl stieg ins Boot und schlug schon wieder zu; diesmal auf die Nase des Krokodils, das unter dem Kahn gelauert hatte.

Als das der Wassermann sah, verbuddelte er sich im Schlamm ...

Die Prinzessin hätte der Kasperl nicht befreien müssen. Sie lag im Schloß ihres Vaters und hatte die Masern.

Der Held

Kasperl Larifari lag vor seinem Häuschen im Gras und ließ sich von der Sonne wärmen. „Ich habe einen schweren Vormittag hinter mir und Ruhe verdient", sagte er zu sich selbst. „Ich habe den Teufel verjagt, das Krokodil vertrimmt und dem Hexenmeister Fitzliputz die Zunge rausgestreckt. Ich bin dem Räuberhauptmann Hurraxdax auf das linke Hühnerauge gestiegen und hab' dem Wassermann in seinen See gespuckt. Ich fürchte mich vor niemandem. Ich bin ein Held!"

Da kam seine Gretel aus dem Haus. „Faulenzt du schon wieder?" fuhr sie Kasperl an. „Wie oft soll ich dir noch sagen, daß du den Rasen mähen sollst?! Los, an die Arbeit! Oder muß ich mit dem Besen nachhelfen?!"

Der Kasperl sprang auf. „Keinen Besen, liebste Gretel!" rief er erschrocken. „Ich lauf' ja schon!"

Kurz darauf schnurrte der Rasenmäher.

Pülverchen für Hurraxdax

Eines Tages baten Bauern den Kasperl um Hilfe. „Der Räuberhauptmann Hurraxdax und seine Banditen drohen unser Dorf niederzubrennen, wenn wir ihnen nicht unser Geld, unser Vieh, unser Getreide und unsere Kartoffeln abliefern", erzählten sie. „Bis zum Montag abend sollen wir alles bereitstellen. Wir sind friedliche Leute und verstehen nicht zu kämpfen. Unser Dorf liegt dicht am Wald. Da können die Räuber plötzlich auftauchen und ebenso rasch verschwinden. Die Polizei hat noch keinen von ihnen gefaßt."

„Mit Hurraxdax nehm' ich es auf", sagte der Kasperl. „Besorgt Totenkopfmasken, und streicht sie mit Leuchtfarbe an. Ich kümmere mich um Pülverchen für Hurraxdax und seine Strolche. Am Sonntag komme ich zu euch."

Am Sonntag abend kam er mit seiner Gretel in das Bauerndorf. Sie schleppten pralle Rucksäcke. Darin waren mit Nies- und Juckpulver gefüllte Tüten. Der Kasperl erklärte seinen Plan, und die Bauern waren begeistert ...

Am Montag abend, als es schon dunkel wurde, schlich Hurraxdax mit zwanzig Räubern heran. Noch bevor sie den Waldrand erreichten, erschraken sie. Aus den Baumwipfeln schoben sich leuchtende Schädel vor, die schreckliche Drohungen murmelten. Es waren der Kasperl und die Bauern, die sich die schimmernden Totenmasken aufgesetzt hatten und auf die Bäume gestiegen waren.

Bevor sich die Räuber von ihrem Schreck erholten, fiel weißer Staub auf sie nieder. Das Niespulver reizte die Nasen, das Juckpulver Gesichter, Hände und schließlich den ganzen Körper. Die Räuber niesten und kratzten sich, hüpften umher, wälzten sich am Boden und rieben sich an Baumstämmen.

„Verschwindet, und kommt nie wieder!" rief der Kasperl mit verstellter Stimme. „Jedem von euch, der sich hier noch einmal blicken läßt, drehen wir die Nase ins Genick!"

Die Räuber flohen in den Wald hinein. Am schnellsten rannte Hauptmann Hurraxdax. Den Kasperl und seine Gretel belohnten die Bauersleute mit Würsten, Speck und Kartoffeln für den Winter.

Was Großmutter erzählte

Ein Bettler, dem es sehr schlechtging, klagte dem Kasperl sein Leid. Da sagte der Kasperl: „Ich werde dir meine Abenteuer erzählen. Hör gut zu, damit du sie nachspielen kannst!"

„Wieso nachspielen?" fragte der Bettler. „Hör zu", sagte der Kasperl noch einmal. Dann erzählte er seine Erlebnisse mit dem Teufel, dem Krokodil, dem Hexenmeister Fitzliputz, dem Räuberhauptmann Hurraxdax, dem Polizisten Roßkopf und dem Riesen Großmaul. Zum Schluß sagte er zu dem Bettler: „Mach Puppen aus uns! Schnitz unsere Köpfe aus Holz, höhle sie aus und bemale sie. An den Köpfen befestigst du Hängekleidchen mit zwei Ärmeln daran. In die Ärmel steckst du Daumen und Mittelfinger, in den Kopf den Zeigefinger hinein. So kannst du die Handpuppen bewegen. Dann baust du eine kleine Bühne. Damit ziehst du im Lande umher und spielst den Kindern Kasperls Abenteuer vor. Jedes Kind wird dir gern ein paar Groschen bezahlen."

So entstand das Kasperltheater. Alle Kinder waren begeistert – und sind es heute noch.

Gretel hilft ihrem Kasperl

Der Teufel, das Krokodil, der Hexenmeister Fitzliputz und der Räuberhauptmann Hurraxdax beschlossen, den Kasperl gemeinsam zu überfallen. „Am besten an seinem Geburtstag", sagte der Teufel. „Da paßt er bestimmt nicht so gut auf wie sonst. Und gegen uns vier zusammen kommt er nicht an."

Am Geburtstag schlichen sie zum Kasperlhaus und spähten durch ein Fenster. Sie sahen den Kasperl mit seiner Gretel am Tisch sitzen, Kakao trinken und Torte essen. „Los!" befahl der Teufel und sprang durch die Glasscheibe, daß sie in hundert Scherben zersplitterte. Das Krokodil, der Hexenmeister und der Räuberhauptmann hechteten ihm nach. „Ergib dich!" brüllte der Teufel.

„Denkste!" rief der Kasperl und packte seinen Knotenstock. Gretel griff nach ihrem Besen. Bevor sich's die Halunken versahen, waren sie aus dem Haus geprügelt und humpelten davon ...

Kasperl und seine Gretel setzten sich wieder an den Tisch, aßen Torte und tranken Kakao.

Im Zirkus

Peppo und Bubbo

Der Wanderzirkus war klein, die Clowns waren ganz groß. Über ihre Späße lachten alle Kinder.

Die Nachmittagsvorstellung war ausverkauft. Einige Jungen und Mädchen, die die Clowns schon einmal oder gar zweimal gesehen hatten, waren wiedergekommen.

Die Clowns hießen Peppo und Bubbo. „Hallo!" jubelten die Kinder, als Peppo in die Menge torkelte. Er stolperte über die eigenen Füße, fiel auf die Nase und zog sich an den Ohren wieder hoch.

Dann verkündete er: „Ich komme allein, weil Bubbo Angst vor Löwen hat." Er schnippte mit den Fingern. „Ich hab' keine!" rief er vergnügt. „Ich werde meinen Kopf in den Rachen des Löwen Simba stecken, obwohl er großen Hunger hat. Seit vier Tagen hat er nur Gurkensalat und gelbe Rüben gefuttert. Trotzdem wird er mir nichts tun – hoffe ich."

Manche Kinder lachten nicht mehr.

„Aber, aber!" quiekte Peppo und überschlug sich in der Luft. „Ihr werdet doch keine Angst haben!"

Er klatschte in die Hände.

„Her mit den Löwen!"

Es wurde ruhig im Zelt. Einige Jungen und Mädchen kniffen die Daumen ein.

Hinter dem Vorhang erscholl schauerliches Gebrüll. Das Licht wurde dunkler, bis das, was in der Manege geschah, nur undeutlich zu erkennen war.

Der Löwe stürzte herein. Er schüttelte die Mähne und riß den Rachen auf. „Da bin ich!" rief Peppo und trat ihm entgegen.

Zehn, zwölf Kinder hielten sich die Augen zu, als sich Peppo zu dem gefährlichen Rachen niederbeugte.

Da wurde es hell – und alle atmeten befreit. Sie sahen, daß Simba ein Mensch in einem Löwenfell war. Er richtete sich auf und nahm den Tierkopf ab.

„Bubbo!" riefen die Kinder, winkten ihm zu und klatschten Beifall. Die Zirkusmusik schmetterte los. Peppo tanzte mit Bubbo in der Manege herum.

Die Löwennummer spielten die Clowns erst im nächsten Ort wieder. Warum, können wir uns denken.

Der Affe Koko

Als der Zirkus „Hallodria" in Dingsda die erste Vorstellung gab, saß der Bürgermeister in der vordersten Reihe.

In der dritten Nummer trat Mister Monkey mit seinem Affen Koko auf. Er gab dem Affen eine Rose und befahl: „Bring sie unserem Ehrengast!" Koko nahm die Rose und sauste auf den Bürgermeister zu. Der saß da, wo der Ehrengast immer saß.

Der Bürgermeister nahm die Rose, bedankte sich und strich Koko über den Kopf. Der Affe machte es ihm nach. Er streichelte den Kopf des Bürgermeisters – und hielt dessen Perücke in der Hand. Vergnügt schnatternd rannte er damit zu Mister Monkey zurück.

Der Bürgermeister saß als Glatzkopf da. Leider verstand er keinen Spaß. Statt mitzulachen – weil eine Glatze doch keine Schande ist –, warf er die Rose weg und verließ das Zelt. – Am nächsten Morgen mußte der Zirkus abziehen ...

Das geschah vor längerer Zeit. Heute könnte es nicht mehr passieren – oder?

Spring, Tiger, spring!

Der fünfzehn Jahre alte Roberto vom Zirkus „Avanti" ließ einen Tiger durch einen Reifen springen und sich dann von dem Raubtier die Nasenspitze ablecken. – Nach einer Vorstellung in Ixdorf sagte der elfjährige Peter Müller: „Mein Tiger springt durch einen Fensterrahmen, geht auf den Vorderbeinen weiter und schleckt mir dann das ganze Gesicht ab."

Das erfuhr auch Roberto. Er ging zu dem Bauernhof, in dem Peter wohnte, und fragte ihn, warum er so einen Unsinn rede. „Es ist kein Unsinn", behauptete Peter. Er holte einen alten Fensterrahmen und pfiff auf zwei Fingern. Ein kleiner Mischlingshund flitzte heran. „Das ist mein Tiger", erklärte Peter. „Er heißt so." Dann hielt er den Rahmen hoch und befahl: „Spring, Tiger, spring!" – Der Hund sprang durch den Rahmen, ging auf den Hinterbeinen zu Peter zurück und leckte ihm das Gesicht ab.

Roberto verstand Spaß. In der nächsten Kindervorstellung durfte Peter mit seinem „Tiger" im Zirkus „Avanti" auftreten.

Sebastian Flunkerstein erzählt

Sebastian Flunkerstein war Zirkusclown gewesen. Jetzt war er 82 Jahre alt. Am liebsten erzählte er aus seiner Zirkuszeit.

„Es war vor fünfundvierzig Jahren", erzählte er diesmal. „Ein großer Krieg war erst vor wenigen Jahren zu Ende gegangen. Die Leute bauten ihre zerbombten Häuser auf, und nur wenige hatten Geld für einen Zirkusbesuch.

Ich war Clown in einem Wanderzirkus. Es ging uns so schlecht, daß der Direktor Leute entlassen und Tiere verkaufen mußte."

Der alte Flunkerstein seufzte. „Wir hätten aufhören müssen, wenn mir nicht in der Nacht vom einunddreißigsten zum zweiunddreißigsten März der gute Geist aller Zirkusleute im Traum erschienen wäre. Er sagte: ‚Ich will euch helfen, weil du der beste Clown von allen bist. Deshalb verleihe ich dir Zauberkräfte. Wenn du gemalte Bilder oder Fotos mit beiden Augen anblinzelst und dazu mit den Fingern schnippst, werden die gemalten oder fotografierten Leute und Tiere in Lebensgröße aus den Bildern heraussteigen und deinen Befehlen gehorchen. Um Mitternacht kehren sie in ihre Bilder zurück.'

Der alte Flunkerstein schmunzelte. „Am nächsten Morgen", erzählte er weiter, „blinzelte ich den vier Meter großen Riesen Sassafras aus einem Märchenbuch heraus und aus Zirkusfotos den berühmten Messerwerfer Zisch, die Schlangentänzerin Boabella und den Meisterspucker Spotzi, der vor hundert Jahren aus fünf Metern Entfernung Kirschkerne in eine Teetasse gespuckt hatte.

Den Riesen Sassafras ließen wir mit einem Einladungsplakat durch die Stadt marschieren. Das gab ein Hallo! Im Nu war unsere Vorstellung ausverkauft.

So blieb es. Ich blinzelte noch andere Künstler aus ihren Bildern heraus. Unser Zirkus wurde berühmt. – Davon ein andermal."

Dina

Der alte Clown Sebastian Flunkerstein erzählte: „Ich besaß die Zauberkraft, Leute und Tiere aus Bildern und Fotos herauszuholen und bis Mitternacht lebendig zu halten. Diese Leute und Tiere traten dann in unserem Zirkus auf und machten ihn berühmt. Meist zauberte ich für eine Vorstellung nur eine einzige Zirkusnummer aus Bildern und Fotos heraus. Alles andere spielten wir selbst."

Sebastian Flunkerstein schmunzelte. „Einmal ließ ich Dina auftreten; eine Dinosaurierdame, die zwanzig Meter lang, dreißig Tonnen schwer war und vor vielen Jahren gelebt hatte – damals, als es noch keine Menschen gab. Sie ging auf vier mächtigen Beinen, war aber eine ganz harmlose Pflanzenfresserin. – Trotzdem erschraken die Leute, als ich auf der Saurierdame durch die Stadt ritt und zur Abendvorstellung einlud.

Nur die Kinder fürchteten sich nicht lange. Schon nach kurzer Zeit saßen Jungen und Mädchen vor und hinter mir auf Dinas Rücken und freuten sich. – Dina freute sich auch."

Weiße Mäuse

Der Zirkusclown Sebastian Flunkerstein konnte Menschen und Tiere aus Bildern und Fotos herauszaubern und lebendig machen. Das sprach sich herum, und bald war jede Vorstellung ausverkauft.

Am Pfingstmontag zauberte der Meisterclown den längst verstorbenen Muskelprotz Herkules und einen riesigen Löwen aus Bilderbüchern heraus. In der Stadt wurde bekanntgegeben: „Herkules kämpft mit einem Löwen! – Heute abend im Zirkus!" – Die Eintrittskarten waren im Nu ausverkauft ...

Dann war es soweit. Herkules und der Löwe kamen in die Manege, erschraken - und liefen auseinander.

Warum?

Zehn weiße Mäuse waren aus ihrem Käfig entwischt und auf die Helden zugerannt ...

Am nächsten Morgen stand in der Zeitung:

Herkules und sein Löwe fürchten sich vor Mäusen!

Die dreifachen Seilmädchen

„Wie jeder weiß, konnte ich Menschen und Tiere aus Fotos herauszaubern und lebendig machen", erzählte der alte Clown Sebastian Flunkerstein. „Damit wurde unser Zirkus berühmt." Die Geschichte von den dreifachen Seilmädchen erzählte er besonders gern.

Die schöne Mia, die in jeder Vorstellung am Hängeseil hochkletterte und ganz oben halsbrecherische Kunststücke zeigte, war krank geworden.

Kein Problem für Flunkerstein. Er ließ sich drei Fotos von Mia geben – und in der Vorstellung staunten die Besucher.

Von der Zirkuskuppel hingen drei Seile herunter. Drei Mias tänzelten in die Manege und stellten sich unter die Seile.

„Täteräää!!" schmetterte die Musik. Die Mias kletterten an den Seilen hoch und zeigten ihre Kunststücke …

„Das grenzt an Zauberei", schrieb ein Zeitungsmann. „Er ahnte nicht, wie recht er hatte", sagte Sebastian Flunkerstein.

Der Riese Atlas

„Einmal war unser Zirkusdirektor verzweifelt", erzählte der alte Clown Sebastian Flunkerstein. „Der Athlet Hauruck hatte die Masern bekommen und mußte im Bett liegen. ‚Wer soll jetzt unser Schwein Jolanthe in die Höhe stemmen und dazu *Schlafe, mein Kindchen, schlaf'* ein singen!' jammerte der Direktor.

Ich tröstete ihn. ‚Wie Sie wissen, kann ich Bilder lebendig machen', sagte ich. ‚Ich werde den Riesen Atlas aus einem Buch herauszaubern.'

‚Und was kann der?' brummte der Direktor.

‚Er ist ein Riese aus der griechischen Sage und trug den Himmel auf seinen Schultern', erklärte ich. ‚Da wird er wohl auch unser Schwein tragen können.'

In der Abendvorstellung klatschten die Leute wie verrückt. Der Riese Atlas stemmte mit der linken Hand unser Schwein hoch, mit der rechten den Direktor. Auf dem Kopf balancierte er das Nilpferd Rosemarie, und dazu sang er: ‚Tri-tra-trallala!' wie der Kasperl im Kasperltheater."

Flunkersteins letzte Geschichte

„Vierzig Jahre lang war ich Clown in einem Wanderzirkus gewesen", erzählte Sebastian Flunkerstein. „Ein guter Geist hatte mir die Zauberkraft verliehen, Menschen und Tiere aus Bildern herauszuholen und für kurze Zeit lebendig zu machen. Sie traten dann im Zirkus auf. Am meisten bestaunt wurde mein letztes Zauberstück. – Ich hatte unseren Löwen Simba, das Kamel Ali Baba, den Affen Koko, die Pferde Romeo und Julia, den Bären Iwan, das Nilpferd Rosemarie, das Schwein Jolanthe und unseren Direktor fotografiert und aus je fünf Abzügen herausgeholt ...

In der Abendvorstellung wurden die Zuschauer von sechs vollkommen gleichen Zirkusdirektoren begrüßt. Dann zeigten sechs gleiche Löwen, sechs Kamele, sechs Affen, zwölf Pferde, sechs Bären, sechs Nilpferde und sechs Schweine ihre Kunststücke. ‚Super!' riefen die Zuschauer." Der alte Flunkerstein seufzte. „Am nächsten Tag ging ich in Rente. Damit verlor ich die Zauberkraft." Er zuckte die Achseln. „Und wer mir nicht glaubt, der soll es bleiben lassen."

Künstler aus dem Weltraum

„Du kannst doch Menschen aus Bildern herauszaubern und lebendig machen", sagte der kleine Sohn der Zirkusdirektors zu dem Clown Sebastian Flunkerstein. „In meinem Bilderbuch sind Kopfleute aus dem Weltraum drin. Die wären spitze in unserem Zirkus!"

Jedes der gemalten Wesen bestand aus einem großen grünen Kopf mit roten Augen, einer Knollennase und einem Mund, der fast bis zu den breiten Segelohren reichte. Links und rechts hatte der Kopf zwei Froscharme und unten zwei Beine mit Entenfüßen daran.

Sebastian Flunkerstein machte die Kopfleute lebendig. In der Vorstellung flatterten sie mit ihren Segelohren durch brennende Reifen, jonglierten mit scharfen Messern und bildeten zum Schluß eine Pyramide aus dreißig Köpfen. Die Zuschauer waren begeistert ...

„Um Mitternacht kehrten die Kopfleute in das Bilderbuch zurück", erzählte der alte Flunkerstein später. Dazu zwinkerte er mit den Augen.

Der schwarze Panther

Der furchtlose Dompteur „Mister Tarzan" war ein Star des Zirkus Belloni. Wenn er in die Manege sprang, trug er ein Leopardenfell, ließ die Muskeln spielen und stieß den Tarzanschrei aus. Die Manege war von starken Drahtgittern eingezäunt.

Nach dem Schrei rannten drei Panther herein, sprangen auf ihre Sitze, fauchten und knurrten.

Dann gingen sie über schmale Balken, stiegen auf den Hinterbeinen eine Treppe hinauf und hinunter, hechteten durch brennende Reifen und balancierten auf rollenden Kugeln. Zum Abschluß legte Mister Tarzan seinen Kopf in den Rachen des Panthers. Nachher wandte er sich jedesmal an die Zuschauer und rief scherzhaft: „Hundert Mark dem Mutigen, der den schwarzen Panther streichelt!" Diese Belohnung hatte bisher noch niemand verdient ...

Diesmal meldete sich ein Mann. „Ich lege meinen Kopf in seinen Rachen", sagte er. „Ein Wahnsinniger", murmelten die Leute.

„Der Panther gehorcht keinem Fremden", warnte Mister Tarzan. Da stand der Verrückte auch schon am Maschendraht, öffnete den Zugang zur Manege und schob den Dompteur beiseite. „Kusch!" befahl er den fauchenden Tieren. Sie duckten sich und lauerten. Der Zirkusdirektor eilte herbei.

„Komm, Nero", lockte der Mann den schwarzen Panther, „komm her!" Das Tier legte sich ihm zu Füßen. Der Fremde öffnete mit den Händen den Rachen des Panthers und legte seinen Kopf hinein. Nach sekundenlanger atemloser Stille brach donnernder Beifall los.

„Wie-wieso?" stotterten Mister Tarzan und der Zirkusdirektor.

Der Fremde lächelte. „Sie, Herr Direktor, haben Nero vom Zirkus Hansen gekauft, als dieser pleite ging. Ich war dort Dompteur und habe Nero dressiert. Er hat mich wiedererkannt." – „Wo arbeiten sie jetzt?" fragte der Direktor. „Ich bin arbeitslos", antwortete der Mann. Der Direktor hielt ihm die Hand entgegen. „Wie wär's bei mir?" fragte er. Der Mann schlug ein.

Was der Zirkusbär geträumt hat

Auch Tiere träumen. Woher ich das weiß?
Ich verstehe ein ganz klein wenig ihre Sprache. Ein Zirkusbär hat mir seinen Traum erzählt. Ich erzähle ihn euch weiter:
*Es träumt ein alter Zirkusbär,
er könne über Land und Meer
rund um die Erde fliegen.
Er wälzt sich mit Vergnügen
in einer weißen Wolke herum,
kratzt sich gemütlich
und murmelt: „Brumm, brumm." –
Da bläst ein Wirbelwind – o Schreck! –
die weiche weiße Wolke weg!
Der Zirkusbär purzelt kopfüber, kopfunter
aus dem Himmel ganz tief
auf die Erde hinunter –
und er erwacht im Zirkusstroh,
schnauft sehr verwundert – und ist froh,
daß alles nur ein Traum gewesen ...
Da kommt der Stallbursche mit dem Besen,
fegt alles sauber rundherum.
Der Bär, der kratzt sich
und murmelt: „Brumm, brumm."*

Der Supermann

Der Hugelstädter Turnverein probte eine lustige Zirkusvorstellung. Der Gewinn sollte dem Kauf von Weihnachtsgeschenken für einsame alte Leute verwendet werden ...

Die Aufführung wurde ein toller Spaß. Hauptnummer war der Gewichtheber Supermann. Als der Vorhang aufgog, stand der Kraftmensch im blauen Trikot und mit einer schwarzen Maske vor dem Gesicht auf der Bühne. Vor ihm lag die Stange mit den Scheiben daran. „Zweihundertfünfundzwanzig Kilogramm!" rief der Zirkusdirektor. „Das ist so schwer wie drei Männer zusammen!" Ächzend und stöhnend stemmte Supermann die Hantel hoch. „Bravooo!" riefen die Gäste.

Der Athlet legte das Gewicht ab und winkte nach links. Ein kleiner Junge lief aus der Kulisse heraus, hob die Hantel mit einer Hand auf und verschwand nach rechts. Das „Supergewicht" war aus leichtem, schwarz gefärbtem Kunststoff ...

Die Vorstellung mußte fünfmal wiederholt werden – und brachte vielfache Weihnachtsfreude.

Denk-mit-Geschichten

Onkel Herberts Abenteuer

Onkel Herbert reiste in der Welt umher und fotografierte wilde Tiere. Weil er ein ausgezeichneter Fotograf war, kamen seine Tierbilder in viele Bücher, Zeitungen und Zeitschriften. Damit verdiente Onkel Herbert eine Menge Geld.

Sein Neffe Peter und seine Nichte Christine freuten sich jedesmal, wenn er von einer großen Reise zurückkam. Dann erzählte er ihnen seine neuesten Abenteuer.

Das tat er auch jetzt. Vor drei Tagen war er aus Afrika zurückgekehrt. Nun saß er mit Peter und Christine zusammen und erzählte ihnen von einem tollen Abenteuer am Nil. „Der Nil", erklärte er, „ist ein großer Fluß in Ägypten. Dort stehen auch die Pyramiden. Zu diesen Pyramiden reiten viele Urlauber auf Kamelen."

„Hast du Kamele fotografiert?" fragte Christine.

„Auch", antwortete Onkel Herbert. „Aber mein tollstes Abenteuer hab' ich nicht mit Kamelen erlebt. Es begann, als ich ein Nilpferd fotografierte. Da rauschte es in der Luft. Ich sah nach oben und erschrak. Ein riesiges Krokodil flog heran. Genau über mir legte es die Flügel an und sauste im Sturzflug auf mich herunter. Im letzten Augenblick warf ich mich zur Seite."

Onkel Herbert atmete schwer. Dann strich er sich über die Stirn und erzählte weiter: „Das Krokodil stieß mit der Schnauze in den Wüstensand und blieb darin stecken. Hilflos schlug es mit den Flügeln. Hastig machte ich ein Foto. Dann rannte ich davon, so schnell ich konnte."

„Ein tolles Abenteuer", meinte Peter.

„Und angeflunkert hast du uns auch ganz schön", sagte Christine. „Von dem, was du erzählt hast, gibt es eines ganz bestimmt nicht."

„Bravo, Christine", lobte Onkel Herbert.

Ja, was gibt es denn ganz bestimmt nicht?

Es gibt keine Krokodile mit Flügeln.

Frau Sparsam kriegt Ärger

Im Sommerschlußverkauf sind Sommersachen billiger als vorher.

Warum?

Ganz einfach: Die Geschäftsleute wollen dünne Kleider und leichte Schuhe rasch loswerden, um Platz für Winteranzüge und gefütterte Stiefel zu bekommen. Wer kauft schon noch Sommerkleider im Herbst?

Frau Sparsam dachte: Im nächsten Jahr wird es auch wieder warm. Da kaufe ich jetzt billige Sommersachen und muß im Frühjahr keine teuren bezahlen.

Sie kaufte einen Strohhut, Sandalen und eine Sonnenbrille, alles zusammen für neununddreißig Mark und zwanzig Pfennig.

Dann wollte sie mit einem Vierzigmarkschein bezahlen und kriegte Ärger mit der Verkäuferin.

Weißt du, warum?

Vierzigmarkscheine gibt es nicht.

Das Ratespiel

Karin hatte ihre zwei besten Freundinnen zum Kindergeburtstag eingeladen. Es wurde sehr lustig. Zum Schluß schlug Karin ein Ratespiel vor. Die Freundinnen bekamen Zettel und Bleistifte. „Schreibt vierfüßige Tiere auf", sagte Karin. „Ich gebe euch eine halbe Minute Zeit dazu. Der Siegerin schenke ich einen Marzipanhasen. Es geht – los!"

Julia schrieb: „Pferd, Hund, Katze, Kuh, Ziege, Esel, Fuchs, Wolf, Bär, Spinne, Affe, Löwe, Tiger, Meerschweinchen ..."

Auch Bärbel schaffte vierzehn: „Pferd, Esel, Kuh, Maus, Ratte, Krokodil, Reh, Hase, Nashorn, Elefant, Fuchs, Wolf, Igel, Gemse ..."

Nach einer halben Minute sah Karin die Zettel an. Den Marzipanhasen schenkte sie Bärbel. Zu Julia sagte sie: „Du hast ein Tier aufgeschrieben, das nicht auf vier Beinen läuft."

Findest du es heraus?

Die Spinne hat acht Beine.

Hilfe, ein Ungeheuer!

Theo war eine richtige Wasserratte. Zu Weihnachten hatten ihm Vati und Mutti wunderschöne Schwimmflossen geschenkt. Theo freute sich mächtig.

Nur schade, daß Weihnachten war. Da war es im Freien zu kalt zum Schwimmen, und das Schwimmbad war geschlossen.

Draußen lag Schnee. Theo wünschte, daß die nächsten drei Wochen bald vorbeigingen. Dann wurde das Schwimmbad wieder geöffnet. Da sollten die anderen mal sehen, wie er mit seinen Flossen an ihnen vorbeizischte! – Oder waren im Hallenbad Flossen verboten?

Da müßt' ich ja bis zum Sommer warten, dachte Theo und fand das Weihnachtsgeschenk nicht mehr so schön. Ein Geschenk ist erst toll, wenn man vor anderen damit angeben kann, dachte er.

Am Abend setzte er sich auf sein Bett, guckte auf die Schwimmflossen und überlegte. – Zwei Tage später schrie die Nachbarin: „Hilfe! Ein Ungeheuer! Zu Hilfe!"

Theo, seine Eltern und die anderen Nachbarn eilten aus den Häusern. „Was ist los?" fragten sie.

Die Nachbarin zeigte in den Schnee. „Da ist ein Ungeheuer herumgestiegen!" rief sie aufgeregt. „Da sind seine Fußabdrücke! Seht sie an! Es muß eine schreckliche große Ente sein – oder vielleicht sogar ein Dinosaurier!"

„Tatsächlich", murmelte ein Nachbar.

Die Spur im Schnee war ganz deutlich. Sie kam aus dem Haus, in dem Theo wohnte. Von da führte sie durch eine Zaunlücke in den Garten der Nachbarin hinüber. Dort machte sie eine Schleife und ging zu Theos Haus zurück. „Es sind riesige Entenfüße mit Schwimmhäuten zwischen den Zehen", murmelte eine Oma. „Für so ein Entenmonster ist die größte Bratpfanne zu klein."

Theo und seine Eltern schmunzelten dazu.

Weißt du, warum?

Die merkwürdigen Spuren stammten von Theos Schwimmflossen.

Hannemanns Lebkuchen

Wo Kirchweih gefeiert wurde oder ein Volksfest war, stellte der Händler Hannemann seine Bude auf und verkaufte Lebkuchen.

Wenn genug Leute in der Nähe waren, rief er ihnen zu: „Wer mehr kauft, ist besser dran! Ein Lebkuchen kostet eine Mark und fünfzig Pfennig! Vier Lebkuchen kosten nur sechs Mark! Greifen Sie zu, meine Damen und Herren!"

Da dachten manche: Wenn ich vier Lebkuchen für nur sechs Mark kaufe, komme ich billiger weg als mit einem Lebkuchen zu einer Mark fünfzig. Und sie kauften vier.

Andere schmunzelten und sagten: „Der Hannemann ist ein Schlitzohr."

Was meinst du dazu?

Wer vier Lebkuchen nimmt, kauft nicht billiger. Sechs Mark sind genau viermal eine Mark fünfzig.

Musikanten

Susi und Elke kamen an zwei Straßenmusikanten vorbei. Der eine spielte Akkordeon, der andere Trompete. „Sie spielen nicht gut", sagte Elke. „Mein Vati bläst Trompete in der Feuerwehrkapelle. Er kann's viel besser." Dann gab sie so toll mit ihrem Vati an, daß Susi neidisch wurde. Und sie sagte: „Meine Mutti spielt Klavier und singt dazu. Dein Vati kann nicht singen, wenn er Trompete bläst."

Da lachte jemand hinter ihnen. Es war der doofe und freche Peter Müller. Er hatte die Mädchen belauscht und spottete: „An meinen Opa kommt keiner ran!"

„Was bläst er denn?" stichelte Elke.

„Luftballone auf?" spöttelte Susi.

„Gänse!" fauchte Peter. „Mein Opa bläst Pauke!"

Die Mädchen lachten schallend. Peter brummte: „Bäääh!" und lief weg.

Womit hat sich Peter blamiert?

Die Pauke ist eine Art Trommel. Sie wird nicht geblasen, sondern geschlagen.

209

Krach – bumm!

Verkehrsunfälle gibt es leider immer wieder. An vielen sind Raser schuld.

Dann kommt die Polizei und fragt Leute aus, die den Unfall gesehen haben. Diese Leute nennt man Augenzeugen. Mancher gibt eine falsche Auskunft. Das tut er nicht absichtlich, er hat bloß nicht richtig beobachtet. – Da war der Unfall in der Schillerstraße. Ein Autofahrer war kriminell aus der Siedlung gerast. In der Kurve hatte er die Gewalt über seinen Wagen verloren. Krach – bumm!

Er hatte einen Pudel zur Seite geschleudert und war dann auf eine Verkehrsampel geprallt. Der Hund hinkte jaulend davon, die Ampel stand schief.

Da schrien die Leute, die es gesehen hatten, schon wieder auf. Der Raser stieß seinen Wagen zurück, gab Gas und flitzte davon. Das verbeulte Auto ließ sich noch steuern. Um den Schaden kümmerte sich der Kerl nicht. Er haute ab. Fahrerflucht nennt man das.

Die Polizei kam mit Maßband und Notizblock. Ein Polizist befragte die Augenzeugen. Alle sagten aus, daß ein Mann das Auto gelenkt habe. Er sei wie ein Wilder gefahren.

Auf das Autokennzeichen hatte niemand geachtet. Alles sei viel zu schnell gegangen, sagten die Leute.

Der Polizist erkundigte sich nach der Automarke. Herr Maier behauptete, daß es ein Audi gewesen sei. „Ein Opel!" rief Frau Müller. „Unsinn", widersprach Herr Hämmerle. „Es war ein Mercedes. Ich erkannte ihn an dem fünfzackigen Stern auf der Kühlerhaube."

„Falsch", sagte Frau Schmidt. „Es war ein japanischer Wagen, ein Toyota."

Der Polizist seufzte. Er kannte das. Jeder Augenzeuge glaubte, richtig gesehen zu haben; und die meisten hatten doch danebengeguckt. – Eines wußte der Polizist diesmal sicher: Ein Zeuge hatte bestimmt nicht richtig hingesehen.

Wer war es, und was hatte er falsch gesagt?

Es war Herr Hämmerle. – Der Mercedesstern hat nicht fünf, sondern drei Zacken.

Der Haupttreffer

„Ich habe ein funkelnagelneues Fahrrad für elf Mark gekauft", erzählte Herr Müller. „Ein Rennrad mit Gangschaltung."

„Das gibt es nicht", sagte sein Freund Maier.

„Doch", behauptete Herr Müller. „Es hat mit meinem Traum und einer Losbude zu tun. Ich hatte die Zahlen Fünf und Sieben geträumt. Am Tag darauf besuchte ich unser Volksfest. Dort gab es eine Losbude mit schönen Preisen. Ich dachte an meinen Traum und zählte zusammen: Fünf und sieben ist elf. Ich kaufte elf Lose für elf Mark – und das elfte Los war der Haupttreffer: das Fahrrad mit Gangschaltung."

„Lieber Freund", spottete Herr Maier, „wenn du jemanden veralbern willst, dann such dir einen anderen aus."

Was meinte er damit?

Oma Hansen erzählt

Oma Hansen ist fast hundert Jahre alt. In so hohem Alter läßt das Denken oft ein wenig nach. Oma Hansen bringt manches durcheinander.

Eines Nachmittags erzählte sie beim Kaffeetrinken: „Als ich ein kleines Mädchen war, gab es zu Hause häufig Grießbrei. Meine Mutter machte ihn wunderbar. Das Rezept kenne ich auswendig. Mutter schüttete Milch in einen Topf und streute eine Prise Salz hinein. In die kochende Milch rührte sie dann den Grieß ein. Wenn er weich gekocht war, gab sie ein Stückchen Butter und einen Löffel Senf dazu. Zum Schluß streute sie Pfeffer, Zucker und Zimt darüber."

Oma Hansen schloß die Augen. „Mhmmmm, das schmeckte", murmelte sie vor sich hin.

Zwei Zutaten gab Oma Hansens Mutter ganz bestimmt nicht in den Grießbrei. Weißt du, welche?

Senf und Pfeffer

$5 + 7 = 12$

Herr Mogelmeier in Australien

Herr Mogelmeier saß mit Freunden zusammen und erzählte von seiner Weltreise. „Drei Wochen lang war ich in Australien", erzählte er. „Auf der Weltkarte liegt es ganz weit unten. Wenn bei uns Sommer ist, haben die Australier Winter."

„Das wissen wir", sagte einer der Freunde. „Erzähl, was du erlebt hast."

„In Australien gibt es seltsame Tiere", berichtete Herr Mogelmeier. „Känguruhs, die bei uns nur in Tiergärten leben, springen dort frei umher. Dann sah ich kleine Bären, die auf Bäume klettern und Blätter fressen. Sie sehen wie Teddybären aus. Die Australier nennen sie ‚Koalas'. Und riesige Straußenvögel sausen über das Land. Sie können nicht fliegen, aber sie laufen so schnell wie galoppierende Pferde."

„Hast du nichts Aufregenderes erlebt?" fragte ein anderer Freund.

„Doch", antwortete Herr Mogelmeier. „Es war am Rande der australischen Wüste. Ich war mit drei Australiern unterwegs, als das Unglaubliche geschah. Ein Rauschen war plötzlich in der Luft. Wir spähten nach oben und erschraken. Fliegende Kühe schwirrten heran, sieben auf einmal! Zum Glück beachteten sie uns nicht. Sie flogen über uns hinweg und verschwanden."

Die Freunde schüttelten die Köpfe. Herr Mogelmeier fuhr fort: „Nach den Kühen schwirrten fliegende Maulwürfe heran. Sie wurden von einer fliegenden Katze gejagt."

„Jetzt sag bloß noch, daß du auch fliegende Hunde gesehen hast", spottete der beste Freund.

Herr Mogelmeier nickte ihm zu. „Aber ja, mein Lieber. Fliegende Hunde gibt es in Australien mehr als genug."

Die Freunde lachten. „Gut gemogelt, Mogelmeier", sagte der beste Freund.

„Einen der Flieger gibt es tatsächlich", behauptete Herr Mogelmeier ernsthaft.

Weißt du, welchen?

Es gibt „fliegende Hunde". Sie gehören zur Familie der Fledermäuse.

Hallo, Riche, meldet euch!

Der reiche Dietrich Raffzamm war stolz auf seinen Vornamen. Auf die zweite Silbe (also auf „rich") bildete er sich besonders viel ein. Professor Muckenschnabel hatte ihm erklärt, daß „rich" ein alter Ausdruck sei und „reich" bedeute.

Zur Feier seines sechzigsten Geburtstages lud Herr Raffzamm alle Männer aus seiner Stadt ein, deren Vornamen auf „rich" endeten. Bis zum 15. März sollten sie sich schriftlich melden. – Er erhielt 76 Karten und Briefe. Die meisten Männer hießen Heinrich, Friedrich und Dietrich. Einer nannte sich Alberich, ein anderer Mostrich. Fünfzehn Männer hatten mit Ulrich, einer mit Roderich unterschrieben.

Einen der Briefschreiber hat Dietrich Raffzamm bestimmt nicht eingeladen. – Wen und warum nicht?

Den Mostrich. – Mostrich ist kein Vorname, sondern Senf, den man auf Würstchen streicht.

Die Ampel zeigt Rot

Die Verkehrsampel zeigte Rot für Fußgänger. Der kleine Martin wartete. Da kam ein Mann, der es eilig hatte. „Kein Auto zu sehen", brummte er und lief über die Straße. Wenn der Mann geht, darf ich auch gehen, dachte der kleine Martin und lief hinterher.

Da kreischten Bremsen. Erschrocken blieb der kleine Martin stehen. Ein Auto hielt dicht vor ihm. „Da ist Rot für dich!" schimpfte der Fahrer zum Fenster heraus. Beinahe hätt' ich dich überfahren!"

„Der – der Mann ist doch auch bei Rot gegangen", stotterte der kleine Martin.

„Hau ab!" schimpfte der Autofahrer. „Jetzt hast du Grün!"

1. Frage: Dürfen Erwachsene bei Rot für Fußgänger über die Straße gehen?

2. Frage: Dürfen Kinder hinter Erwachsenen herlaufen, die bei Rot die Straße überqueren?

Die Antwort auf beide Fragen ist: Nein!

Thomas möchte Geld verdienen

Rollmöpse sind zusammengerollte Heringsstücke in Essigsoße. Meist sind sie mit sauren Gurken gefüllt. Herr Petermann aß Rollmöpse für sein Leben gern.

Petermanns Nachbar züchtete Forellen. Das sind schmackhafte Speisefische. Er verkaufte sie an Gastwirte und verdiente viel Geld damit.

Petermanns Sohn Thomas wollte auch viel Geld verdienen. Er war fünf Jahre alt und sah den Forellen des Nachbarn gerne zu.

„Sind Rollmöpse auch Fische?" fragte er den Nachbarn.

„Aber ja", antwortete dieser. Er dachte daran, daß sie aus Heringen gemacht werden. Heringe sind Fische.

„Kriegen Fische ihre Jungen im Wasser?" fragte Thomas weiter.

„Fische legen Eier ins Wasser", erklärte der Nachbar. „Aus den Eiern schlüpfen kleine Fischlein heraus. Sie werden rasch größer."

Am nächsten Nachmittag stibitzte Thomas zwei Rollmöpse aus Muttis Rollmopsglas und huschte in den Garten hinaus. Dort hatte Vati ein Schwimmbecken angelegt. Thomas versteckte die Rollmöpse im Wasser. Jetzt werden sie Eier legen, dachte er. Aus den Eiern werden kleine Rollmöpse herauskommen und im Schwimmbecken herumflitzen. Wenn sie groß sind, verkauf' ich sie und verdiene viel Geld damit. Vati und Mutti werden staunen!

Er irrte sich. Nach vier Wochen flitzte noch kein einziges Rollmöpschen im Schwimmbecken umher. – Auch nach fünf und sechs Wochen gab es keine Jungen.

„Blöde Möpse!" schimpfte Thomas enttäuscht.

Was meinst du dazu?

Rollmöpse sind nicht lebendig. Sie können keine Eier legen, aus denen kleine Fische schlüpfen.

Falscher Honig

In der dritten Klasse ließ die Lehrerin ein Aufsätzchen über den Honig schreiben.

Alexandra schrieb: „Der Honig ist etwas Feines. Er schmeckt gut und ist sehr nahrhaft. Meine Mutti süßt den Tee damit. Ich streiche den Honig am liebsten aufs Butterbrot. Am bekanntesten sind der Bienenhonig, der Wespenhonig, der Ameisenhonig, der türkische Honig und der Kunsthonig."

Am nächsten Tag gab die Lehrerin die Aufsatzhefte zurück. Unter Alexandras Aufsätzchen hatte sie geschrieben: „Zwei von deinen Honigarten gibt es nicht."

Weißt du, welche die Lehrerin meint?

Es gibt keinen Wespenhonig und keinen Ameisenhonig.

Hin und zurück

In der großen Pause erzählte Monika ihren Freundinnen: „Gestern nachmittag fuhr ich mit meiner Mutti im Auto nach Süßberg. Auf der Straße war wenig Verkehr. Mutti fuhr achtzig Stundenkilometer. Da brauchten wir bis Süßberg eine Stunde und zehn Minuten. – Während der Rückfahrt war genausowenig Verkehr auf der Straße. Mutti fuhr achtzig. Was meint ihr, wie lange wir für die Rückfahrt brauchten?"

„Eine Stunde und zehn Minuten", antworteten die Freundinnen.

Karin schüttelte den Kopf. „Für die Rückfahrt brauchten wir nur siebzig Minuten. Warum bloß?"

„Du bist ein Schlitzohr, Monika", sagte Christine.

Weißt du, warum sie das sagte?

1 Stunde hat 60 Minuten. 70 Minuten sind die gleiche Zeit wie 1 Stunde und 10 Minuten.

215

Der Grenzgockel

Am ersten April erzählte Onkel Heinrich dem sechs Jahre alten Tobias und der siebenjährigen Erika die Geschichte vom Gockelhahn Maxi. „Vor elf Tagen begann er zu spinnen", erzählte der Onkel. „Da stellte er sich genau auf die Grenze zwischen Deutschland und Frankreich. Er rührt sich nicht von der Stelle, nicht einmal im Schlaf. Mit seiner vorderen Hälfte steht er in Deutschland, mit der hinteren Hälfte in Frankreich. Verhungern soll er natürlich nicht. Erratet ihr, wo er gefüttert wird?"

„In Deutschland", antwortete Erika. „Richtig", lobte der Onkel. „Und wo legt er seine Eier?"

„In Frankreich!" rief Tobias – und die anderen lachten ihn aus.

Warum?

Onkel Heinrich hatte einen Aprilscherz erzählt. Ein Hahn legt keine Eier.

Übermorgen müssen wir gewinnen!

Vierzehnmal hatte der Fußballverein Ixdorf gegen den Fußballclub Ypsilonhausen gespielt – und vierzehnmal verloren. „Übermorgen müssen wir gewinnen!" rief der Ixdorfer Trainer seinen Spielern zu. „Ich habe mir eine neue Mannschaftsaufstellung ausgedacht. Heute probieren wir sie aus."

„Eine neue Aufstellung?" fragte der Spielführer mißtrauisch.

Der Trainer nickte. „Jawohl! Ein Mann im Tor, drei Spieler in der Verteidigung, vier im Mittelfeld und vier Mann im Angriff."

„Bei dir piept's", sagte der Torwart zum Trainer.

Wieso sagte er das?

Eine Fußballmannschaft besteht aus 11 Spielern. Der Trainer wollte 12 Mann auf das Spielfeld schicken – Wahrscheinlich hatte er die Aufstellung nur scherzhaft gemeint.

Die Frühlingswiese

Onkel Otto schwindelte mit Vorliebe seine Nichten Julia und Gitta an. Diesmal schrieb er ihnen aus dem Urlaub:

„Liebe Julia, liebe Gitta,

ich verbringe drei wunderschöne Urlaubswochen auf einem Bauernhof. Vor dem Hof liegt eine große Wiese, auf der viele bunte Frühlingsblumen blühen: leuchtendgelbe Schlüsselblumen, wunderschöne rote Schneeglöckchen, dunkelgelber Huflattich und himmelblauer Löwenzahn. Schade, daß Ihr sie nicht bewundern könnt!

Es grüßt Euch Euer Onkel Otto."

„Da will er uns doch gleich zweimal anschwindeln", sagte Julia. Gitta lachte: „Aber wir fallen nicht darauf herein."

Ja, was stimmt denn da nicht?

Schneeglöckchen sind weiß. Der Löwenzahn blüht gelb.

Ein Minister beschwert sich

Das Fußballländerspiel zwischen Deutschland und Italien war zu Ende gegangen. Zwei zu zwei unentschieden. Fans gerieten aneinander.

Die Polizei griff ein. Sie nahm auch einen Mann fest, der besonders heftig gerauft hatte. Der Fremde protestierte. „Hände weg von mir! Lassen Sie mich sofort frei!" schimpfte er wütend. „Ich bin der Spaghetti-Minister des Kaisers von Italien!"

„Dann kommen Sie erst recht mit, Sie Schwindler", sagte der Polizeihauptmeister, der die Streife anführte.

Kaum zu glauben: In einem einzigen Satz schwindelte der Fremde gleich zweimal ganz unverschämt. – Hast auch du ihn bei seinen Schwindeleien ertappt?

1. Es gibt keinen Spaghetti-Minister
2. Es gibt keinen Kaiser von Italien.

Cowboy Bobby

Vor langer Zeit, als es noch keine Autos und Flugzeuge gab, lebte in Amerika der Cowboy Bobby. Er war ein netter junger Mann. Wenn er bloß nicht gar so unverschämt geflunkert hätte!

Eines Tages trieb er es zu weit. Er hatte seinen Lohn bekommen und war in die Stadt geritten. Dort wollte er ein bißchen feiern. In den Kneipen fand er stets Leute, die ihm zuhörten.

So war es auch diesmal. Bobby setzte sich zu einigen Männern, die von weit her gekommen waren. Vom Wilden Westen hatten sie keine Ahnung.

Bobby legte los. „Es war im Gebirge", erzählte er. „Ich suchte entlaufene Rinder. Außer meinem Pferd begleitete mich niemand. Ich lockte und pfiff. Die Kühe antworteten nicht."

Bobby trank einen Schluck, dann fuhr er fort: „Am späten Nachmittag ritt ich in eine Schlucht hinein. Links und rechts ragten steile Felsen auf. Da hörte ich ein gefährliches Knurren vor mir."

„Ein Tiger?" fragte einer der Fremden.

„Unsinn", sagte sein Nachbar. „In den nordamerikanischen Bergen leben keine Tiger."

Bobby stimmte ihm zu: „Sehr richtig, Mister. Es war kein Tiger. Es war ein riesiger grauer Grizzlybär."

„Oh!" murmelten die Zuhörer.

Bobby trank noch einen Schluck und erzählte weiter: „Ich warf mein Lasso um die Hörner des Grizzlys. Mit einem Ruck zog ich die Schlinge zusammen."

„Moment mal", brummte einer der Zuhörer, und ein anderer knurrte: „Für wie dumm hält uns dieser Kuhhirt?!" Die Männer krempelten die Ärmel hoch.

Bobby verdrückte sich eiligst.

Weißt auch du, wo Bobby geschwindelt hat?

Der Grizzlybär hat keine Hörner.

Die Bergwanderung

„Es war kurz vor Weihnachten", erzählte Tante Helga. „Ich war in einem Gebirgsdorf auf Urlaub. Das Wetter war mild, der Schnee fast weggeschmolzen.

Ich machte mit meiner Freundin eine Bergwanderung. Plötzlich bewölkte sich der Himmel, und schon stürzte ein Platzregen auf uns nieder. Zu unserem Pech hatten wir keine Regenschirme dabei. Weit und breit stand kein Haus. – Glücklicherweise fanden wir Unterschlupf in einem Birkenwäldchen. Das dichte Laubdach hielt den Regen ab. Dann hörte das Unwetter so plötzlich auf, wie es losgebrochen war. Uns reichte es. Wir gingen nach Hause."

Etwas war nicht möglich. Errätst du es?

Kurz vor Weihnachten tragen die Birken keine Blätter mehr. Da können sie nicht vor Regen schützen.

Wie sich Tiere wehren

„Schreibt auf, wie sich verschiedene Tiere wehren", sagte Lehrer Müller zu seinen Schülern. „Ich gebe euch fünfzehn Minuten Zeit dazu." – Dreiundzwanzig Kugelschreiber fuhren über dreiundzwanzig Papierblätter ...

Zwei Tage später gab Herr Müller die Arbeiten zurück. Auf Claudias Zettel hatte er geschrieben: „Zwei Tiere wehren sich nicht so, wie du denkst."

Hier ist Claudias Probearbeit: „Der Igel sticht mit seinen Stacheln. Der Hund beißt. Das Pferd schlägt mit den Hufen aus. Die Katze kratzt mit ihren Krallen. Die Biene, die Libelle und die Wespe stechen mit Giftstacheln. Der Zitterrochen teilt elektrische Schläge aus, das weiß ich von meinem Opa. Das Lama und der Maulwurf spucken Angreifer an."

Welche Tiere wehren sich nicht so, wie Claudia denkt?

1. Die Libelle hat keinen Giftstachel.
2. Der Maulwurf spuckt nicht.

Das Auslands-Autospiel

Bettina fuhr mit ihren Eltern in die Ferien. Sie langweilte sich, weil die Autofahrt so lange dauerte. „Mach das Auslandsautospiel", sagte Mutter. „Dann vergeht die Zeit rascher, als wenn du herumquengelst."

„Was für ein Spiel?" fragte Bettina.

„Das Auslandsautospiel", wiederholte Mutter. „Es ist ganz einfach. Du schaust zum Fenster hinaus und zählst die Autos mit ausländischen Kennzeichen. Für jedes machst du einen Strich auf ein Zählblatt. Wenn du ein Auto mit F siehst, machst du hinter dem Buchstaben F einen Strich. F ist das Autokennzeichen für Frankreich. Italienische Autos notierst du hinter I, dem Kennzeichen für Italien. Die Wagen mit einem D notierst du nicht. Das sind deutsche, und der Spaß heißt ja Auslandsautospiel. – Kennzeichen sehr ferner Länder darfst du doppelt zählen. Das Spiel dauert zwanzig Minuten. Dann gehen wir zum Mittagessen. Wenn du mehr als fünfzig ausländische Autos notiert hast, gibt es als Belohnung einen Rieseneisbecher."

„Okay", sagte Bettina und griff zu Schreibblock und Kugelschreiber. Dann paßte sie scharf auf – und mogelte nicht.

Die zwanzig Minuten gingen schnell vorbei. Vater parkte den Wagen vor einem Gasthof, und die Familie ging zum Mittagessen.

Nach der Suppe zeigte Bettina den Zettel. Viele Striche waren darauf. „Die australischen Autos hab' ich doppelt gezählt", erklärte sie, „weil Australien ganz weit weg liegt. Daß so viele Australier bei uns fahren, find' ich toll." Sie wies auf die lange Strichreihe hinter dem Kennzeichen A. Dazu grinste sie verschmitzt.

„Du bist ein Witzbold, Bettina", sagte Mutter und lachte. „Ein Aprilscherz im Juli", sagte Vater und lachte mit.

Für den Rieseneisbecher reichte es trotzdem.

Was meinst du dazu?

A (der Anfangsbuchstabe von „Austria") ist das Autokennzeichen für Österreich.

Herr Maier wird ausgelacht

„Ich kauf' mir ein neues Auto", sagte Herr Huber.

„Welche Marke?" fragte Herr Maier.

Herr Huber zuckte die Achseln. „Das weiß ich noch nicht. Auf jeden Fall werde ich einen Wagen mit Automatikgetriebe kaufen; ein Auto mit Automatik, wie die Leute sagen."

Herr Maier schüttelte den Kopf. „Ich verstehe nur wenig von Kraftfahrzeugen", gab er zu. „Aber ein Auto mit Automatik würde ich nie kaufen."

Herr Huber war eingeschnappt. „Warum nicht?" fragte er ärgerlich.

„Weil in Automatikautos die Kupplungspedale viel zu schnell kaputtgehen", antwortete Herr Maier. „Das weiß ich von meinem Schwager." Dann wunderte er sich, daß ihn Herr Huber auslachte.

Warum denn?

Ein Auto „mit Automatik" hat kein Kupplungspedal.

Fips

Zu Beginn des neuen Schuljahres bekam die dritte Klasse einen Lehrer von auswärts. Um die Jungen und Mädchen besser kennenzulernen, fragte er sie auch nach ihren Geschwistern.

Als letzten fragte er Philipp, den die anderen „Fips" nannten.

„Ich hab' nur eine Schwester", antwortete Fips. „Wir streiten uns oft. Dann mag ich sie nicht."

„Wen magst du denn besonders?" erkundigte sich der Lehrer.

Fips überlegte, dann schmunzelte er und sagte: „Den Sohn meiner Eltern. Den mag ich fast immer."

Wen meinte er damit?

Weil Fips keine Brüder hatte, meinte er sich selbst.

221

Kinder in anderen Ländern

Der Große Tafelspitz

Spaßvögel gibt es überall auf der Welt, auch in unserem Nachbarland Österreich. Ein Teil dieses schönen Landes heißt Tirol.

In ein Tiroler Alpendorf kamen immer viele Urlauber. Zu den Feriengästen des letzten Jahres gehörten Herr und Frau Mangelsdorf mit ihrem zehnjährigen Sohn Siggi, der eigentlich Siegfried hieß. Die Mangelsdorfs kamen aus Köln am Rhein.

Siggi wäre lieber an den Gardasee gefahren als in das Tiroler Bergnest, wie er sagte. Die Söhne der Wirtsleute, die elf Jahre alten Zwillinge Toni und Martin, und andere Dorfkinder waren nett zu dem Kölner Jungen. Siggi beachtete sie kaum. Er freundete sich mit der neunjährigen Susi an, die mit ihren Eltern aus Berlin gekommen war.

Am vierten Tag fragte Susi nach den Namen der Berge, die das Dorf überragten. „Ich hab' mich noch nicht dafür interessiert", sagte Siggi. „Ich werd' mich informieren."

Er erkundigte sich bei Toni und Martin.

„Kein Problem", sagte Toni.

Daß die Zwillinge einander zublinzelten, merkte Siggi nicht. – Noch am selben Abend sagte er Susi die Namen der Berge, die das Dorf überragten: „Großer Tafelspitz, Kleiner Paradeiserkopf, Oberer und Unterer Parmesano, Vordere Schnitzelwand und Hinterer McDonald's." – „Du Doofling!" spottete Susi und ließ ihn stehen. Sie wußte, daß drei der Berge anders hießen ...

Die Wirtszwillinge wurden von Vater und Mutter zusammengeschimpft, weil sie den Kölner Buben mit blödsinnigen Bergnamen „veräppelt" hatten.

Martin grinste. „Wenn der Siggi nicht weiß, daß Tafelspitz gekochtes Rindfleisch ist, Tomaten auf österreichisch Paradeiser heißen, Parmesan italienischer Käse ist, Schnitzel aus Kalbfleisch sind und McDonald's der Kausemmelfabrikant mit Ketchup ist, dann geschieht's ihm recht."

„Dem Affen", ergänzte Toni.

222

Die Wallfahrt der Familie Jakubowski

Die meisten Polen sind Katholiken und verehren die Gottesmutter Maria. Ein berühmter Marienwallfahrtsort ist die Stadt Tschenstochau (polnisch Czestochowa). Dorthin pilgern viele Gläubige zur „Schwarzen Madonna".

Eines Tages beschloß auch die Familie Jakubowski, dorthin zu pilgern. Vater Jaromir war seit langer Zeit arbeitslos, die Familie lebte in Not. „Bitten wir die Schwarze Madonna um Hilfe", sagte die Mutter. „Und weil wir es uns nicht zu leicht machen sollten, werden wir Erbsen in unsere Schuhe geben."

„Bis Tschenstochau gehen wir drei Stunden", wandte der Vater ein. „Na und?" fragte die Mutter streng. Die Jakubowskis brachen mit Erbsen in den Schuhen auf. Vater und Mutter stöhnten schon bald. Die harten Kügelchen drückten sehr. Nur die kleine Jadwiga jammerte nicht. Sie hatte ihre Erbsen vorher weich gekocht ...

Drei Wochen später bekam Vater Jakubowski Arbeit in einer Fabrik.

Weintrauben mit Ohrfeige

Es geschah vor dreißig Jahren in Jugoslawien, als es dort noch keinen Bürgerkrieg gab. Ich spazierte durch ein kleines Dorf und sah einen etwa neun Jahre alten Jungen in einem Weingarten sitzen. Ich fragte ihn, ob er mir ein Kilo Trauben verkaufen könne.

„Ein Kilo – hundert Dinar", sagte er. (Das waren damals 50 Pfennig.) Ich nahm die Trauben und bezahlte.

Da rannte von oben eine Frau herunter und schrie, daß die Trauben zweihundert Dinar kosteten. Sie packte den Jungen am Ohr. Ich sagte, daß ich die hundert Dinar gerne aufzahle. Die zornige Frau schüttelte den Kopf. „Das Geschäft, das dieser Idiot mit dir gemacht hat, gilt!" fuhr sie mich an. „Ein Mann – ein Wort!" Dann bekam „der Mann" eine Ohrfeige. Die Frau nickte mir zu und zerrte ihren Sprößling mit sich fort.

Daß ich ihm später eine Tafel Schokolade zusteckte, merkte sie nicht.

223

Der Karpfen Swoboda

Ich heiße Milena, bin neun Jahre alt und wohne in der tschechischen Hauptstadt Prag. Unser Haus steht nicht weit vom Moldaufluß weg. Mein Vater arbeitet bei einer Zeitung, meine Mutter ist Lehrerin. Ich bin viel allein zu Hause.

Da freute ich mich, als der Karpfen zu uns kam. Herr Swoboda, ein Freund meiner Eltern, hatte ihn als Geburtstagsgeschenk für meinen Vater gebracht. Der Geburtstag ist am 5. November. Bis dahin waren noch vier Wochen und fünf Tage Zeit.

Der Karpfen kam in eine ausgediente Badewanne und wurde dort gefüttert, damit er noch fetter wurde. Ich brachte ihm das Futter und wechselte das Wasser.

Der Karpfen erkannte mich bald. Wenn ich an die Wanne kam, schwamm er zu mir und machte das Maul auf und zu. Ich nannte ihn Swoboda, weil er genauso große Glotzaugen wie der Herr Swoboda hatte.

Wir wurden Freunde. Je mehr Zeit verging, desto trauriger wurde ich. Warum, könnt ihr euch denken.

Am 3. November sagte mein Vater: „Kannst du den Karpfen abmurksen, liebe Anna?"

Die liebe Anna ist meine Mutter. Sie schüttelte den Kopf.

„Ich kann es auch nicht", gestand mein Vater.

„Am besten holen wir Herrn Swoboda", schlug Mutter vor.

Ich hatte zugehört und war entsetzt. Mein Karpfen Swoboda sollte von Herrn Swoboda abgemurkst werden? Das durfte nicht sein!

Noch in derselben Nacht huschte ich aus meinem Bett, zog mich an, holte einen Eimer, schöpfte den Karpfen Swoboda aus der Wanne heraus und rannte mit ihm zur Moldau.

Dort sagte ich: „Mach's gut, Swoboda", und winkte ihm nach.

Am nächsten Morgen wunderten sich meine Eltern nicht einmal, daß der Karpfen verschwunden war. Sie nickten mir zu, und mein Vater sagte: „Zum Geburtstag lad' ich euch ins Gasthaus ein."

Emilio hat Hunger

In vielen Städten und Dörfern Süditaliens leben sehr arme Leute. Manche können sich nicht einmal satt essen.

Zu diesen armen Teufeln gehörte der kleine Emilio. Er hatte fünf Geschwister, und sein Vater war gestorben.

Mit acht Jahren war Emilio das älteste Kind und mußte die Familie unterstützen, weil Mutter mit Putzen und Nähen zu wenig verdiente.

Emilio bettelte Urlauber, die aus dem reichen Norden kamen, um Almosen an. Er schämte sich, wenn er die Hand ausstreckte, und biß die Zähne zusammen. Manchmal bekam er so wenig, daß er am liebsten nicht nach Hause gegangen wäre.

An einem Sonntag erbettelte er lumpige 2000 Lire (damals etwa 2 DM). Er weinte, und Mutter weinte mit ihm ...

Am selben Sonntag bekam ein bekannter Schlagersänger für einen Auftritt im Fernsehen sechzigtausend Mark.

Die Wundertulpe

Holland ist das Land der Tulpen. Holländische Tulpen und Tulpenzwiebeln werden in alle Welt verkauft.

„Die wunderbarste Tulpe hat meine siebenjährige Tochter Antje gezüchtet", behauptete Jan de Vries im Gasthaus. Niemand glaubte ihm. „Antje hatte Halsschmerzen", erzählte er weiter. „Der Arzt verschrieb ihr Tropfen, die sie in Pfefferminztee einnehmen sollte. Die Medizin war gallebitter. Antje goß sie heimlich in ein Tulpenbeet in unserem Gewächshaus und wurde trotzdem gesund.

Aus den mit dem scheußlichen Tee begossenen Tulpenzwiebeln wuchsen Wunderblüten. Sie sind rot-weiß-blau-gelb gestreift und duften nach Pfefferminze."

„Du warst schon immer ein Spaßvogel, Jan", spottete der Wirt. „Ich schluck' einen Besen, wenn deine Geschichte wahr ist."

„Hat sie euch gefallen?" fragte de Vries. Die anderen nickten. „Na also", sagte er. „Mehr könnt ihr von einer Geschichte nicht verlangen."

Achmed muß zurück

Albanien ist ein kleiner Staat weit unten im Süden. Den Albanern geht es schlecht. Nur wenige haben Arbeit, und die teuren Lebensmittel können einfache Leute nicht kaufen. Zwischen Albanien und Italien liegt das Adriatische Meer. Für viele Albaner ist Italien das Paradies – auch wenn das nicht stimmt. Immer wieder versuchen sie, auf klapprigen Schiffen nach Italien auszuwandern. Sie bekommen dort zu essen und werden zurückgeschickt. Den Süditalienern geht es selbst nicht gut. Was der kleine Achmed erlebte, geschah im Sommer 1993.

Dreitausend Albaner, die auswandern wollten, drängten sich im Hafen Durres zusammen. Sie hatten ihre Ersparnisse Männern gegeben, die sie sicher nach Italien bringen wollten. Das Schiff, das in Durres anlegte, war ein verrosteter Schrotthaufen. Der Kapitän und seine Matrosen rochen nach Schnaps. Die Männer, die das Schiff besorgt hatten, ließen sich nicht mehr sehen.

Die Flüchtlinge drängten und schoben. „Nur weg von hier", sagte Achmeds Vater. „Schlimmer als in Albanien kann es nirgendwo sein." Während der Überfahrt ächzte das überladene Schiff in allen Fugen, aber es hielt durch. Im italienischen Hafen Brindisi standen bewaffnete Polizisten. Sie ließen keinen Albaner an Land. Flüchtlinge, die ins Wasser sprangen und in den Hafen schwimmen wollten, wurden zurückgetrieben.

„Müssen wir wieder nach Hause?" fragte Achmed.

Der Vater nickte. „Ja, mein Sohn; aber wir werden es immer wieder versuchen. Einmal muß es klappen."

Das Schiff fuhr nach Albanien zurück. Die Flüchtlinge hoffen auf das nächste Mal. Achmed hofft mit ihnen.

Eine Geschichte aus Spanien

Das Stadion war voll besetzt. Die Zuschauer fieberten Don Pedro, dem „Meister aller Toreros", entgegen. (Torero heißt „Stierkämpfer".) Schwer atmend stand der Stier in der Arena. Berittene „Banderilleros" hatten ihm mit Bändern geschmückte Pfeile in den Nakken gestoßen.

„Olé!" schrien die Zuschauer.

Don Pedro trat auf. Er trug ein glitzerndes Gewand und hatte ein rotes Tuch über den Arm gehängt. Darunter verbarg er den Degen. Der Stier griff an – der Torero wich um Haaresbreite aus. Das wiederholte sich immer wieder. Die Zuschauer jubelten. – Dann tötete Don Pedro den Stier mit sicherem Stich ...

Draußen lehnte ein Junge am Stamm einer Palme. „Nanu", sagte ein Urlauber in holperigem Spanisch, „du bist doch Don Pedros Sohn. Warum siehst du deinem Vater nicht zu?"

„Weil der Stierkampf eine gemeine Tierquälerei ist", antwortete der Junge. „Er würde aufhören, wenn Urlauber nicht immer wieder dafür bezahlten. Ich werde Tierarzt." Er spuckte seinen Kaugummi aus und ging davon.

Turm in Salat

In Frankreichs Hauptstadt Paris steht der 300 m hohe Eiffelturm. Straßenkünstler malen ihn und verkaufen die Bilder an Fremde. – Vater René war so ein Straßenmaler. Er verdiente nicht viel. Da sah seine zehnjährige Tochter Yvette in einem Schaufenster das Bild einer Frau, das als modernes Kunstwerk galt. Die Dame stand auf einem Heringskopf mit langer Gräte daran. Das Fischgerippe war echt und aufgeklebt. – „Mach das auch mit deinen Eiffeltürmen, Papa", schlug Yvette vor, „aber nicht mit Hering. Zum Eiffelturm paßt Salat. Ich trockne dir Bohnenschoten und Rettichscheiben."

Zehn Tage später stellte Vater René seine Werke „Eiffelturm in Bohnensalat" und „Eiffelturm in Rettichsalat" aus. Auf die Sockel der Türme hatte Yvette getrocknete Bohnenschoten und Rettichscheiben geklebt. – Ein amerikanischer Kunsthändler bezahlte viel Geld dafür. Und Yvette bekam das schicke Kleid, das bisher zu teuer gewesen war.

Fast wie im Märchen

Manchester (sprich: „Mäntschester") ist eine Fabrik- und Fußballstadt in Mittelengland. Die Profikicker von Manchester United (sprich: „Mäntschester Junaitid") sind berühmt und verdienen viel Geld ...

Der zehnjährige Robert wollte auch ein Fußballstar werden. Jetzt wohnte er mit seinem Vater in einem Mietshaus. Die Fenster der kleinen Wohnung gingen auf einen Hinterhof hinaus. Roberts Mutter war gestorben, der Vater arbeitsunfähig. Er hatte sich in der Hitze eines Stahlwerks kaputtgeschuftet. Robert und sein Vater lebten bescheiden. In der Schule war Robert mittelmäßig. Nur im Turnen, und ganz besonders im Fußball, war er spitze.

Zu Hause kickte er mit Freunden im Hinterhof. Als Fußball nahmen sie eine Blechdose. Leider beschwerten sich die Nachbarn über den Krach. Eines Nachmittags, als die Jungen wieder Fußball spielten, stand ein Mann im Hofeingang und beobachtete den Stürmer Robert. Der schlenzte die Blechbüchse um die gegnerischen Verteidiger herum und schoß – ins Tor!

Das gelang ihm dreimal nacheinander.

Dann winkte ihn der Mann zu sich und fragte, ob Roberts Vater zu sprechen sei. Robert führte ihn zu seinem Vater.

Der fremde Mann stellte sich als Mister Miller vor. „Ich suche Fußballtalente", sagte er. „Wenn die Stars von heute alt geworden sind, brauchen wir junge. Ihr Sohn Robert hat Talent. Ich entdeckte ihn zufällig. Wenn Sie einverstanden sind, werde ich ihn ausbilden lassen."

„O ja!" rief Robert begeistert.

Der Vater winkte ab. „Ich könnte ihm nicht einmal den Dreß und die Fußballschuhe kaufen", sagte er traurig.

„Die Ausbildung kostet Sie nichts", sagte Mister Miller. „Doch weil es kaum etwas umsonst gibt, wird mich Ihr Sohn – wenn er Profi geworden ist – als seinen Betreuer bezahlen. Ich bin sicher, daß er in acht bis neun Jahren bei Manchester United landen wird."

Roberts Vater war einverstanden ...

Diese Unterredung fand vor zehn Jahren statt.

Und Mister Miller hat recht behalten.

Fjodor weint

Fjodor war zehn Jahre alt. Die letzten fünf hatte er in Ostdeutschland verlebt. Sein Vater, Major Jagodin, war Offizier der russischen Armee. Die Familie Jagodin hatte ein geräumiges Heim mit Bad, Telefon, Fernsehen und einem Kinderzimmer für Fjodor bewohnt.

Im Sommer 1993 wurde Vaters Regiment nach Rußland zurückbefohlen. Dort zogen die Jagodins und andere Offiziersfamilien in Behelfswohnungen ein. Für jede Familie gab es eine enge Küche und zwei kleine Zimmer; keine Zentralheizung, kein Telefon und kein Fernsehen. Wasser für fünf Familien floß aus einem einzigen Zapfhahn im Gang; und alle mußten sich mit einem gemeinsamen Baderaum und einem Gemeinschaftsklosett begnügen.

„Häuser für Offiziersfamilien werden bald fertig sein", versicherte ein Beamter dem Major. „Wann?" fragte Fjodors Vater.

„In ein, zwei, drei Jahren vielleicht", antwortete der Beamte. – Fjodor weinte, und andere Kinder weinten mit ihm.

Die Hexen kommen

Die Stadt Lund liegt in Südschweden. Aus einem Dorf in der Nähe schrieb Svenja einen begeisterten Brief, weil sie – eine Hexe sein durfte:

„Am Ostersamstag schleppten wir Kinder Holz und Reisig auf den Dorfplatz. Junge Burschen schichteten es zu einem hohen Stapel auf. Am Abend zogen wir Mädchen uns als Hexen an, und jede wollte die scheußlichste sein. In der Nacht wurde der Holzstoß angezündet. Wir Hexen rannten auf den Dorfplatz und machten großen Lärm. Einige ritten auf Besen um das Feuer herum. ‚Verschwinde, Winter, und alle bösen Geister mit dir!' schrien wir, so laut wir konnten. Dazu drohten wir mit Fäusten und Besen das prasselnde Feuer an. Die Zuschauer schrien mit und schepperten mit Blechdeckeln. Wir gingen erst nach Hause, als das Feuer niedergebrannt war.

Am Ostermorgen waren wir schon wieder munter und wanderten mit unseren Eltern und Geschwistern zur Kirche."

Karim wandert nach Wien

Wer von Deutschland oder Österreich in die Türkei wandern wollte, würde bald Blasen an den Füßen kriegen. Aber wir können ja mit der Eisenbahn, im Auto oder Flugzeug reisen. Und doch kamen Tausende Türken zu Fuß bis nach Wien; das erstemal vor mehr als vierhundert, das zweitemal vor etwa dreihundert Jahren. „Zur Zeit der Türkenkriege ...", steht in unseren Geschichtsbüchern, „... und die türkischen Angreifer wurden zurückgeschlagen."

In einer Schule – nahe der türkischen Hauptstadt Ankara – erzählte ein Lehrer seinen Schülern von den großartigen Leistungen der Krieger von damals. „Sie marschierten riesige Strecken zu Fuß und kämpften auch noch dazu", sagte er. „Von uns würde das keiner schaffen." Ich schon, dachte Karim. Er war elf Jahre alt und der kräftigste in seiner Klasse ...

Heimlich packte er ein Bündel und stahl sich in der Nacht davon. Er wußte, daß er nach Westen gehen mußte; dorthin, wo die Stadt Istanbul lag.

Einen Autofahrer, der ihn mitnehmen wollte, wimmelte er ab. „Ich geh' zu Fuß nach Wien", sagte er.

Der Autofahrer tippte sich an die Stirn und gab Gas.

Den nächsten Morgen und den halben Vormittag verschlief Karim hinter einem Gebüsch. Dann futterte er den Proviant auf, der drei Tage lang reichen sollte. Das Weiterwandern war ein Vergnügen.

Am zweiten Tag weniger, am dritten scheußlich. Der Magen knurrte, die Füße brannten, und von Istanbul war nichts zu sehen.

Karim setzte sich an den Straßenrand, knirschte mit den Zähnen – und hatte Glück. Ein Autofahrer aus seinem Dorf erkannte ihn und fuhr ihn nach Hause. Es war nicht weit, weil Karim im Kreis gegangen war ...

„Zu Fuß will er nicht mehr nach Wien gehen", sagte mir sein Lehrer, der jetzt in Deutschland unterrichtet.

Warum muß ich jedesmal an „Hänschen klein" denken, wenn ich von Karim erzähle?

Schulzeit in Indien

Sita ist ein Mädchen aus Indien. Seit drei Jahren wohnt sie mit ihren Eltern in Deutschland. Wenn sie von ihrer indischen Schulzeit erzählt, hören die deutschen Freundinnen verwundert zu.

„Die Schule stand im Nachbardorf", erzählt Sita. „Ich war zwei Stunden unterwegs, eine hin, eine zurück. Das Schulhaus war aus Holz und Flechtwerk gebaut, der Fußboden gestampfter Lehm. Das Dach war undicht. Wenn es regnete, standen Tische und Bänke im Schlamm. Wir hatten kein elektrisches Licht und keine Wasserleitung. Jedes Schulbuch mußten drei Kinder zusammen benutzen.

Trotzdem beklagten wir uns nicht. Ich kannte Kinder, die von morgens bis abends in Teppichfabriken schufteten. Die Arbeit war gefährlich. Eingeatmete Fusseln machten die Lungen krank." Sita zuckt die Achseln. „Die hübschen Teppiche werden von reichen Europäern und Amerikanern gern gekauft."

Der japanische Jungentag

Kazuo war der älteste Sohn der Familie Ono. Seine Brüder waren zwei, drei und fünf Jahre jünger als er. Auf den „Jungentag" (das ist der 5. Tag des 5. Monats) freute er sich besonders. Da ließen die Eltern den größten Karpfen für ihn steigen. In diesem Jahr würde er 15 Fuß (etwa 4 1/2 Meter) messen! Die Karpfen der Brüder würden nur 10,5 und 2 Fuß lang sein ...

Am Jungentag rammte der Vater im Garten vier lange Stangen in den Boden. Kazuo half ihm dabei. Dann wurden vier prall aufgeblasene Luftballone, die die Form von Karpfen hatten, an die Spitzen der Stangen gebunden. Jetzt schwebten „die Karpfen" in der Luft, der größte für Kazuo, die kleineren für die Brüder. Die Familie klatschte in die Hände ... Das „Karpfenfliegen" ist ein alter Volksbrauch. Es soll den japanischen Jungen dieselbe Kraft geben, die die Karpfen die wildesten Ströme überwinden läßt.

231

Gut gemacht, Anwar

Der Händler Hassan verkaufte Antiquitäten in der ägyptischen Hauptstadt Kairo. „Er verscheppert altes Gerümpel", sagten die Nachbarn. Gute Geschäfte machte er mit Ausländern, die wegen der gewaltigen Pyramiden nach Ägypten gekommen waren. Ihnen bot er drei-, vier- und fünftausend Jahre alte Kostbarkeiten an. Dumme Leute bezahlten sehr viel Geld für den Schmuck und die Gefäße, die von Hassans Freunden nachgemacht waren. Der elfjährige Anwar half dem Vater im Geschäft ...

An einem Vormittag kam ein bescheidener Mann in den Laden. In schlechtem Arabisch gab er sich als Bewunderer der altägyptischen Kunst aus. „Leider habe ich nicht viel Geld", gestand er verschämt.

Der hat Geld genug, dachte Hassan. Er jammert, um billig zu kaufen. „Morgen vormittag bekomme ich den Halsschmuck einer Dame, die vor viertausend Jahren gelebt hat", sagte er. „Sonderpreis für Sie: fünftausend Dollar."

Der Mann versprach wiederzukommen.

Anwar hatte zugehört, und der Fremde tat ihm leid. Er lief ihm nach. An der großen Moschee holte er ihn ein. „Möchtest du mir etwas sagen?" erkundigte sich der Mann in seinem schlechten Arabisch. „Ja", antwortete Anwar. „Kommen Sie morgen nicht wieder. Der Schmuck ist gefälscht und keine hundert Dollar wert."

„Warum sagst du mir das?" fragte der Fremde.

„Weil Sie nicht reich sind", antwortete Anwar. „Sie täten mir leid, wenn Sie Ihr Geld genauso hinauswerfen würden wie die reichen Leute."

„Du bist ein guter Junge", sagte der Mann und sprach kein schlechtes Arabisch mehr. „Ich werde nicht wiederkommen. Dein Vater sollte dir danken und ehrliche Geschäfte machen."

„We- wer sind Sie?" stotterte der Junge.

„Ein Kriminalpolizist, der Hassan auf die Finger sieht", sagte der Mann ...

Seither handelt Hassan mit Halstüchern, Hautöl, T-Shirts, Ansichtskarten, Sonnenschirmen, Sonnenbrillen, Kaugummi und Strohhüten. Auch damit verdient er genug.

Die Brosche für einen Dollar

Mister Chang besaß im Chinesenviertel der amerikanischen Großstadt New York einen kleinen Laden. Da verkaufte er chinesische Handarbeiten und Scherzartikel.

Seine Tochter, die elf Jahre alte Ai-Lian, half ihm in ihrer schulfreien Zeit. – An einem Nachmittag, als sie allein im Laden stand, verlangte ein hochnäsiges Mädchen eine Brosche. Ai-Lian legte fünf, sechs, sieben Schmuckstücke vor – doch alle waren der Hochnäsigen „viel zu teurer Klimbim". – Da holte Ai-Lian aus der Scherzartikel-Abteilung eine Porzellanbrosche mit Goldrand. Chinesische Schriftzeichen standen darauf. „Ein Dollar", sagte sie.

„Sie paßt zu meinem Kleid", meinte die Hochnäsige, bezahlte und steckte die Brosche gleich an.

Dann wunderte sie sich, daß manche Chinesen über sie schmunzelten. Die chinesische Schrift auf der Brosche bedeutete: „Ich bin ein Affenbaby."

Ein Glückstag für Tuttu

Es geschah 1993 in einem afrikanischen Land, in dem der Bürgerkrieg wütete. Die Eltern des zehnjährigen Tuttu waren eines Morgens verschwunden. Wahrscheinlich waren sie entführt worden. Dem Jungen gelang die Flucht aus der umkämpften Heimatstadt.

Dann trat er auf eine Mine und verlor das linke Bein. In einem überfüllten Krankenhaus wurde er operiert und eine Zeitlang gepflegt. Dann sagte der Arzt: „Tut mir leid, Junge, länger können wir dich nicht behalten. Sieh zu, wie du durchkommst."

An einem Stecken humpelte Tuttu davon. Krücken gab es nicht.

Er schleppte sich weiter – und sein Glückstag kam. In einem Dorf schenkte ihm eine Frau ein Paar Krücken. Ihr Mann, dem sie gehört hatten, war gestorben.

Jetzt humpelte Tuttu viel besser als am Stecken. Und wenn er weiterhin Glück hat, findet er – vielleicht – seine Eltern wieder.

Verrückte Welt

Sonja fliegt

Es war ein heißer Sommertag. Im Garten blühten Eiszapfen. Aus dem Erdbeerbeet wuchsen kleine Schneemänner heraus. Kater Hannibal rannte vor zwei Mäuslein davon, und der Pudelhund Flopsi legte Eier unter einen Christbaum.

Mutter Friedrich und Vater Susanne fuhren auf ihren Tretrollern in die Schule, um das Einmaleins zu singen.

Die kleine Sonja, die gestern vier Jahre alt geworden war, flog mit dem Motorrad in die Marmeladefabrik.

Dort füllte sie gesalzene Stachelbeeren in Schuhschachteln.

Im Fabrikskindergarten paßten die Babies auf ihre Opas und Omas auf, damit die schön spielten und nicht miteinander rauften.

Auf dem See vor der Stadt schwamm eine Straßenbahn. Darin saßen Osterhasen, die Würstchen aus dem Wasser angelten. Dazu sangen sie: „Heute kommt der Weihnachtsmann."

Und da kam er auch schon auf Rollschuhen über das Wasser gesaust. Aber es war überhaupt kein Weihnachtsmann, sondern eine Weihnachtsfrau. Und sie schenkte allen Schweinchen im See Sauerkrauteis mit Schuhcremesahne und wünschte guten Appetit.

Vom grünen Himmel brannte die blaue Sonne nieder. Alle Kinder zogen dicke Pelze und gefütterte Stiefel an, damit sie nicht schwitzten.

Oma Haberzettel rauchte einen Schluck Tee und trank eine Tasse Pfeife. Opa Haberzettel bestrich Hühneraugen mit Kartoffelmarmelade.

Dies geschah am 31. Juni.

Wie bitte? – Das glaubst du nicht?

Ja dann – dann eben nicht.

Plemplem ruft um Hilfe

Im Königreich Plemplem läuft alles ein bißchen anders als bei uns. Der König wird nicht mit „Majestät" angesprochen, sondern mit „Gromädu". Das ist die Abkürzung von „Großmächtiger Dummkopf". Dazu verbeugen sich die Plemplemer; allerdings mit dem Kopf vom König weg, also nach hinten.

Fleißige und gescheite Leute gelten als minderwertig. Die Faulsten werden Minister ... Jetzt haben die Plemplemer plötzlich Angst bekommen, weil kaum noch jemand arbeitet. Die Bauern bestellen keine Felder mehr. In den Fabriken stehen die Maschinen still, und die Gattinnen der Minister bekommen keine Putzfrauen. Autos werden nicht mehr repariert, Häuser verfallen, und seit vorgestern gibt es kein Wasser in der Wasserleitung und keinen elektrischen Strom.

Die Plemplemer sind ratlos. Jetzt suchen sie jemanden, der ihnen hilft. Der König hat versprochen, den Nothelfer zum Minister zu machen.

Familie Nobelmaier reitet aus

Am Pfingstmontag machte die Familie Nobelmaier ihren Pfingstausflug. Vater hatte blaue Bänder in seine langen blonden Zöpfe geflochten, Mutter war frisch rasiert. Auf die Glatze der fünfjährigen Monika hatte Mutti einen Weihnachtsmann gemalt.

Selbstverständlich gingen Nobelmaiers nicht zu Fuß. Vater ritt auf dem Schwein Rosalinde, das auf seinen sechs Beinen munter dahintrabte. Mutter saß auf der Gans Marianne, die nur vier Beine hatte und etwas langsamer war als das Schwein. Monika hockte auf dem Mischlingshund Bello. Sie konnte noch nicht so gut reiten und hielt sich an Bellos Hörnern fest.

Leider ging der Pfingstritt plötzlich zu Ende. Ein Schneesturm aus heiterem Himmel jagte die Nobelmaiers nach Hause zurück. Erst dort merkten sie, daß kein Schnee, sondern Marzipanflocken auf sie niederpeitschten. „Tja", meinte Vater Nobelmaier, „auch zuviel Marzipan ist scheußlich."

Alles verdreht

Drei Kilometer, sechs Zentimeter und fünf Millimeter hinter Weihnachten liegt das Spaßmachertal. Dort steht ein Bauernhof, in dem alles verdreht ist.

Da bellt der Hund: „Muuuh", und die Kuh muht: „Wauwau".

Die Ziege meckert: „Summsumm", die Fliege summt: „Meck-meck".

„Kikerikiii", schnurrt die Katze, „miau", kräht der Hahn.

„I-hahaa", schnattert die Ente, das Pferdchen wiehert: „Gaggaag".

Im Schweinestall grunzen die Mäuslein, und die Schweinchen piepsen im Mauseloch.

„Quakquak", schreit der Esel, „i-aah", quakt der Frosch aus dem Teich.

„Ruckediguh", blöken die Schafe, und die Tauben gurren: „Bäh-bäh". ...

Vielleicht findest du noch einiges, das im Spaßmachertal verdreht sein könnte. Fürs Nachdenken halt' ich dir die Daumen.

Da stimmt was nicht

Ein Birnbaum voll Pflaumen,
ein Feuer aus Schnee,
ein Wurm mit zwei Daumen
und Salz im Kaffee,
ein Goldfisch mit Beinen,
ein Sperling mit Flossen,
eine Suppe aus Steinen
und Seife in Soßen,
ein Hase mit Hörnern,
Kakao im Spinat,
Limonade mit Körnern,
Benzin im Salat,
eine Katze mit Flügeln,
ein Fußball, der hinkt,
ein Besen zum Bügeln,
ein Hering, der singt,
ein Wald ohne Bäume,
ein Tag ohne Licht,
ein Kind ohne Träume ...
Da stimmt doch was nicht!

Die grössten Katastrophen auf See

Die Princess Alice
3. September 1878

Wie der Schiffbruch der *Princess Alice* beweist, ereignen sich Schiffsunglücke nicht nur auf hoher See. Die 1865 vom Stapel gelassene *Princess Alice* fuhr auf der beschaulichen Themse bei London, als das 251 Bruttoregistertonnen große Schiff von einer Katastrophe ereilt wurde. Die Passagiere an Bord waren unterwegs nach Gravesend, um einen der letzten Sommertage zu genießen. Für viele sollte jener Septembertag der letzte ihres Lebens sein.

Die zur London Steamship Company gehörende *Princess Alice* war in eine Kollision mit dem Kohlenschiff *Bywell Castle* verwickelt. Zusammenstoß und der Verlust von 640 Menschenleben schockierten die Nation. Einem Bericht zufolge „war der Fluß voller ertrinkender Menschen, die in Todesangst schrien und um Hilfe beteten." Viele Passagiere an Bord der *Princess Alice* waren Familien, und bei dem Unglück starben viele kleine Kinder.

Die *Princess Alice* hatte gerade erst ihren Anlegeplatz in London verlassen und war ungefähr anderthalb Kilometer vor Greenwich, als das 1376 Tonnen schwere Kohlenschiff den Flußdampfer aufschlitzte und leckschlug, so daß er schnell unterging.

Kapitän Grinstead von der *Princess Alice* gehörte zu jenen, die die Kollision nicht überlebten. Bei einer abschließenden Zählung kam man auf 200 Überlebende.

Unten: Als das Kohlenschiff Bywell Castle *den Vergnügungsdampfer* Princess Alice *aufschlitzte, wurden viele Passagiere auf der Stelle getötet. Andere ertranken im Fluß, bevor die Retter eintrafen.*

KOLLISION

DIE TITANIC, IM ATLANTIK
15. APRIL 1912

Die *Titanic* ist nicht nur ein Synonym für ein großes Unglück auf hoher See, der schwere Liniendampfer mit einer Größe von 46 000 Bruttoregistertonnen wurde zu einem Zeitpunkt gebaut, als diese Wunderwerke der Ingenieurskunst einem Land großes internationales Ansehen einbrachten. Abgesehen davon, daß man in dem lukrativen Überseehandel viel Geld verdiente, standen die großen Linienschiffe für Reichtum und internationalen Status eines Landes. Die *Titanic* war der neueste einer Reihe von Luxusdampfern, mit denen man die Passagiere davon überzeugen wollte, daß sie auf hoher See genauso sicher wie auf dem Festland waren. Der Verlust der *Titanic* signalisierte, daß die Garantien dieses Zeitalters auf Sand gebaut waren.

Unten: Als die Titanic *1911 vom Stapel lief, galt sie als der letzte Schrei in Sachen Luxusdampfer und wurde allgemein für unsinkbar gehalten.*

Die *Titanic* entstand, als J. Bruce Ismay, der Geschäftsführer der White Star Line, beschloß, drei Schiffe zu bauen, die von Größe und Luxus her alles übertreffen würden, was damals auf den Meeren schwamm. Das erste, die *Olympic*, wurde 1909 vom Stapel gelassen und erfüllte seine Pflicht vorbildlich. Das dritte, die *Britannic*, war im ersten Weltkrieg im Einsatz und wurde im Mittelmeer von einer Mine versenkt. Das zweite Schiff, die *Titanic*, wurde das berühmteste Schiff aller Zeiten.

Alle drei Schiffe waren für rund 2 500 Passagiere in drei Klassen und eine Besatzung von beinahe 1 000 Personen geplant. Alle waren mit den damals allerneuesten Sicherheitsvorrichtungen ausgerüstet, eingeschlossen 16 wasserdichten Schotts. Wie die Ereignisse beweisen sollten, war das Vertrauen in diese wasserdichten Schotts unangebracht.

Als die *Titanic* 1911 mit viel Aufsehen vom Stapel lief, hielt man sie gemeinhin für „unsinkbar". White Star setzte ihre Jungfernfahrt von Southampton nach

15

DIE GRÖSSTEN KATASTROPHEN AUF SEE

New York über Cherbourg und Cork auf den 10. April des folgenden Jahrs an. Als das Linienschiff aus Southampton auslief, führte Kapitän Edward Smith das Kommando.

Für diese prestigegeladene erste Fahrt war Smith eine gute Wahl. Er verfügte über eine sehr große Erfahrung und hatte über mehr als 15 Schiffe der Linie das Kommando geführt. Aber trotz seiner Erfahrung ließ sich die Reise schlecht an. Als die *Titanic* aus Southampton auslief, verdrängte sie ein gewaltiges Wasservolumen, so daß ein zweites Linienschiff, die *New York*, von seinem Anlegeplatz gerissen wurde. Nur knapp konnte eine Kollision verhindert werden. Damit hatten die 1308 Passagiere (darunter auch Ismay, der Geschäftsführer der Schiffahrtslinie) und die 898 Besatzungsmitglieder an Bord einen Vorgeschmack auf das Schicksal der *Titanic* bekommen, wenngleich sie es damals noch nicht wußten.

Die *Titanic* machte in Cherbourg und Cork halt, danach brach sie zur Überquerung des Atlantiks auf. Es gab Berichte über Eisberge, aber sie waren nördlich der von der *Titanic* befahrenen Route gesichtet worden. Ismay wollte unbedingt den Wert seines neuen Liniendampfers unter Beweis stellen und erteilte Smith den Befehl, mit Höchstgeschwindigkeit zu fahren, obwohl er dazu nicht berechtigt war. Die Motoren der *Titanic* leisteten gute Arbeit. Am ersten Tag legte das Schiff eindrucksvolle 546 Seemeilen (873 km) zurück. Zwar verzeichnete man Berichte über Eisberge weiter südlich im Logbuch, trotzdem reduzierte der Dampfer nicht seine Geschwindigkeit von 22 Knoten.

Am 14. April abends wurden Wachen auf dem ganzen Fahrzeug aufgestellt; sie sollten sorgfältig nach Eisbergen oder anderen Gefahren Ausschau halten; dann ging auch der Kapitän in seine Kajüte. Kurz vor Mitternacht entdeckte ein Wachposten einen Gegenstand vor dem Linienschiff. Es war ein Eisberg, und der Mann erstattete sofort Bericht von der Gefahr. Zwar handelte er auf der Stelle, aber der Dampfer fuhr Höchstgeschwindigkeit. Die Schiffsruder wurden nach backbord gedreht und die Motoren achteraus, aber die *Titanic* war ein großes Schiff und reagierte nicht schnell genug. Sie prallte gegen den Eisberg.

Passagiere an Bord berichteten später, sie hätten nicht mehr als einen Stoß verspürt und ein paar Kratzgeräusche gehört (der Moment, in dem der Eisberg den Schiffsrumpf aufschlitzte). Es gab keine Panik – schließlich hatte man das Schiff als „unsinkbar" bzeichnet. Allerdings wies es einen fatalen Konstruktionsfehler auf: Die wasserdichten Schotts waren nicht so hoch wie das gesamte Schiff. Während ein Schott überflutet wurde, schwappte das Wasser über, füllte dann das nächste und so fort. Thomas Andrews, ein Passagier, der auch Schiffsbauer war,

Links: *Am 14. April 1912 kurz vor Mitternacht stieß die* Titanic *im Nordatlantik mit einem Eisberg zusammen.*

KOLLISION

Rechts: *Nach der Kollision des Schiffs mit dem Eisberg wurden Rettungsboote mit Passagieren der ersten Klasse ins Wasser gelassen. Aber es gab nicht genug Rettungsboote für alle Passagiere.*

Unten: *Während die einst mächtige* Titanic *langsam untergeht, kämpfen einige Passagiere in einem Rettungsboot ums Überleben.*

sagte dem Kapitän, die *Titanic* werde in spätestens zwei Stunden sinken.

Smith gab Anweisung, das neue SOS-Notsignal zu senden, das von einem anderen Schiff, der *Carpathia*, aufgefangen wurde; es nahm sofort Kurs auf die *Titanic*. Dieses Schiff war knapp 50 Seemeilen (80 km) von dem Dampfer entfernt. Hilfe befand sich übrigens noch näher. Ein zweites Schiff, die *California*, soll sich in einer Entfernung von nur wenigen Seemeilen befunden haben, aber ihr Funker hatte frei, so daß die Notsignale von der *Titanic* dort nicht gehört wurden. An Bord der *Titanic* gab Smith den Befehl, das Schiff zu verlassen. Aber es gab nur 20 Rettungsboote für die 2200 Passagiere und Besatzungsmitglieder. Die Erbauer waren des Glaubens gewesen, daß sich die *Titanic* selbst im schlimmsten Fall lange genug über Wasser halten würde, bis rettende Schiffe eintrafen. Man würde die Rettungsboote, so dachte man, nur für die Beförderung von Passagieren von der *Titanic* zu den wartenden Schiffen benötigen. Das erwies sich als ein tödlicher Trugschluß.

Unter den Passagieren auf der *Titanic* kam es kaum zu einer sofortigen Panik. Frauen und Kinder wurden eilig zu den Rettungsbooten geführt, allerdings unter

DIE GRÖSSTEN KATASTROPHEN AUF SEE

Beibehaltung des Klassensystems. Die Geretteten stammten beinahe alle aus der ersten Klasse. Die große Mehrheit der Umgekommenen, Männer, Frauen und Kinder, fuhren in der dritten Klasse. Ismay überlebte, aber Smith ging mit seinem Schiff unter. Am 15. April gegen 02.00 Uhr verschwand die *Titanic* unter den Wellen. Ungefähr zwei Stunden später traf die *Carpathia* am Ort ein und nahm rund 700 Personen auf. Insgesamt kamen 815 Passagiere und 688 Besatzungsmitglieder ums Leben.

Links: Eine Szene an Bord der untergehenden Titanic.

Unten: Die letzten Augenblicke der Titanic*: Das großartige Schiff versinkt im Wasser. Nach der Legende soll das Schiffsorchester auch noch gespielt haben, als das Schiff unterging.*

KOLLISION

DIE EMPRESS OF IRELAND, IM ATLANTIK
29. MAI 1914

Die *Empress of Ireland* war ein bequemes, wenn auch unscheinbares Passagierschiff, 1905 von der Fairfield Shipbuilding and Engineering Company in Glasgow für die Canadian Pacific Line gebaut. Die *Empress of Ireland* befuhr die Transatlantikroute von Quebec nach Liverpool, ihre letzte Fahrt trat sie am 28. Mai 1914 an. Das Schiff hatte beim Auslaufen von Quebec 1 057 Passagiere an Bord sowie Kapitän Henry Kendell, zuständig für 420 Besatzungsmitglieder. Das Schiff hatte außerdem eine allgemeine Fracht von rund 1 100 Tonnen geladen.

Als das Linienschiff Father Point erreichte, ging der Lotse von Bord, und die *Empress* setzte ihre Fahrt nach Liverpool fort. Beim Weiterfahren bemerkte man auf dem Schiff Lichter in einer Entfernung von ungefähr sechs Seemeilen (9,5 km). Sie stammten von der *Storstad*, einem norwegischen Kohlenschiff mit 11 000 Tonnen Kohle in seinem Laderaum. Die beiden Schiffe kamen sich näher, und jedes schien der Meinung zu sein, es gäbe genug Raum zwischen beiden, so daß sie einander passieren konnten. Als sie sich auf Sichtweite genähert hatten, hüllte jedoch dichter Nebel die Gegend ein, so daß die Sicht verringert wurde. Die Wachposten versuchten, das jeweils andere herankommende Schiff anhand seiner Lichter auszumachen.

Die *Storstad* entdeckte die *Empress* als erste und unternahm einen verzweifelten Versuch, abzudrehen. Kendell befahl, erst geradeaus und danach achteraus zu fahren, um der *Storstad* auszuweichen, aber es war schon zu spät. Die *Storstad* prallte gegen die *Empress* und riß ein großes Loch in den Schiffskörper, durch das Meerwasser einströmte.

Kendall erfaßte sofort, daß die *Empress* verloren war, und nach einem erfolglosen Versuch, das Schiff zum Stranden zu bringen, erteilte er den Befehl, das Schiff zu verlassen. Aber die meisten Passagiere schliefen und reagierten nur langsam. Die *Empress* kenterte und ging in weniger als 15 Minuten nach der Kollision unter. Von den 1 057 Passagieren an Bord ertranken 840, nur 217 überlebten. Die Besatzung hatte mehr Glück: 248 überlebten.

Rechts: *Nach dem Schiffbruch der* Empress of Ireland *werden die Toten aus dem St. Lawrence geborgen.*

DIE GRÖSSTEN KATASTROPHEN AUF SEE

DIE FORT VICTORIA
18. DEZEMBER 1929

Als die *Fort Victoria* unterging, kamen zum Glück keine Menschen zu Schaden. Allerdings ist der Untergang des Schiffs nach einer Kollision mit einem zweiten Linienschiff, der *Algonquín*, ein klassisches Beispiel für die Gefahren, die drohen, wenn man bei nebligem Wetter eine vielbefahrene Route befährt.

Die *Fort Victoria* begann ihre Laufbahn als *Willochra* und verkehrte vor dem Ersten Weltkrieg zwischen den Vereinigten Staaten, Australien und Neuseeland. Während des Kriegs diente sie als Truppentransporter. 1919 wurde die *Willochra* an Furness, Withy and Company in London veräußert, renoviert und umbenannt, um danach auf der Route von New York nach den Bermudas als Passagierdampfer zu dienen.

Die *Fort Victoria* brach am 18. Dezember 1929, als der Kreuzfahrtdampfer aus dem New Yorker Hafen auslief, zu ihrer Begegnung mit dem Schicksal auf. An Bord befanden sich Kapitän A. R. Francis, die Besatzung und etwas mehr als 200 Passagiere. Später am selben Tag stoppte die *Fort Victoria* an der Einfahrt in den Ambrose Channel. Nebel hüllte das Schiff ein, so daß die Sicht sehr schlecht war. Kapitän Francis hörte Warnglocken und -sirenen aus mehreren Richtungen, aber nichts hatte ihn auf den Anblick eines Schiffs vorbereitet, dessen Bug unvermittelt aus dem Nebel auftauchte. Dieser Bug gehörte zur *Algonquín*, die von Galveston kam. Die Kollision war unvermeidbar, und beide Schiffe gaben auf der Stelle Notsignale ab.

Sowohl die amerikanische Küstenwache als auch andere Schiffe in der Gegend reagierten schnell auf die Hilferufe. Kapitän Francis überwachte die Evakuierung, dann verließ auch er das sinkende Linienschiff.

Links: *Der Vergnügungsdampfer* Fort Victoria *verkehrte in den zwanziger Jahren zwischen New York und den Bermudas.*

KOLLISION

DIE DRESDEN, IN DER NORDSEE
20. JUNI 1934

Der Untergang der *Dresden* auf einer Vergnügungsfahrt zeigt, wie schnell sich ein unbeschwerter Ausflug in eine Horrorfahrt verwandeln kann.

Der deutsche Passagierdampfer *Dresden* blickte auf eine wechselvolle Geschichte zurück. Das Schiff wurde 1915 gebaut und erhielt den Namen *Zeppelin*. Nach dem Ersten Weltkrieg ging es an England und dann 1920 an die Orient Line, die das Schiff auf *Ormuz* umtaufte. Unter diesem Namen wurde das Linienschiff auf der Strecke von London nach Australien eingesetzt.

Ormuz beendete seine Laufbahn auf der Route nach Australien jedoch im April 1927, als ein Angebot vom Norddeutschen Lloyd für das Schiff akzeptiert wurde. Wieder wurde das Linienschiff neu ausgerüstet, in *Dresden* umbenannt und auf der Route zwischen Bremerhaven und New York eingesetzt. Aber zum Teil verwendete man die *Dresden* als Kreuzfahrtschiff, auf dem im Rahmen der von der NSDAP ins Leben gerufenen Kampagne „Kraft durch Freude" Ausflüge gemacht wurden.

1934 befand sich die *Dresden* genau auf einer solchen Kreuzfahrt, als das Unglück geschah. Am 20. Juni gegen 19.30 Uhr fuhr das Schiff auf einen im Wasser verborgenen Fels vor der Karmøy-Insel auf. Der Aufprall erschütterte das gesamte Schiff, und die Passagiere, von denen viele nie zuvor auf See gewesen waren und nicht schwimmen konnten, gerieten in Panik. Einige sprangen ins Wasser. Schließlich strandete das Schiff. Da aber Wasser durch drei Löcher im Schiffskörper einströmte, war ihr Ende besiegelt. Die *Dresden* bekam Schlagseite nach backbord und kenterte am Tag darauf.

Oben: Die gekenterte Dresden. *Das Schiff befand sich mit einer Gruppe junger Passagiere auf einer Vergnügungsfahrt, als es auf einen Fels auffuhr.*

Die grössten Katastrophen auf See

DIE ANDREA DORIA
25. Juli 1955

Die *Andrea Doria* war ein gut ausgestattetes Luxusschiff mit moderner Einrichtung, das bei seinen Passagieren sofort begeistert aufgenommen wurde, als es am 14. Januar 1953 seine Jungfernfahrt antrat. Seine Besitzer, die Italia-Società per Azioni di Navigazione, setzten hohe Erwartungen in das Schiff.

Die *Andrea Doria* befuhr die Strecke Genua – New York, Stopps waren in Cannes, Neapel und Gibraltar vorgesehen. Mitte 1955 hatte die *Andrea Doria* den Atlantik fünfzigmal überquert, aber ihre 51. Fahrt endete in einer Katastrophe.

Kapitän Calamai, der schon auf der ersten Fahrt der *Andrea Doria* mitgefahren war, hatte auf dieser Fahrt das Kommando inne. Als das Linienschiff in den Atlantik auslief, befanden sich eine 572köpfige Besatzung und 1 134 Passagiere an Bord, die die Schiffseinrichtungen genossen. Dazu gehörten drei Swimmingpools im Freien und zahlreiche im modernen italienischen Stil eingerichtete Gesellschaftsräume. Das Schiff überquerte den Atlantik ohne Zwischenfälle. Vor ihm lag noch ein Tag bis New York. Das war am 25. Juli.

Die *Andrea Doria* näherte sich mit voller Geschwindigkeit dem Feuerschiff von Nantucket, aber gegen die zweite Nachmittagshälfte hatte dichter Nebel die Sicht auf weniger als eine Seemeile (1,853 km) reduziert. Calamai ordnete an, die Geschwindigkeit des Schiffs auf 21 Knoten zu drosseln. Kurz nach 22.30 Uhr entdeckte der Mann am Radar der *Andrea Doria* einen Gegenstand vor sich, und die Schiffsoffiziere errech-

Oben: Der Luxusdampfer Andrea Doria verkehrte zwischen Italien und New York.

KOLLISION

neten, daß der Gegenstand das Schiff steuerbords passieren würde. Calamai ordnete an, alle 100 Sekunden das Nebelhorn des Schiffs zu betätigen.

Weiter befahl Calamai seinen Offizieren, auf Geräusche des anderen Schiffs zu achten, aber plötzlich entdeckten sie Lichter, die direkt aus dem Nebel auf sie zufuhren. Die *Andrea Doria* gab zwei Warnungen über ihr Nebelhorn ab und versuchte, scharf abzudrehen. Mit ihrem Bruttogewicht von beinahe 30 000 Tonnen reagierte die *Andrea Doria* jedoch zu langsam auf das Steuer. Das zweite Schiff, die *Stockholm* der Swedish American Line, fuhr direkt auf der Steuerbordseite in die *Andrea Doria*.

Der verursachte Schaden war gewaltig. Die *Stockholm* fuhr mit 18 Knoten, außerdem war ihr Bug so verstärkt, daß er Eis brechen konnte. Dieser Bug durchschnitt den Körper der *Andrea Doria* neun Meter tief, so daß der Einschnitt vom Oberdeck des Linienschiffs bis tief unter dem Wasserspiegel verlief.

Die *Stockholm* konnte sich von der *Andrea Doria* entfernen, die sofort Schlagseite auf Backbord bekam. Der Kapitän gab ein Notsignal, auf das einige Schiffe in der Nähe reagierten. Diese trafen schnell am Ort ein und retteten über 1 600 der Passagiere und Besatzungsmitglieder der *Andrea Doria*.

Wenngleich die *Stockholm* beträchtlichen Schaden an ihrem Bug aufwies, konnte sie ebenfalls bei der Rettungsaktion mitmachen. Eine Zählung der Überlebenden ergab, daß nur 47 Personen ums Leben gekommen waren, die meisten davon beim ersten Aufprall. Am 26. Juli, einen Tag nach der Kollision, sank die *Andrea Doria*.

Oben: *Eine unentwirrbare Masse: Das war der Bug der Stockholm.* Sie lief mit 500 Überlebenden von der Andrea Doria *mit Mühe und Not in New York ein.*

Links: *Nach dem Zusammenprall mit der* Stockholm *kenterte die* Andrea Doria *steuerbords und versank am Tag darauf in 68 m Tiefe.*

Die grössten Katastrophen auf See

Die Hans Hedtoft
30. Januar 1959

Im Winter ist der Nordatlantik tückisch für die Schiffahrt. Das Meer ist eisig, das Wetter entweder stürmisch oder neblig, und ständig herrscht latent die Gefahr einer Kollision mit einem Eisberg. Selbst ein speziell für diese Bedingungen gebautes Schiff ist nicht gegen Unglück gefeit, wie das Schicksal der *Hans Hedtoft* beweist.

Die dänische Königliche Grönland-Handelsgesellschaft ließ die *Hans Hedtoft* für den Schiffsverkehr zwischen Dänemark und Grönland bauen. Als besondere Auflage sollte das Schiff das ganze Jahr über den Verkehr nach Grönland bedienen, selbst mitten im Winter zwischen Januar und März.

Die Erbauer bemühten sich, sicherzustellen, daß das Schiff auch das Schlimmste, was der Nordatlantik zu bieten hatte, überstehen würde. Sie statteten die *Hans Hedtoft* mit einem doppelten Boden, sieben wasserdichten Schotts und einem verstärkten Bug aus. Aber selbst diese Sonderausrüstung reichte nicht, um das Schiff vor der schweren Wintersee vor Grönland zu schützen.

Am 7. Januar 1959 brach die *Hans Hedtoft* zu ihrer Jungfernfahrt von Kopenhagen nach Godthaab auf. Am 29. Januar trat das Schiff unter dem Kommando von Kapitän P. Rasmussen mit 55 Passagieren und einer 40köpfigen Besatzung die Rückreise an.

Am 30. Januar geriet die *Hans Hedtoft* in schwere See und orkanartigen Wind, schaffte aber immerhin noch 12 Knoten. Kurz vor 12.00 Uhr kollidierte das Schiff jedoch rund 35 Seemeilen (49 km) südlich von Cape Farewell an Grönlands Südspitze mit einem Eisberg. Rasmussen schickte sofort ein Notsignal; es wurde von einem Schiff der amerikanischen Küstenwache und einem Fischdampfer aufgefangen.

Der Fischdampfer fuhr mit Volldampf in Richtung auf das havarierte Schiff. Aber als er eintraf, war die *Hans Hedtoft* mitsamt der Besatzung untergegangen. Trotzdem suchte man nach Überlebenden – ohne Erfolg.

Links: Das dänische Schiff Hans Hedtoft *lief am 7. Januar 1959 zu seiner Jungfernfahrt von Kopenhagen aus. Das Schiff sollte nie wieder in den Hafen von Kopenhagen einfahren: Nach einer Kollision mit einem Eisberg auf der Rückfahrt verschwand es spurlos.*

KOLLISION

DIE CARIBIA, IN GUAM
13. AUGUST 1974

Der Passagierdampfer *Caribia* stand von Anfang an unter einem unglücklichen Stern und fand auch noch ein unrühmliches Ende, als er auf dem Weg zum Schrottplatz von einem anderen Schiff gerammt und vollends zerstört wurde.

Im Spätoktober 1947 lief sie unter dem Namen *Caronia* vom Stapel und begann ihren Einsatz auf der Strecke von Southampton nach New York. Aber wegen der wachsenden Konkurrenz durch den Luftverkehr erschwerte sich die Lage für Passagierdampfer auf der Atlantikroute, und auch die *Caronia* war kaum noch rentabel. Wenngleich das Schiff für Kreuzfahrten in die Karibik beliebt war, beugten sich seine Besitzer, die Cunard-Linie, 1967 dem Unvermeidbaren und zogen die *Caronia* aus dem Verkehr.

1968 wurde die *Caronia* verkauft und in *Caribia* umbenannt. Nach ihrer Renovierung in Piräus beschlossen ihre neuen Besitzer, ihr Glück auf dem Kreuzfahrtmarkt von New York aus zu versuchen. Aber selbst die Namensänderung verbesserte das Schicksal des Schiffs anscheinend nicht. Am 28. Februar 1969 lief die *Caribia* zu ihrer zweiten Kreuzfahrt aus, aber schon am 5. März explodierte im Kesselraum ein Dampfrohr. Dabei wurde ein Besatzungsmitglied getötet. Das Schiff wurde schließlich nach New York zurückgeschleppt und veräußert.

Da die *Caribia* nicht mehr seetüchtig war, beschloß der Eigentümer, sie in Taiwan verschrotten zu lassen. Am 25. Januar 1974 brach das Schiff von New York zu seiner letzten Fahrt auf, gezogen vom Schlepper *Hamburg*. Wegen des schlechten Wetters mußte der Schlepper mit seinem Schützling in Guam einlaufen. Als die beiden Schiffe aber am 13. August in den Hafen einliefen, prallte die *Caribia* gegen einen Wellenbrecher. Das Schiff kenterte und zerbrach in drei Teile. Später wurden die Überreste vor Ort auseinandergenommen.

Oben: Das Cunard-Linienschiff Caribia wurde für die transatlantische Route gebaut, aber als das Schiff zum Einsatz kam, hatte das Flugzeug Passagierdampfer überflüssig gemacht.

DIE GRÖSSTEN KATASTROPHEN AUF SEE

DIE ATLANTIC EMPRESS, IN DER KARIBIK
19. JULI 1979

Der 292 666 Bruttoregistertonnen große Supertanker *Atlantic Empress* ging auf Grund einer Kollision mit einem zweiten Supertanker-Ungetüm, der *Aegean Captain*, verloren. Beide Tanker waren in Liberia registriert. Die *Aegean Captain* hatte kurz zuvor Rohöl in Venezuela geladen und befand sich auf der Fahrt nach Singapur, die *Atlantic Empress* war von Beaumont, Texas, in den Persischen Golf unterwegs. Insgesamt liefen von beiden rund 280 000 Tonnen Rohöl in die Karibik.

Die Kollision ereignete sich am Frühabend unweit der Insel Tobago, als sich das Wetter verschlechterte. Bei Nachteinbruch ging die Sicht in der Gegend zusehends zurück, und obwohl beide Schiffe mit modernen Radaranlagen ausgerüstet waren, schien keiner der Wachposten auf den beiden Schiffen zu bemerken, daß die Supertanker sich rapide einander näherten. Erst als sich beide Schiffe auf knapp eine Seemeile (1,853 km) nahegekommen waren, orteten die Ausguckposten die Gefahr. Mittlerweile war es jedoch zu spät, als daß noch etwas hätte unternommen werden können. Ein Supertanker braucht zum Stoppen oder Manövrieren viel Zeit, und bei dieser kurzen Entfernung war beides unmöglich. Die Tanker kollidierten mit einer Gesamtgeschwindigkeit von 30 Knoten.

Kurz nach 19.00 Uhr krachte der Bug der *Aegean Captain* in die Backbordseite der *Atlantic Empress*. Auf beiden Schiffen brach Feuer aus. Die Besatzung der *Aegean Captain* konnte das Schiff ordentlich räumen, auf der *Atlantic Empress* dagegen hatte die Besatzung Mühe, ihre Rettungsboote auszusetzen, und von den 42 Personen an Bord des Tankers kamen 26 ums Leben. Von beiden Schiffen konnte nur die *Aegean Captain* geborgen werden.

Unten: Dichte Rauchwolken steigen über der Atlantic Empress *nach ihrer Kollision mit einem zweiten Supertanker, der* Aegean Captain, *auf.*

KOLLISION

DIE DOÑA PAZ, PHILIPPINEN
20. DEZEMBER 1987

In dem tückischen Gewässer zwischen den vielen Inseln der Philippinen haben sich schon zahlreiche Schiffbrüche ereignet, aber das Unglück der *Doña Paz* gilt als eines der schlimmsten überhaupt.

Die *Doña Paz* brach zu einer der geschäftigsten Zeiten des Jahres zu ihrer letzten Fahrt auf, als der Druck auf die philippinischen Fähren am stärksten war. Die Fähre befuhr die Route Leyte–Manila und war, als sie aus Tacloban in die Hauptstadt auslief, vollgepackt mit Passagieren, die rechtzeitig ihre Vorbereitungen für das Weihnachtsfest treffen wollten. Die *Doña Paz* war dermaßen überfüllt, daß viele Reisende nicht einmal registriert waren; deshalb sind die Listen mit den Opfern, die nach dem Unglück zusammengestellt wurden, auch nicht exakt.

Der erste Teil der Reise verlief unproblematisch, aber als sich die *Doña Paz* unweit der kleinen Insel Marinduque befand, schlug das Unglück zu.

Die Nacht war dunkel und mondlos, viele Passagiere schliefen, so gut sie es bei dieser Überfüllung konnten, an Deck. Ohne jede Vorwarnung kollidierte die Fähre plötzlich mit einem Tanker, der *Victor*. Fast sofort nach dem Zusammenprall brach Feuer aus, das auf der *Doña Paz* schnell um sich griff. Sie ging unter. Das Meer um sie herum war ein brennender Teppich von Öl, das aus dem Tanker ausgelaufen war, und die Menschen im Wasser hatten kaum eine Überlebenschance. Die wenigen, die den Flammen hatten entkommen können, mußten sich die ganze Nacht über an Wrackteile klammern, denn erst am nächsten Morgen begann man mit der Rettung, die sich aber äußerst schwierig gestaltete, da während der gesamten Bergungsarbeiten heftige Gewitter über dem Meer tobten.

Nach der Untersuchung des Unglücks wurde die Zahl der Todesopfer mit 1556 angegeben. Tatsächlich dürften aber weit mehr Menschen ums Leben gekommen sein, denn nur 30 Menschen überlebten die Katastrophe.

Oben: Die Inselfähre Doña Paz *auf einer ihrer regulären Fahrten.*

27

FEUER

Viele Schiffe wurden Opfer eines Feuers. Im Zeitalter der Holzschiffe war das kaum überraschend, aber selbst modernen Schiffen aus Metall droht diese Gefahr noch immer, denn Frachtschiffe befördern häufig stark brennbare Stoffe in ihren Laderäumen, und Passagierschiffe sind zum Teil mit leichtentzündlichen Möbeln ausgestattet.

Bei einem Feuer obliegen dem Schiffskapitän mehrere Pflichten. Er muß alle Passagiere an Bord darauf aufmerksam machen, die Räumung des Schiffs in die Wege leiten, das Feuer bekämpfen und, wenn er die Lage nicht schnell genug in den Griff bekommt, ein Notsignal ausschicken. Bei den meisten in diesem Kapitel beschriebenen Schiffbrüchen hat man einen oder mehrere dieser Schritte nicht befolgt. Beispielhaft dafür dürfte vermutlich der Vorfall mit der *Yarmouth Castle* sein, die 1965 von den Flammen verschlungen wurde. Der Kapitän wurde nicht rechtzeitig informiert, und selbst als er im Bild war, meinte er, dem Feuer sei beizukommen. Deshalb gab er keinen Befehl, das Schiff zu verlassen, bis es eindeutig nicht mehr gerettet werden konnte. Ebenso wenig konnte er dann noch ein Notsignal ausschicken, weil der Funkraum in hellen Flammen stand. Schließlich verließen er und seine Besatzung mit als erste das Schiff, was ein klarer Regelverstoß war.

Zum Glück ist ein Zwischenfall wie der mit der *Yarmouth Castle* relativ selten. Die Besatzungen gehen bei der Feuerbekämpfung meistens höchst professionell vor, und die Schiffe sind mit ungemein effizienten Brandüberwachungsanlagen ausgerüstet. Was aber immer noch zählt, sind vor allem schnelles Reagieren und die richtige Beurteilung der Lage. Ebenso ist es lebenswichtig, eine potentielle Gefahr schnell und exakt einzuschätzen und sofort die notwendigen Schritte in die Wege zu leiten. Aber wie die folgenden Beispiele zeigen, rettet selbst eine Sofortreaktion ein Schiff nicht immer vor Zerstörung.

Rechts: Das italienische Linienschiff Achille Lauro *brennt und treibt einen Tag, nachdem 1 000 Passagiere und Besatzungsmitglieder aus den Rettungsbooten des Schiffs gerettet wurden, im Meer vor der somalischen Küste.*

Die grössten Katastrophen auf See

DIE SAALE, NEW YORK
30. Juni 1900

Ein Hafen sollte eigentlich ein sicherer Ort für Schiffe sein, aber wie das Schicksal der *Saale* zeigt, trifft das nicht immer zu. Dieses Linienschiff geriet durch eine Feuersbrunst an dem Pier in Brand, an dem das Schiff zuvor angelegt hatte.

Die *Saale*, ein Schiff mit zwei Schornsteinen, gehörte dem Norddeutschen Lloyd, ihr Heimathafen war Bremen. Das Schiff konnte über 1 200 Passagiere aufnehmen, 150 davon in der ersten Klasse. Die *Saale* befuhr die Strecke Bremen–Southampton–New York.

Im Spätjuni 1900 befand sich die *Saale* zusammen mit drei weiteren Schiffen des Norddeutschen Lloyd, der *Bremen*, der *Kaiser Wilhelm* und der *Main*, an ihrem Anlegeplatz in Hoboken, New Jersey. Auf dem benachbarten Pier Nummer drei brach in einem Stapel Baumwollballen ein Feuer aus, das auf die nahebei gestapelten Fässer mit Öl und Terpentin übergriff. Starker Wind begünstigte die Ausbreitung des Feuers, und für die Schiffe am Anlegeplatz bestand akute Gefahr, daß auch sie in Brand gerieten. Die *Kaiser Wilhelm* gab Dampf und entfernte sich von der um sich greifenden Feuersbrunst, aber die anderen Schiffe fingen Feuer.

Wer sich auf dem Oberdeck der *Saale* befand, rettete sich durch einen Sprung in den Hudson, aber unter Deck saßen die Menschen in einer Falle. Einige versuchten, durch die Bullaugen zu fliehen, diese waren aber für einen Menschen zu klein. Das Schiff brannte völlig aus und sank auf den Boden des Anlegeplatzes.

Bei der Untersuchung des Wracks bot sich ein schrecklicher Anblick. Die verkohlten sterblichen Überreste von 99 Passagieren und Besatzungsmitgliedern wurden geborgen. Die *Saale* wurde repariert und blieb weitere 24 Jahre im Einsatz. Als Konsequenz dieses furchtbaren Unglücks, bekamen die neueren Schiffe größere Bullaugen, groß genug, damit sich ein Mensch im Notfall hindurchzwängen konnte.

Unten: Das deutsche Linienschiff Saale *befand sich an seinem Anlegeplatz in Hoboken, New Jersey, als ein Feuer auf dem angrenzenden Pier mit schrecklichen Folgen auf das Schiff übergriff.*

FEUER

DIE CITY OF HONOLULU, IM PAZIFIK
12. OKTOBER 1922

Wenn auf hoher See Feuer ausbricht, ist das oft ein entsetzliches Erlebnis. Selbst auf dem größten Schiff greift ein Feuer meistens schnell um sich und verschlingt es, wie das Schicksal der *City of Honolulu* beweist.

Die *City of Honolulu* gehörte anfangs zur Flotte des Norddeutschen Lloyd und hieß *Friedrich der Große*. Bis zum Ausbruch des Ersten Weltkriegs wurde die *Friedrich* auf der Route zwischen Australien und Nordatlantik eingesetzt. Aber zu Beginn des Ersten Weltkriegs verlor der Norddeutsche Lloyd das Schiff, als es im August 1914, dem ersten Kriegsmonat, im New Yorker Hafen beschlagnahmt wurde.

Als sich die Vereinigten Staaten 1917 dem Krieg anschlossen, mußte die amerikanische Marine ihre Transportflotte ausbauen, um die vielen tausend Soldaten an die Westfront zu befördern. Die *Friedrich der Große* bot sich dazu an. Sie wurde in *Huron* umbenannt und zu einem Truppentransporter umfunktioniert. Die *Huron* überstand den Krieg, und 1922 wurde sie von der Los Angeles Steamship Company gechartert. Noch einmal taufte man sie um, diesmal auf *City of Honolulu*.

Die *City of Honolulu* vollendete nie ihre Jungfernfahrt. Auf dem Rückweg nach Kalifornien brach am 12. Oktober ungefähr 650 Seemeilen (1 040 km) vor San Pedro Feuer an Bord aus. Das Feuer verbreitete sich schnell über das ganze Schiff, das völlig ausbrannte. Ein Notsignal rief den Frachter *West Faralon* zum Unglücksort, der alle 70 Passagiere und 145 Besatzungsmitglieder der *City of Honolulu* retten konnte.

Rechts: *Um beim Ausbruch eines Feuers einer Panik vorzubeugen, ließ der Kapitän der* City of Honolulu *das Orchester aufspielen: Die Passagiere tanzten, bis die Rettungsboote bereit waren.*

DIE GRÖSSTEN KATASTROPHEN AUF SEE

DIE GEORGES PHILIPPAR, IM GOLF VON ADEN

15. MAI 1932

Dem französischen Passagierschiff *Georges Philippar* war Feuer nicht fremd. Das Schiff wurde als Ersatz für die *Paul Lacat* gebaut, die im Dezember 1928 im Marseiller Hafen ausgebrannt war, und auch die *Georges Philippar* wurde am 29. November 1930, drei Wochen, bevor sie vom Stapel laufen sollte, von einem Feuer beschädigt.

Nach der Wiederherstellung trat das Schiff seine erste und zugleich letzte Fahrt an. Die Hinfahrt nach Jokohama verlief ohne Zwischenfälle. Auf der Rückfahrt legte es einen Stopp erst in Shanghai, danach in Colombo ein. Von Colombo aus trat das Schiff mit 518 Passagieren und 347 Besatzungsmitgliedern die Weiterreise über den Indischen Ozean an. Zweimal wurde auf dieser Strecke Feueralarm in einem Laderaum voller Goldbarren ausgelöst. In beiden Fällen fand man aber kein Feuer.

Am 15. Mai brach frühmorgens tatsächlich Feuer in einer Kabine aus. Kapitän Vieg wurde zu spät von der Gefahr unterrichtet, denn mittlerweile hatte sich das Feuer ausgebreitet. Der Kapitän beschloß, mit Hochgeschwindigkeit nach Aden zu fahren, aber durch die große Geschwindigkeit wurden die Flammen weiter angefacht.

Vieg begriff, daß er das Feuer nicht mehr in den Griff bekommen würde, und ordnete an, das Schiff zu verlassen. Drei Schiffe reagierten auf das Notsignal der *Georges Philippar* und retteten mehr als 650 Personen an Bord. Die Zahl der Opfer wurde auf 40 bis 90 geschätzt. Die *Georges Philippar* brannte aus und trieb noch vier Tage auf See, bevor sie am 19. Mai unterging.

Unten: Das französische Linienschiff Georges Philippar *war ein attraktives Schiff, aber es vollendete nie seine Jungfernfahrt nach Jokohama und zurück: Im Golf von Aden fiel das Schiff einem Feuer zum Opfer und sank.*

Die Pieter Corneliszoon Hooft, in Amsterdam
14. November 1932

Das holländische Linienschiff *Pieter Corneliszoon Hooft* war von der Nederland Linie bei einer französischen Werft in Auftrag gegeben worden. Am 25. Dezember 1925, es befand sich noch in der Werft, wurde es zum ersten Mal vom Unglück ereilt. Das Schiff wurde Opfer eines großen Feuers, das die Passagierunterkünfte zerstörte. Die französischen Erbauer konnten es deshalb nicht termingerecht fertigstellen, weshalb es nach Amsterdam gebracht wurde.

Dort wurde es vervollständigt und im August 1926 seinen Eigentümern übergeben. Noch im selben Jahr brach es zu seiner Jungfernfahrt von Amsterdam nach Ostindien auf. Die Route erwies sich als Verkaufsschlager, und die Nederland Linie beschloß, die Leistung der *Pieter Corneliszoon Hooft* zu verbessern. 1930 wurde das Schiff um drei Meter verlängert und mit neuen Dieselmotoren ausgestattet. Ihre erste Fahrt nach dem Umbau fand im April 1931 statt.

Allerdings fuhr das Schiff nach seinem Umbau nicht mehr lange. Am 14. November 1932 geriet es an seinem Anlegeplatz am Sumatra-Kai in Amsterdam in Brand. Der Notdienst vor Ort handelte zwar schnell und verhinderte größeren Schaden für den Hafen, indem es die *Pieter Corneliszoon Hooft* mit Schleppern auf das sichere offene Meer abschleppen ließ. Das Feuer aber war nicht zu zügeln, so daß die Amsterdamer Feuerwehr das Linienschiff nicht mehr retten konnte.

Oben: Als die Pieter Corneliszoon Hooft an ihrem Anlegeplatz im Amsterdamer Hafen Feuer fing, waren schnell Schlepper zur Stelle, um das brennende Schiff von den Kais fortzuziehen.

DIE GRÖSSTEN KATASTROPHEN AUF SEE

DIE ATLANTIQUE, IM ÄRMELKANAL
4. JANUAR 1933

Die Companie de Navigation Sud Atlantique war zu Recht stolz auf *Atlantique* mit ihrer Größe von 42 512 Bruttoregistertonnen. Sie war das größte, luxuriöseste Passagierschiff auf der Route nach Südamerika. *Atlantique* lief 1931 vom Stapel und trat am 29. September 1931 ihre Jungfernfahrt von Bordeaux nach Buenos Aires an. Das Unglück, das sich auf *Atlantique* 15 Monate später ereignete, zog übrigens einen bitteren Prozeß nach sich, und das Schiff fuhr nie wieder zur See.

Der schicksalhafte Zwischenfall ereignete sich, als die *Atlantique* zu ihrem regelmäßigen jährlichen Check-up im Trockendock von ihrem Heimathafen Bordeaux nach Le Havre unterwegs war. Um 03.30 Uhr wurde Kapitän Schoofs mitgeteilt, ein Feuer sei in Kabine 232 auf dem E-Deck ausgebrochen. Das Feuer griff schnell um sich, und die Besatzung mußte das Schiff verlassen. Dabei kamen 17 Menschen ums Leben. Das Schiff brannte zwei Tage. *Atlantique* trieb auf die englische Südwestküste zu, bevor Schlepper aus Frankreich, Deutschland und den Niederlanden sie nach Cherbourg brachten.

Bei der Schadenseinschätzung forderten die Schiffseigner den vollen Versicherungswert. Die Versicherer waren damit aber nicht einverstanden. Ihrer Ansicht nach konnte das Schiff für weitaus weniger repariert werden. Vor Gericht konnten die Schiffseigner ihre Forderung durchsetzen.

Unten: Das französische Linienschiff Atlantique *im Januar 1933 im Ärmelkanal in hellen Flammen. Schließlich wurde das Schiff nach Cherbourg abgeschleppt.*

FEUER

DIE PARIS, IN LE HAVRE
19. APRIL 1939

Die Eigentümer der *Paris*, die Companie Générale Transatlantique, wollten einen Hochseepalast bauen, um aus dem rentablen Passagierliniendienst über den Atlantik Kapital zu schlagen. So waren die Kabinen ganz im Jugendstil gehalten, und überall sollten sich die Passagiere fühlen wie „Gott in Frankreich".

Als im Juni 1921, nach fast achtjähriger Bauzeit, die letzten Armaturen angebracht waren, erwies sich die *Paris* mit ihrer Größe von 34 569 Bruttoregistertonnen als der größte Passagierdampfer, der je auf einer französischen Werft gebaut worden war. Ihre Eigentümer hatten auch für ein luxuriöses Umfeld für die über 550 Passagiere der ersten Klasse und beinahe beispiellose Einrichtungen an Bord gesorgt. Am 15. Juni 1921 brach die *Paris* von Le Havre über Plymouth nach New York zu ihrer ersten Fahrt über den Atlantik auf.

Das erste Unglück ereilte die *Paris* im August 1929 noch an ihrem Anlegeplatz in Le Havre. Ein Feuer brach aus, das den größten Teil der Passagierunterkünfte auf dem Schiff zerstörte. Möglicherweise ging dieses Feuer auf Brandstiftung zurück, die Schiffahrtslinie war vor Sabotageanschlägen auf ihre Schiffe gewarnt worden. Da ohnehin eine umfassende Renovierung vonnöten war, beschloß die Gesellschaft, die Unterkünfte auf dem Schiff völlig aufzupolieren

Unten: Die ganze Nacht über wütete das Feuer auf dem französischen Linienschiff Paris.

DIE GRÖSSTEN KATASTROPHEN AUF SEE

und zu verbessern. Im Januar 1930 war die Renovierung vollendet, und die *Paris* nahm ihren Dienst wieder auf.

Ein paar Monate vor Ausbruch des Zweiten Weltkriegs wurde die *Paris* ein zweites Mal von Feuer heimgesucht. Wieder befand sich das Schiff an seinem Anlegeplatz in Le Havre. Am 19. April 1939 brachen mehrere Feuer gleichzeitig aus: eins in der Bäckerei des Schiffs, zwei weitere auf zwei seiner Oberdecks. Obwohl das Schiff im Hafen lag, gelang es der Feuerwehr nicht, eine Ausbreitung des Feuers zu verhindern, so daß die Flammen bald unkontrolliert züngelten. Schließlich kenterte die *Paris*. Nur ein Teil ihres Rumpfes und ihrer Oberbauten schauten noch aus dem Wasser heraus. Auch diesmal brachte man das Feuer mit Brandstiftung in Zusammenhang.

Wegen des Zweiten Weltkriegs wurde das Schiff nicht gehoben.

Das letzte Kapitel der traurigen Story der *Paris* spielte sich kurz nach Kriegsende ab. 1946 löste sich ein anderes Schiff, die *Liberté*, aus seiner Verankerung und prallte gegen die Überreste der *Paris*. Das war der letzte Schlag. Die Liberté wurde von Schleppern befreit, aber für die *Paris* kam jede noch mögliche Rettung zu spät. 1947 gab man alle Pläne für die Hebung des Linienschiffs auf; es wurde verschrottet.

Rechts: *Die* Paris *liegt vor dem Anlegeplatz auf der Seite. Dort blieb sie noch acht weitere Jahre, bis sie schließlich verschrottet wurde.*

FEUER

DIE LAKONIA, IM ATLANTIK
22. DEZEMBER 1963

Für einige der 651 Passagiere und 385 Besatzungsmitglieder, die am 19. Dezember 1963 zu einer weihnachtlichen Kreuzfahrt an Bord des griechischen Linienschiffs *Lakonia* aufbrachen, würde die Reise eine der denkwürdigsten ihres Lebens werden. Aber für über 130 von ihnen war es die letzte. Die *Lakonia* lief von Southampton an der englischen Südküste zu einer elftägigen Kreuzfahrt nach den Kanarischen Inseln aus.

Die *Lakonia* war keineswegs neu. 1931 hatte die Niederländische Schiffsbaugesellschaft sie für die Königliche Niederländische Postdampfergesellschaft gebaut. Die Gesellschaft wollte ihr neues Linienschiff mit dem Namen *Johan van Oldenbarnevelt* eigentlich auf der Strecke von Amsterdam ins niederländische Ostindien einsetzen. Aber der Zweite Weltkrieg kam dazwischen, in dem das Schiff als Truppentransporter diente. 1946 befuhr es dann wieder seine alte Route.

Später brachte es vor allem Einwanderer nach Australien und wurde wiederholt neu ausgerüstet und danach für das lukrative Geschäft mit Kreuzfahrten rund um die Welt verwendet. 1962 veräußerte man es an die griechische Schiffahrtslinie, die es in *Lakonia* umbenannte und seit dem Frühjahr 1963 auf der Route Southampton–Kanarische Inseln einsetzte.

Am 22. Dezember, als sich die *Lakonia* ungefähr 180 Seemeilen (288 km) nördlich von Madeira befand, brach im Friseursalon des Schiffs ein Feuer aus, gefolgt von einem lauten Knall, verursacht vermutlich durch die im Salon explodierenden Druckbehälter. Schwarzer Rauch legte sich über das ganze Schiff, und viele Passagiere gerieten in Panik.

Die Schiffsbesatzung unter dem Kommando von Kapitän M. Zarbis gab Befehl, Schwimmwesten anzulegen, damit erschöpften sich seine Anweisungen in diesem Notfall aber auch schon. Anscheinend gab es Probleme mit der Lautsprecheranlage auf dem Schiff.

Oben: Rauch steigt vom angeschlagenen Linienschiff Lakonia *auf, das 180 Seemeilen (288 km) nördlich von Madeira vom Feuer verschlungen wird.*

Die grössten Katastrophen auf See

Rechts: *Zwar versuchte der norwegische Schlepper* Herkules, *die brennende* Lakonia *in den Hafen zu ziehen, aber das Linienschiff war zu stark beschädigt, um noch gerettet werden zu können. Es sank, kurz nachdem diese Aufnahme gemacht wurde.*

Rechts: *Ein verwundeter Passagier von der* Lakonia *wird an Bord eines Rettungsschiffs gehoben, nachdem ihn ein Rettungsboot aufgefischt hat.*

Die an die Passagiere weitergegebenen Anweisungen widersprachen sich. Einigen wurde gesagt, unten in ihren Kabinen zu bleiben, andere hörten, man solle sich im Speisesaal versammeln. Wer von den Passagieren auf das Bootsdeck geklettert war, traf auf totale Verwirrung: Die Besatzung hatte anscheinend beträchtliche Mühe, die vorhandenen Rettungsboote auszusetzen.

Irgendjemand auf der *Lakonia* hatte ein SOS-Signal gefunkt, auf das mehrere Schiffe, die sich in der Nähe befanden, reagierten. Als erstes traf die *Salta*, ein argentinisches Passagierschiff, ein. Zur *Salta* gesellten sich vier weitere Schiffe: die *Centaur*, die *Charlesville*, die *Export Aide* und die *Montcalm*. Die Retter arbeiteten eng zusammen und nahmen mehr als 900 Personen von der *Lakonia* an Bord. Von beinahe 90 Personen weiß man, daß sie im Feuer ums Leben kamen, weitere 42 wurden nicht gefunden und später für tot erklärt.

Die *Lakonia* selbst war zu stark beschädigt um geborgen zu werden, und am 29. Dezember versanken die ausgebrannten Überreste des Linienschiffs im Atlantik.

38

FEUER

DIE YARMOUTH CASTLE, IN DER KARIBIK
13. NOVEMBER 1965

Die *Yarmouth Castle* konnte auf eine lange, wenn auch nicht besonders herausragende Laufbahn zurückblicken. Sie lief 1927 als *Evangeline* vom Stapel und war im Zweiten Weltkrieg bei der amerikanischen Marine im Einsatz. 1963 wurde sie von ihren letzten Eigentümern, den Yarmouth Cruise Lines, erworben und in *Yarmouth Castle* umbenannt.

Im November 1965 lief die *Yarmouth Castle* mit 372 Passagieren und 174 Besatzungsmitgliedern an Bord nach Nassau aus. Am 13. November brach nachts gegen 00.35 Uhr in Kabine 610 ein Feuer aus, das sich über die Schiffskorridore schnell zu den Decks oben ausbreitete. Kapitän Byron Voutsinas erfuhr die ersten 25 Minuten nichts von dem Feuer. Dann inspizierte er es und kehrte auf die Brücke zurück, schickte aber kein Notsignal aus. Mittlerweile war das Feuer bereits soweit jenseits jeder Kontrolle, daß er knapp 20 Minuten später das Signal zum Verlassen des Schiffs geben mußte. Unterdessen hatten die Flammen bereits die Brücke und einen großen Teil der Rettungsboote verschlungen. Auch der Funkraum des Schiffs brannte lichterloh, so daß kein Notsignal geschickt werden konnte.

Zwei Schiffe, die *Finnpulp* und die *Bahama Star*, entdeckten jedoch die brennende *Yarmouth Castle* und eilten ihr zu Hilfe. Im ersten Rettungsboot, das sie aufnahmen, saßen Kapitän Voutsinas und einige seiner Offiziere. Viele Schiffspassagiere mußten aus dem Meer aufgelesen werden. Insgesamt retteten die beiden Schiffe über 450 Passagiere und Besatzungsmitglieder, aber die *Yarmouth Castle* versank in den Tiefen des Meeres.

Oben: Diese dramatische Aufnahme der lichterloh brennenden Yarmouth Castle *hat ein Passagier auf der* Bahama Star *geschossen, einem der Schiffe, die der* Yarmouth Castle *zu Hilfe kamen. Links ist ein nicht ausgesetztes Rettungsboot zu sehen.*

DIE GRÖSSTEN KATASTROPHEN AUF SEE

DIE SEAWISE UNIVERSITY, IN HONGKONG
9. JANUAR 1972

Trotz ihres wenig bekannten Namens galt die *Seawise University* als eine der berühmtesten Schiffe des 20. Jahrhunderts. Die *Queen Elizabeth*, wie das Schiff den größten Teil seines Lebens hieß, ist der größte Passagierdampfer, der je gebaut wurde. Sie lief kurz vor dem Zweiten Weltkrieg vom Stapel. Die *Queen Elizabeth* leistete zunächst einen bedeutsamen Beitrag zum Kriegseinsatz der Alliierten. Zwischen 1940 und 1946 beförderte sie über 800 000 Soldaten.

Nach dem Krieg wurde die *Queen Elizabeth* für ihre ursprüngliche Aufgabe neu ausgerüstet, aber im Grunde genommen ging das Zeitalter von Luxusfahrten auf dem Meer zu Ende. Das war eine bittere Wahrheit. Trotz der neuen teuren Ausrüstung und immer üppigerer Möblierung verlor das großartige Linienschiff seine Kundschaft an den Flugverkehr. Die *Queen Elizabeth* wurde in die Vereinigten Staaten verkauft, aber Pläne, daraus eine Touristenattraktion zu machen, wurden nie verwirklicht. 1970 wurde das Linienschiff, das in Port Everglades in Florida ankerte, an C. Y. Tung veräußert.

C. Y. Tung hatte große Pläne für die *Queen Elizabeth*. Das Schiff wurde umbenannt und sollte nach Hongkong fahren. Dort sollte es unter enormem Kostenaufwand in eine schwimmende Universität umgewandelt werden. Außerdem wollte C. Y. Tung das Schiff für Kreuzfahrten nutzen. Wegen Problemen mit den Kesseln des alternden Schiffs brauchte die *Seawise University* sechs Monate, um von Port Everglades nach Hongkong zu gelangen, wo sie im Juli 1971 eintraf.

Keiner der Pläne des neuen Eigentümers konnte verwirklicht werden. Auf das Schiff wurde ein Sabotageakt verübt, während es im Hafen von Hongkong noch umfassend renoviert wurde. Am 9. Januar 1972 brachen mehrere Feuer gleichzeitig an verschiedenen Stellen auf dem Schiff aus. Der Brand wurde erst um 10.30 Uhr von einem Hubschrauber, der über dem Schiff

Links: Die Queen Elizabeth *war einst der größte Passagierdampfer der Welt und der Stolz ihres Eigentümers, der Cunard Line.*

Oben: Feuerschiffe kämpfen mit den Flammen, als die Seawise University, *die frühere* Queen Elizabeth, *im Hafen von Hongkong brennt.*

flog, an die Hafenbehörde gemeldet. Die schiffseigene Feuerwehr bekam die Flammen nicht mehr in den Griff, die schnell auf fünf der elf Schiffsdecks übergriffen. Die Feuersbrunst wurde durch die Explosion eines Ölkessels noch verstärkt. Den Arbeitern auf dem Schiff blieb nichts anderes übrig, als um ihr Leben zu laufen.

Als die Hongkonger Feuerwehr eintraf, stand sie vor einer praktisch unlösbaren Aufgabe: Die Aufbauten der Seawise University standen in hellen Flammen, und im Laufe der Stunden neigte sich das Linienschiff gefährlich auf die Seite. Am 10. Januar im Morgengrauen waren die Hauptfeuerherde schließlich gelöscht, aber mittlerweile war das Schiff zu beschädigt, als daß es noch länger schwimmen konnte. Das einst so großartige Linienschiff kenterte und verschwand in zwölf Metern Tiefe.

Rechts: Trotz aller Mühe der Feuerwehrleute kenterte das Linienschiff und sank danach im Hafen auf den Meeresboden.

Die grössten Katastrophen auf See

Die Leonardo da Vinci, in La Spezia
3. Juli 1980

Die *Leonardo da Vinci* mit einer Größe von 33 340 Bruttoregistertonnen war ein eleganter Luxusdampfer und sollte die unglückselige *Andrea Doria* ersetzen, die 1955 versunken war. Die *Leonardo da Vinci* wurde von der Ansaldo SpA in Genua gebaut und lief Anfang Dezember 1958 vom Stapel.

Die *Leonardo da Vinci* befuhr nicht nur die transatlantische Route, sondern war als Kreuzfahrtschiff auch auf vielen Weltmeeren Zuhause. Im Juli 1977 ging das Schiff an die italienische Schiffahrtslinie Cruises International und wurde für kurze Kreuzfahrten zwischen Port Everglades in Florida und Nassau auf den Bahamas eingesetzt, aber dieses Unterfangen erwies sich als wenig rentabel. Deshalb kam die *Leonardo da Vinci* nach La Spezia zurück und wurde 1978 zum Verkauf angeboten.

Als dann am 3. Juli 1980 dort ein Feuer ausbrach, lag das Schiff jedoch noch immer im Hafen. Die Feuerwehr von La Spezia erwies sich als unfähig, das Feuer in den Griff zu bekommen, und die *Leonardo da Vinci* wurde aus dem Hafen geschleppt, damit sie von allein ausbrannte. Schließlich neigte sich das Schiff und kenterte. Im März 1981 wurde die *Leonardo* geborgen, aber sie war zu stark beschädigt, als daß man sie noch hätte reparieren können. Im Jahr darauf erfolgte ihre Verschrottung.

Unten: Nach einem dreitägigen Wüten der Flammen auf der Leonardo da Vinci liegt der ausgebrannte Schiffskörper im Hafen von La Spezia auf der Seite.

FEUER

DIE PRINSENDAM, IM PAZIFIK
4. Oktober 1980

Oben: Ein Hubschrauber der amerikanischen Küstenwache schwebt über der havarierten Prinsendam.

Rechts: Alle Passagiere und Besatzungsmitglieder der Prinsendam konnten gerettet werden.

Das Schicksal der *Prinsendam* beweist, daß der Totalverlust eines Schiffs nicht mit dem Verlust von Menschenleben einhergehen muß. Als auf diesem Schiff Feuer ausbrach, befolgten der Kapitän und seine Besatzung genau die Vorschriften mit dem Ergebnis, daß alle Passagiere und Besatzungsmitglieder evakuiert und gerettet wurden.

Die Laufbahn der 1972 auf der Rotterdamer Werft De Merwede als Vergnügungsdampfer gebauten *Prinsendam* hielt nur bis 1980 an. Einen Vorgeschmack auf ihr späteres Schicksal bekam sie im April 1973, als ein Feuer die Passagierunterkünfte des Schiffs und einen Großteil seiner Aufbauten zerstörte.

Nach ihrer Reparatur lief die *Prinsendam* in den Fernen Osten aus. Eigentlich sollte das Schiff dort Kreuzfahrten rund um Indonesien machen, aber das Geschäft erwies sich als wenig rentabel, deshalb wurde es für Vergnügungsfahrten zwischen Vancouver und Singapur eingesetzt.

DIE GRÖSSTEN KATASTROPHEN AUF SEE

Im Winter lief das Schiff von Vancouver aus, im Sommer dagegen von Singapur. Ende 1980 befand sich die *Prinsendam* im Heimathafen Vancouver. Anfang Oktober nahm das Schiff über 300 Passagiere für eine 20tägige Kreuzfahrt an Bord. Am 4. Oktober kurz nach Mitternacht, als die *Prinsendam* gerade durch den Golf von Alaska fuhr, brach in einer Hauptmaschine ein Feuer aus. Die Besatzung reagierte schnell, indem sie das Gebiet absperrte und die Flammen mit Kohlendioxid besprühte. Das hätte sie zum Erlöschen bringen müssen. Aber als die Männer zum Brandherd zurückkehrten, zeigte sich schnell, daß die Flammen immer weiter um sich griffen.

Der Kapitän erfaßte sofort den Ernst der Lage und schickte kurz nach 01.00 Uhr ein Notsignal aus. Die Reaktion kam schnell: Hubschrauber der amerikanischen Küstenwache und der Supertanker *Williamsburgh* eilten zu dem Schiff in Not. Gleichzeitig verstärkte die Besatzung der *Prinsendam* ihre Anstrengungen, ein Ausbreiten der Flammen zu verhindern. Als dies erfolglos blieb, gab der Kapitän des Schiffes um 05.15 Uhr den Befehl zur Räumung des Schiffs.

Die Evakuierung verlief ohne Probleme. Nachdem alle Passagiere gerettet worden waren, blieben nur noch der Kapitän und 50 Freiwillige an Bord zurück, um das Feuer zu bekämpfen, aber sie konnten nichts mehr ausrichten. Am Ende mußten auch sie das Schiff verlassen. Passagiere und Besatzungsmitglieder konnten vollzählig mit Hilfe der Rettungsboote in Sicherheit gebracht werden.

Das nunmehr unbesetzte Schiff trieb auf dem Meer. Am 7. Oktober versuchte ein Schleppkahn, die *Commodore Straits*, die *Prinsendam* zurück nach Portland zu ziehen. Zwar konnte der Schlepper die *Prinsendam* an die Leine nehmen, aber das Wetter verschlechterte sich zusehends. Die *Prinsendam* bekam schwere Schlagseite, so daß die *Commodore Straits* das Abschleppseil kappen mußte. Wenig später ging die *Prinsendam* unter.

Unten: Die Prinsendam, *nachdem die Passagiere sicher evakuiert worden sind. Wenig später sollte das Schiff im Meer versinken.*

FEUER

DIE REINA DEL MAR, IM MITTELMEER
28. MAI 1981

Die *Reina del Mar* durchlebte eine wechselvolle Geschichte, bevor man sie 1978 an eine griechische Schiffahrtslinie veräußerte. Aber das Schiff wurde vom Feuer zerstört, bevor es von seinen letzten Eigentümern zur See geschickt werden konnte.

Das Schiff, das anfangs *Ocean Monarch* hieß, wurde 1951 auf einer britischen Werft, der Vickers Armstrong, gebaut und sollte für Furness Withy die Route zwischen New York und den Bermudas befahren. Als *Varna* befand es sich als nächstes im Besitz einer bulgarischen Gesellschaft, bei der es zu Beginn der siebziger Jahre als Vergnügungsdampfer von Montréal aus gechartert werden konnte. Seit 1973 fuhr es kurz für Sovereign Cruises.

Die *Varna* machte nur zwei Kreuzfahrten für Sovereign, dann wurde sie von einer griechischen Schiffahrtslinie aus Piräus gekauft. Dort lief sie zunächst unter dem Namen *Rivera*, bis sie schließlich 1981 in *Reina del Mar* umbenannt wurde. Damit wendete sich anscheinend das Blatt. Die Eigentümer gaben bekannt, die *Reina del Mar* werde 1981 eine Reihe von Kreuzfahrten im Mittelmeer machen.

Aber vorher sollte sie renoviert werden. Während der Arbeit brach am 28. Mai im Kesselraum ein Feuer aus, das schnell auf das gesamte Schiff übergriff und die Passagierunterkünfte zerstörte. Die *Reina del Mar* befand sich danach in einer gefährlichen Lage: Sie war ausgebrannt, und die Aufbauten waren eingestürzt. Aber am 31. Mai kenterte die *Reina del Mar* und versank vor der Werft von Perama.

Oben: Die Reina del Mar *am Pier in Southampton im Mai 1974, sieben Jahre vor dem verhängnisvollen Feuer, das ihren Untergang verursachte.*

DIE GRÖSSTEN KATASTROPHEN AUF SEE

DIE LAVIA, IN HONGKONG
7. JANUAR 1989

Genau wie bei der *Reina del Mar* brach auch bei diesem Schiff das Feuer aus, während es im Hafen umgebaut wurde, und wie viele andere Schiffe auch, hatte die *Lavia* eine wechselvolle Vergangenheit.

Die *Lavia*, die anfangs *Media* hieß, wurde 1947 von John Brown and Company in Glasgow für die Cunard Line gebaut. Die *Media* war das erste neue Passagierschiff, das man seit dem Ende des Zweiten Weltkriegs für die transatlantische Route baute. Ursprünglich wollte die Cunard es als Frachtschiff, besann sich dann aber eines Besseren. Die *Media* wurde mit Kabinen für 250 Passagiere der ersten Klasse ausgerüstet.

Im August 1947 war die *Media* bereit, ihren Dienst auf der Strecke zwischen Liverpool und New York anzutreten. Mit dem Einsatz schneller Düsenflugzeuge für die Reise zwischen Europa und Nordamerika in den späten fünfziger Jahren war die Ära der großen transatlantischen Linienschiffe vorüber. Aber die *Media* war auch zu langsam, um mit den neuen Frachtschiffen konkurrieren zu können, die jetzt eingesetzt wurden.

Anfang der sechziger Jahre wurde die *Media* an die italienische Codegar Linie verkauft und in Genua für 1320 Passagiere in der Touristenklasse neu ausgerüstet. Sie wurde in *Flavia* umbenannt, beteiligte sich am blühenden Kreuzfahrtmarkt rund um die Welt und an dem lukrativen Geschäft, Auswanderer nach

Unten: Wegen der großen Wassermengen, mit denen das Feuer auf der Lavia *gelöscht wurde, kenterte sie. Später wurde sie verschrottet.*

FEUER

Oben: *Die noch schwelende* Lavia *im Hafen von Hongkong; daneben ein Feuerschiff.*

Australien zu bringen. Allerdings hielt diese glückliche Zeit nicht lange an.

Nachdem die Codegar Linie 1968 von der Costa Linie übernommen worden war, verkehrte die *Flavia* bis 1982 zwischen Miami und diversen karibischen Inseln. Nach beinahe 35 Jahren Einsatz rund um die Welt zeigte sich das Alter der *Flavia*, denn ihre Turbinen funktionierten immer weniger effizient. Ein chinesisches Unternehmen mit Sitz in Hongkong, die Virtue Shipping Company, übernahm die *Flavia*, um sie in ein schwimmendes Casino umzuwandeln. Das Schiff wurde auf *Flavian* umgetauft, aber es erfreute sich keiner großen Beliebtheit und blieb die meiste Zeit über an seinem Anlegeplatz im Hafen von Hongkong.

Vielleicht in der Hoffnung, das Blatt zu wenden, benannte die Virtue Shipping Company das Schiff 1968 in *Lavia* um und beschloß, sie neu auszurüsten. Die Arbeit wurde zwar begonnen, aber nie vollendet. Im Januar 1989 verloren die Arbeiter über ein von ihnen selbst entfachtes Feuer die Kontrolle, so daß die Flammen auf die Schiffskajüten übergriffen. Da die *Lavia* im Hafen lag, war Hilfe schnell zur Stelle. Dennoch konnte die *Lavia* nicht mehr gerettet werden. Sie wurde nach Taiwan geschleppt und dort verschrottet.

DIE GRÖSSTEN KATASTROPHEN AUF SEE

DIE SCANDINAVIAN STAR, IN DER OSTSEE
7. APRIL 1990

Nur selten ist ein Schiff das Ziel eines Brandstifters, aber die *Scandinavian Star*, eine 10 513 Bruttoregistertonnen große Fähre, die 810 Passagiere aufnehmen konnte, wurde von einem absichtlich gelegten Feuer zerstört. Dieser Zwischenfall führte dazu, daß die internationalen Sicherheitsbestimmungen für Passagierschiffe verschärft wurden.

Die *Scandinavian Star*, die zuvor wiederholt ihren Namen gewechselt hatte, wurde 1971 in Nantes, Frankreich, gebaut und auf einer Reihe von Routen eingesetzt, bevor sie von der dänischen Da-No-Linie gechartert wurde. Die *Scandinavian Star* verkehrte zwischen Frederikshaven und Oslo.

Passagiere, die sich zum Zeitpunkt des Unglücks an Bord befanden, berichteten, von zwei Brandanschlägen auf das Schiff. Der erste Brand wurde entdeckt und gelöscht. Aber der zweite griff schnell um sich und geriet bald außer Kontrolle. Vier weitere Fähren und mehrere Frachtschiffe kamen der gefährdeten *Star* zu Hilfe und retteten viele Passagiere und Besatzungsmitglieder. Anfängliche Berichte ließen vermuten, daß es keine Todesopfer gegeben hatte, das stimmte aber nicht ganz. Bei späteren Untersuchungen stellte sich heraus, daß mindestens 150 Passagiere und Besatzungsmitglieder ums Leben gekommen waren, aber die Zahl dürfte vermutlich noch höher sein.

Die Gesamtzahl der Passagiere zum Zeitpunkt des Unglücks ist unbekannt, da die relevanten Papiere im Feuer zerstört wurden und viele Kinder vermutlich ohnehin nicht registriert waren. Das Unglück warf viele Fragen bezüglich der Sicherheitsmaßnahmen auf der Fähre auf: Einige Rettungsboote konnten nicht herabgelassen werden, und die Sprinkleranlagen erwiesen sich als unwirksam. Da es an Bord sowohl unter den Passagieren als auch der Besatzung Menschen so vieler verschiedener Nationalitäten gab, kam es zu Verständigungsschwierigkeiten, wodurch eine reibungslose Evakuierung der Menschen an Bord nicht möglich war.

Unten: Die noch schwelende Fähre Scandinavian Star *in dem kleinen schwedischen Hafen Lysekil, in den sie nach dem Unglück geschleppt wurde.*

FEUER

DIE ACHILLE LAURO, IM INDISCHEN OZEAN
30. NOVEMBER 1994

Links: Das italienische Linienschiff Achille Lauro *in Flammen, 100 Seemeilen (185,3 km) vor der somalischen Küste.*

Wenn man von einem Schiff sagen kann, daß es unter einem glücklichen oder unglücklichen Stern fährt, dann fuhr die *Achille Lauro* sicher unter einem sehr unglückseligen. Bevor sie 1994 nach einem Feuer unterging, wurde sie schon vorher mehrmals vom Unglück verfolgt.

1971 rammte die *Achille Lauro* ein italienisches Fischerboot. Dabei kam ein Besatzungsmitglied ums Leben. 1972 und 1981 starben insgesamt drei Menschen bei Bränden. 1985 wurde das Schiff von palästinensischen Terroristen entführt, die einen der Passagiere, einen Invaliden, ermordeten.

Ursprünglich für die Königliche Rotterdamer Lloyd-Linie gebaut, befuhr die *Achille Lauro* zunächst die Strecke zwischen den Niederlanden und Ostindien, bis sie 1959 für Reisen rund um die Welt eingesetzt wurde. Mitte der 60er Jahre beförderte das Schiff europäische Auswanderer, später nur noch Touristen.

Am 30. November 1994 befand sich die *Achille Lauro* mit 1 000 Passagieren auf einer Kreuzfahrt vor der Südspitze Afrikas, als ein Feuer ausbrach, so daß sich Passagiere und Besatzung in die Rettungsboote begeben mußten.

Das Schiff bekam Schlagseite nach backbord, während das Feuer noch weitere 48 Stunden wütete. Das Ende kam, als ein Schleppkahn versuchte, es an die Leine zu nehmen. Eine Explosion erschütterte das Schiff, und es sank auf den Meeresboden. Zwei Menschen sollen dabei ums Leben gekommen sein.

Links: Überlebende von der Achille Lauro *gehen in Dschibuti von Bord des amerikanischen Vergnügungsdampfers* Gettysburg.

EXPLOSION

Dieses Kapitel befaßt sich mit einer Reihe von Zwischenfällen, bei denen ein Schiff auf Grund einer Explosion unterging. Einige der hier geschilderten Ereignisse hängen mit kriegerischen Auseinandersetzungen zusammen, wie beispielsweise der Untergang der *Lusitania* 1915 und der *Wilhelm Gustloff* 1945.

Die meisten Schiffe, die während einer Zeit der Feindseligkeiten durch eine Explosion verlorengingen, fielen entweder Minen oder, häufiger, Torpedos zum Opfer. Andere wurden zum Teil wegen der Fracht zerstört, die sie zur Zeit des Zwischenfalls beförderten.

Das schlimmste Beispiel dafür war die *Mont Blanc*, die TNT geladen hatte. 1917 führte eine Kollision zur Explosion der Fracht, so daß ein großer Teil des kanadischen Hafens Halifax dem Erdboden gleichgemacht wurde. Eine ähnliche Katastrophe, wenn auch in Friedenszeiten, zerstörte 1947 einen großen Teil von Texas City. In Kriegszeiten befördern mehr Schiffe gefährliche Frachten, trotzdem kann es auch in Friedenszeiten zu gefährlichen Situationen dieser Art kommen.

Strenge Sicherheitsbestimmungen regeln den Transport von gefährlichen Chemikalien und ähnlichem, aber trotzdem können Explosionen auf hoher See nur durch ständige Wachsamkeit und ein hohes Maß an Verantwortungsgefühl auf ein Mindestmaß reduziert werden.

Rechts: Die USS Maine, im Hafen von Havanna. Sie wurde durch eine Explosion im Februar 1898 zerstört. Daraufhin erklärten die Vereinigten Staaten Spanien den Krieg.

DIE GRÖSSTEN KATASTROPHEN AUF SEE

DIE USS MAINE, IN HAVANNA
15. FEBRUAR 1898

Niemand kennt genau die Ursache für die Explosion, durch die das Kriegsschiff *USS Maine* unterging, aber man hat darüber eine ganze Reihe von Theorien aufgestellt, einige davon plausibler als andere. Sicher ist auf jeden Fall, daß, als das Kriegsschiff am 15. Februar 1898 unterging, 258 eingezogene Rekruten und drei Offiziere ums Leben kamen. Es war der schlimmste Verlust, den die amerikanische Marine bis zu jenem Zeitpunkt in Friedenszeiten erlebt hatte, und führte dazu, daß die Vereinigten Staaten im April 1898 Spanien den Krieg erklärten.

Die *Maine* ankerte im Hafen von Havanna, Kuba, damals eine spanische Kolonie, um amerikanische Bürger notfalls zu evakuieren, falls es zu heftigeren Kämpfen zwischen den kubanischen Aufständischen und den spanischen Behörden kommen sollte. Die Vereinigten Staaten hatten ihre Unterstützung für die Aufständischen zum Ausdruck gebracht, aber als die *Maine* am 25. Januar in Havanna einlief, gab es keine Feindseligkeiten.

Beide Parteien hielten sich an die üblichen diplomatischen Gepflogenheiten, nachdem das amerikanische Schiff Grüße mit den ankernden spanischen Kriegsschiffen ausgetauscht hatte. Der Kommandeur der Maine, Kapitän Charles Sigsbee, war sich voll der Tatsache bewußt, daß er eine sehr heikle Mission ausführte, und ergriff Schritte, um die Sicherheit seines Schiffs zu gewährleisten: Wachposten wurden aufgestellt, und Dampf wurde in zwei anstelle von nur einem Schiffskessel unterhalten, falls ein schnelles Fortkommen notwendig wurde. Für einige der sekundären Waffen auf dem Kriegsschiff lag Munition bereit, und alle Besucher wurden sorgfältig beobachtet.

Kurz nachdem sich Sigsbee am Abend des 15. Februar um 21.30 Uhr in seine Kajüte zurückgezogen hatte, erschütterte eine heftige Explosion die Maine. Angeblich folgte kurz darauf eine zweite, woraufhin der Kapitän den Befehl gab, das Schiff zu verlassen. Bei einem späteren Anwesenheitsappell wurde festgestellt, daß nur 94 Männer überlebt hatten, 55 davon waren verletzt.

Anfangs glaubte der Untersuchungsausschuß, ein Depot sei zufällig explodiert, aber nach Anhörung der Taucher, die das Wrack inspiziert hatten, kam die offizielle Untersuchungskommission zu dem Schluß, eine Unterwassermine sei für die Katastrophe verantwortlich gewesen. Die Taucher berichteten, Platten am Schiffskörper seien nach innen geflogen, was auf eine äußere Quelle für die Explosion schließen ließ. Diese Befunde wurden 1911 bestätigt, als die *Maine* gehoben wurde.

Die Versenkung der *Maine* einte die öffentliche Meinung in den Vereinigten Staaten gegen Spanien, und überall ertönte der Ruf: „Remember Maine – to hell with Spain" (Denkt an die Maine, zum Teufel mit Spanien!). Am 29. April 1898 erklärte der amerikanische Kongress Spanien den Krieg. Damit begann der spanisch-amerikanische Krieg, der mit dem Sieg der Vereinigten Staaten endete.

Unten: Das Wrack der USS Maine nach ihrer Zerstörung durch eine Explosion im Hafen von Havanna im Februar 1898.

EXPLOSION

DIE LUSITANIA, IM ATLANTIK
7. MAI 1915

Die Versenkung der *Lusitania* im zweiten Jahr des Ersten Weltkriegs war einer von mehreren Vorfällen, bei denen Amerikaner ums Leben kamen. Sie führten dazu, daß die Vereinigten Staaten 1917 schließlich Deutschland den Krieg erklärten.

Wenngleich die *Lusitania* vor allem ein Luxuspassagierschiff war, hatte sie das Potential für sehr viel mehr. Das Schiff war in enger Zusammenarbeit mit dem britischen Marineministerium geplant worden. Das Ministerium, das einen Krieg mit Deutschland für fast unvermeidbar hielt, forderte, die Cunard solle ein schnelles Schiff bauen, das so eingerichtet war, daß es auch mit Waffen ausgerüstet werden konnte. Noch stand der Krieg nicht unmittelbar bevor, als die *Lusitania* im Mai 1913 heimlich neu ausgerüstet wurde: Auf den Schutzdecks backbords und steuerbords wurden zwei Batterien mit je vier Kanonen aufgestellt und Platz für zwei Munitionsdepots geschaffen. Im August 1914 folgte die Kriegserklärung, und Mitte September hatte das britische Marineministerium die *Lusitania* zu einem bewaffneten Hilfskreuzer erklärt.

Die *Lusitania* verkehrte weiter als Passagierschiff zwischen Liverpool und New York, obwohl Deutschland erklärt hatte, daß es britische Gewässer als Kriegsgebiet betrachte und daß jedes Schiff mit der britischen Flagge Gefahr laufe, versenkt zu werden.

Am 1. Mai 1915 brach die *Lusitania* zu ihrer letzten Fahrt auf. Das Schiff fuhr von New York nach

Oben: *Die Lusitania, das erste der großartigen Luxuspassagierschiffe der Cunard Line. Sie lief am 7. September 1907 zu ihrer Jungfernfahrt von Liverpool, England, aus.*

53

DIE GRÖSSTEN KATASTROPHEN AUF SEE

Links: Die Gesellschaftsräume der ersten Klasse auf der Lusitania, wie der große im Bild hier, waren opulent ausgestattet, um den Passagieren das Gefühl zu geben, sie seien hier ebenso sicher wie in einem Luxushotel auf dem Festland.

Liverpool. An Bord befanden sich über 1150 Passagiere und 700 Besatzungsmitglieder sowie 1400 Tonnen Fracht. Bei dieser in den Laderäumen verstauten Fracht handelte es sich um über 1200 Kisten Artilleriegeschosse und beinahe 5000 Schachteln Patronen. Sie waren größtenteils in der Nähe des Schotts untergebracht, das in den ersten Kesselraum führte. Dieser war 1913 in ein Depot umgewandelt worden.

Für Kapitän William Turner gestaltete sich der erste Teil der Rückreise nach Liverpool problemlos, und das Schiff hielt seinen Fahrplan ein. Aber vom 6. Mai an

Links: Der Speisesaal erster Klasse auf der Lusitania.

EXPLOSION

Oben: Die Lusitania *ging in weniger als 20 Minuten nach dem Einschlag des ersten Torpedos unter. Dabei kamen fast 1 200 Menschen ums Leben.*

Rechts außen: Die Hälfte der Rettungsboote der Lusitania *konnte nicht ausgesetzt werden. Deshalb gab es in den verbleibenden nicht genügend Platz für alle an Bord.*

schickte das Marineministerium in London Warnungen über die Anwesenheit deutscher U-Boote in der Irischen See, durch die die *Lusitania* fahren mußte, um ihren Heimathafen zu erreichen.

Turner setzte die vorgeschriebenen Sicherheitsmaßnahmen in Gang: Die Rettungsboote des Linienschiffs wurden für die Evakuierung der Passagiere vorbereitet, überall auf dem Schiff stellte er zusätzliche Wachposten auf, Bullaugen wurden verdeckt und viele wasserdichte Türen geschlossen.

Am 7. Mai entdeckte Kapitän Walter Schwieger auf dem U-Boot U-20 die *Lusitania*, als sie bei Old Head vor Kinsale vorbeifuhr. Eigenartigerweise fuhr sie in einer geraden Linie, statt, wie sonst üblich, zickzack. Kurz nach 14.00 Uhr schoß die U-20 einen einzigen Torpedo ab, der die *Lusitania* steuerbords, nahe der Brücke und beim Schott traf. Die Kohlebunker steuerbords wurden überflutet, und das Schiff bekam Schlagseite. Dann erschütterte eine zweite Explosion die *Lusitania*, als die geladene Munition hochging.

Unter den Passagieren herrschte kaum Panik, obwohl die Rettungsboote auf der Backbordseite wegen der Schlagseite dort nicht ausgesetzt werden konnten. Aber als die Passagiere auf die Steuerbordseite hasteten, stellten sie fest, daß die Rettungsboote dort nicht für alle reichten. Innerhalb weniger als 20 Minuten nach der ersten Explosion sank die *Lusitania*, und viele Menschen ertranken im Meer. Über 700 Passagiere starben, nur 289 Besatzungsmitglieder überlebten. Unter den Toten befanden sich auch 124 amerikanische Bürger.

DIE GRÖSSTEN KATASTROPHEN AUF SEE

Oben: Zwanzig Jahre, nachdem die Lusitania versenkt wurde, hat ein amerikanischer Taucher sie auf dem Meeresboden gefunden und fotografiert.

Sowohl die amerikanische als auch die britische Regierung untersuchten den Untergang des Linienschiffs. Der amerikanische Untersuchungsausschuß schloß, der Verlust sei „ein illegaler Akt der Regierung des deutschen Kaisers". Darauf erwiderten die deutschen Behörden, die *Lusitania* sei gewarnt worden, daß das Befahren des Irischen Meers gefährlich war, weiter, daß sie ein Hilfskreuzschiff sei und Kriegsgüter, vor allem aber auch kanadische Soldaten befördert habe.

Überlebende Passagiere sagten aus, sie hätten keine Beweise dafür gesehen, daß Kanonen oder kanadische Soldaten an Bord des Schiffs gebracht worden seien. Später stellten Historiker Überlegungen an, die englische Regierung habe aktiv die Zerstörung der *Lusitania* angestrebt, um durch den Tod von amerikanischen Zivilisten die Vereinigten Staaten zum Kriegsbeitritt gegen Deutschland zu bewegen. Für diese Theorie wurde jedoch nie ein konkreter Beweis vorgelegt.

DIE ANCONA, IM ATLANTIK
8. NOVEMBER 1915

In Kriegszeiten sind Passagierschiffe gefährdet, vor allem, wenn sie einer Schiffahrtslinie in einem der kriegsführenden Länder gehören. Deshalb ist es für die *Ancona* in italienischem Besitz besonders tragisch, daß sie im November 1915 von einem deutschen U-Boot versenkt wurde, obwohl Italien sich nicht im Krieg mit Deutschland befand.

Die *Ancona* brach am 6. November von Neapel zu ihrer letzten Fahrt nach New York auf. Am 8. wurde das Passagierschiff von einem U-Boot entdeckt, das zwar die österreichische Flagge zeigte, tatsächlich aber deutsch war. Das U-Boot verfolgte die nichtsahnende *Ancona*, näherte sich ihr und feuerte Torpedos auf das schutzlose Linienschiff.

Die *Ancona* wurde gegen 13.00 Uhr getroffen. Der Schaden war so groß, daß keine Aussichten darauf bestanden, das Schiff noch zu retten. Es ging schnell unter, und der Befehl zum Verlassen wurde erteilt. Vielen gelang es, noch rechtzeitig vom Schiff zu kommen, aber 194 Menschen kamen ums Leben. Die Überlebenden wurden schließlich von einem französischen Kriegsschiff, der *Pluton*, aufgenommen.

Unter den Toten befanden sich elf amerikanische Staatsangehörige, und ihre Regierung verlangte eine Erklärung von Österreich. Dabei stellte sich heraus, daß es sich bei dem U-Boot eigentlich um ein deutsches, die U-38, gehandelt hatte. Dieser Vorfall brachte die öffentliche Meinung in den Vereinigten Staaten gegen Deutschland auf.

Oben: *Der italienische Passagierdampfer* Ancona, *der im November 1915 von einem deutschen U-Boot mit einem Torpedo beschossen und versenkt wurde.*

DIE GRÖSSTEN KATASTROPHEN AUF SEE

DIE MONT BLANC, IN HALIFAX
7. DEZEMBER 1917

Dieser Vorfall zählt in jeder Hinsicht zu einem der schlimmsten Schiffahrtsunglücke des 20. Jahrhunderts. Zwar ereignete er sich im Ersten Weltkrieg, aber die Zerstörung der *Mont Blanc* zusammen mit anderen Schiffen und einem beträchtlichen Teil des kanadischen Hafens Halifax hing in keiner Weise mit Feindeinwirkung zusammen.

Das französische Frachtschiff, die *Mont Blanc*, lief Anfang Dezember 1917 mit einer Ladung TNT, Benzol, Pikrinsäure und Schießwolle, einer instabilen und potentiell tödlichen Mischung, aus New York aus. Am 6. Dezember um 09.00 Uhr sichtete die *Mont Blanc* den Hafen Halifax.

Halifax ist ein natürlicher Tiefwasserhafen, der sich auf mehrere Seemeilen erstreckt. Seine Breite beträgt meistens eine Seemeile (1,853 km), aber an einem Punkt verengt er sich auf knapp unter eine halbe Seemeile (0,926 km). Während ein Lotse die *Mont Blanc* durch die Enge steuerte, entdeckten Besatzungsmitglieder einen belgischen Frachter, die *Imo*, der geradewegs auf sie zufuhr. Die *Imo* hätte die *Mont Blanc* eigentlich steuerbords passieren sollen, gab aber ein Zeichen, daß sie backbords an ihr vorbeifahren würde. Der Kapitän der *Mont Blanc* zog das Ruder ein, um dem anderen Schiff auszuweichen, aber es war bereits zu spät. Die *Imo* prallte nahe dem Laderaum, in dem sich die Pikrinsäure befand, gegen die *Mont Blanc*.

Zwar konnte die *Imo* von der Stelle, an der sich die Kollision ereignet hatte, zurückweichen, aber sie ließ sich nicht mehr manövrieren. Auf der *Mont Blanc* brach Feuer aus. Die Besatzung verließ das Schiff, das auf Halifax zutrieb. Einige Einwohner von Halifax wußten, was die *Mont Blanc* beförderte und wie gefährlich die Ladung war. Sie rannten um ihr Leben. Eine Gruppe von einem britischen Kreuzfahrtdampfer, der *High Flyer*, versuchte, an Bord der *Mont Blanc* zu gelangen und sie zu versenken. Als sie sich mit dem Schiffskutter näherten, explodierte die *Mont Blanc*.

Die erste Explosion war gewaltig. Berichten zufolge wurde halb Halifax dem Erdboden gleichgemacht. Aufgrund der Geographie des Orts verstärkte sich noch die Wucht der Explosion. Das Land stieg vom Hafen schnell an, so daß sich die Explosion auf ein kleines Gebiet beschränkte. Viele kamen im Bahnhof der Stadt, der völlig zerstört wurde, ums Leben. Die Häuser der Werftarbeiter beim Hafen stürzten wie Kartenhäuser in sich zusammen.

Dem Schrecken der Explosion stand das anschließende Feuer um nichts nach. Es griff schnell auf

Unten: Die Imo am Grund des von Land umschlossenen Hafens Halifax nach der Explosion auf der Mont Blanc.

Rechts: *Der von der Explosion zerstörte Bahnhof in Halifax.*

ganz Halifax und noch zwei weitere Gebiete in der Nähe, Dartmouth und Richmond, über.

Die endgültige Liste von Opfern war gewaltig. Ganze Wohngebiete waren zerstört worden, und als der Tag zu Ende ging, dürften ungefähr 25 000 Menschen mitten im kanadischen Winter obdachlos geworden sein. Die Zahl der Toten wurde zwischen 2 000 und 3 000 veranschlagt.

Rechts: *Die meisten Holzhäuser in Halifax wurden durch die Druckwelle der Explosion zerstört. Viele stürzten ein und begruben ihre Bewohner unter sich.*

DIE GRÖSSTEN KATASTROPHEN AUF SEE

DIE WILHELM GUSTLOFF, IN DER OSTSEE
30. JANUAR 1945

Das 25 484 Bruttoregistertonnen große Passagierschiff *Wilhelm Gustloff* wurde von Blohm und Voss in Hamburg gebaut und lief 1938 vom Stapel. Das Schiff war von der NSDAP für ihr Programm „Kraft durch Freude" in Auftrag gegeben worden und nach einer 1936 ermordeten führenden Schweizer Nazigröße benannt. Es sollte deutschen Arbeitern preisgünstige Kreuzfahrten anbieten und war als erstes Schiff speziell für dieses Programm erbaut worden.

Anfang 1945 diente die *Wilhelm Gustloff* zusammen mit mehreren anderen Schiffen als Rettungsschiff zur Evakuierung von Flüchtlingen und Truppen aus Ostpreußen.

Am 30. Januar mittags lief die *Wilhelm Gustloff* aus dem polnischen Hafen Gdynia aus, bis zum Rand gefüllt mit rund 6 000 Flüchtlingen und verwundeten Soldaten. Kurz nach 21.00 Uhr wurde das Schiff von drei Torpedos

Oben: Die Wilhelm Gustloff *lief am 5. Mai 1938 im Beisein von Adolf Hitler vom Stapel.*

Links: Wenngleich die Wilhelm Gustloff *eigentlich als Kreuzfahrtschiff gebaut worden war, wurde sie nie als ein solches eingesetzt.*

getroffen, die ein sowjetisches U-Boot abgefeuert hatte, und ging beinahe sofort unter. Nur rund 500 Menschen überlebten – die genaue Zahl der Opfer ist unbekannt, es müssen aber ungefähr 5 500 gewesen sein. Es war der schlimmste Verlust an Menschenleben, der je in der Geschichte der Seefahrt verzeichnet wurde.

EXPLOSION

DIE GRAND CAMP, IN TEXAS CITY
16. APRIL 1947

Ein Hafen ist manchmal ein gefährlicher Ort. Wenn Schiffe mit einer Ladung Brenn- oder Sprengstoff nebeneinander festmachen, führt der Ausbruch nur eines Feuers oft schnell zu einer Kettenreaktion. Genau das ereignete sich bei dem schrecklichen Unglück in Texas City im April 1947. Als auf dem französischen Frachtschiff *Grand Camp* ein Feuer ausbrach, während es an seinem Anlegeplatz festgemacht war, führte das zu einer Explosion, bei der zahlreiche andere Schiffe Schiffbruch erlitten, eine Chemiefabrik zerstört wurde und rund 90 Prozent von Texas City, einem Haupthafen im Golf von Mexiko, dem Erdboden gleichgemacht wurde. Das Rote Kreuz verzeichnete ungefähr 800 Todesopfer, tatsächlich dürfte die Zahl sehr viel höher gewesen sein.

Texas City war ein Hauptterminal für Öltanker, aber die *Grand Camp* beförderte eine viel gefährlichere Fracht: leichtentzündliches Ammoniumnitrat, ein weißer, kristalliner fester Stoff, der für die Produktion von Dünger und Sprengstoffen verwendet wird.

Am 16. April brach auf der *Grand Camp* frühmorgens ein Feuer aus und breitete sich dermaßen schnell aus, daß die Besatzung nicht einmal Zeit hatte, es der Hafenbehörde zu melden. Das Feuer hatte das Schiff fest im Griff und entzündete auch das Ammoniumnitrat im Laderaum. Die Chemikalie verdampfte und

Unten: Riesenwolken von schwarzem, giftigem Rauch hängen noch einen Tag nach der Explosion der Fracht von Ammoniumnitrat auf der Grand Camp *über dem Hafen von Texas City.*

61

Die grössten Katastrophen auf See

Rechts: Zwei Frauen knien betend in den Überresten der zerstörten katholischen Kirche in Texas City. Beinahe 90 Prozent der Stadt wurden in der Reihe von Explosionen zerstört, die von der *Grand Camp* ausgelöst worden waren.

Unten: Für die Behandlung der Opfer der Explosion wurde eine Erste-Hilfe-Notstation eingerichtet.

erzeugte eine gewaltige Explosion, die die *Grand Camp* auslöschte und brennende Trümmer in die Luft und über den Hafen schleuderte. Sie landeten auf verschiedenen Gebäuden im Hafen und auf vielen der rund 50 Tanker, die gerade mit Öl betankt wurden. Auch diese Schiffe fingen Feuer. Dicke Wolken von dunklem Rauch hüllten bald die ganze Stadt in giftige Gase.

Das Feuer griff immer weiter um sich und hatte bald die Chemiefabrik erreicht. Die Feuerwehr und die Rettungsdienste der Stadt waren völlig überfordert. Sie bemühten sich nach Kräften, eine weitere Ausbreitung der Feuer zu verhindern, hatten aber kaum Erfolg damit: Die Feuersbrunst wütete mehrere Tage lang ungezügelt. Einen Tag nach der ersten Explosion und dem Feuer explodierte ein zweites Frachtschiff, die *High Flyer*, und verstärkte das schreckliche Schauspiel.

Texas City war weitgehend zerstört. So gewaltig war die erste Explosion, daß Fenster in einer Entfernung von über 16 Kilometern zerschlagen wurden. Als Folge dieses verheerenden Unglücks brauchte die Stadt etliche Jahre und mehrere Millionen Dollar an Investitionen, bis es ihr gelang, ihre einstige Stellung als einer der wichtigsten Häfen im Golf von Mexiko zurückzuerobern.

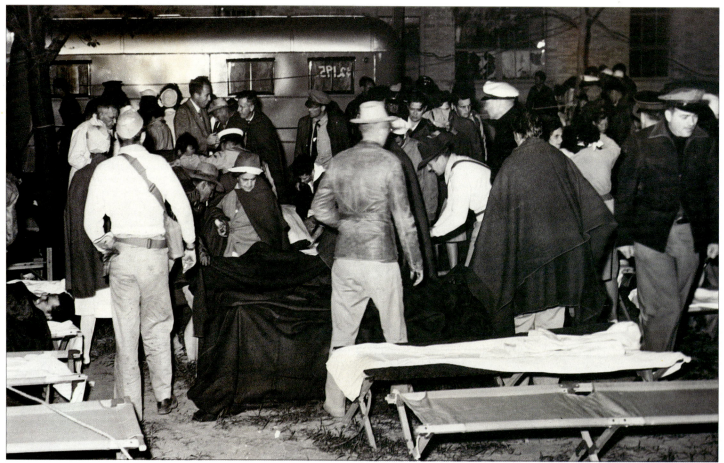

EXPLOSION

DIE DARA
8. APRIL 1961

Schiffe sind ein verlockendes Ziel für Terroristen. Als eine Explosion, die von einem Feuer gefolgt wurde, die *Dara* im Persischen Golf versenkte, dachte anfangs niemand, daß es sich hier um einen Terrorakt gehandelt haben könnte. Aber als Taucher das Wrack inspizierten, fanden sie Hinweise auf eine Bombe. Die Vorrichtung war in einem Korridor knapp über dem Maschinenraum der *Dara* explodiert und hatte einen großen Feuerball entstehen lassen, der Teile des Schiffs verschlang.

Die *Dara* trat am 23. März ihre letzte Reise an. Kapitän Elson hatte 600 Passagiere an Bord. Die Fahrt bis Basra verlief ohne Zwischenfälle, danach trat Elson die Rückfahrt an. Als erstes machte er in Korramschahr, Kuwait, und in Bahrain halt, am 7. April traf er in Dubai ein. Elson nahm weitere Passagiere an Bord und beschloß, früh den Hafen zu verlassen, da sich das Wetter verschlechtert hatte. Es wehte ein orkanartiger Wind, und es gab einen schweren Hagelsturm. Am 8. April frühmorgens hatte sich das Wetter gebessert, und die *Dara* kehrte nach Dubai zurück.

Um 04.45 Uhr erschütterte eine Explosion die *Dara*: Sie stoppte die Maschinen, und das Ruder funktionierte nicht mehr. Verängstigte Passagiere und Besatzungsmitglieder verließen das Schiff. Da die Flammen schnell um sich griffen, sprangen viele ins Wasser. Ein umgebautes Landungsboot, die *Empire Guillemot*, sah die Flammen, schickte ein Notsignal und eilte der *Dara* zu Hilfe.

Auch drei britische Fregatten kamen schnell herbei, um dem Schiff in Not helfen, und es gelang ihnen, das Feuer zu löschen.

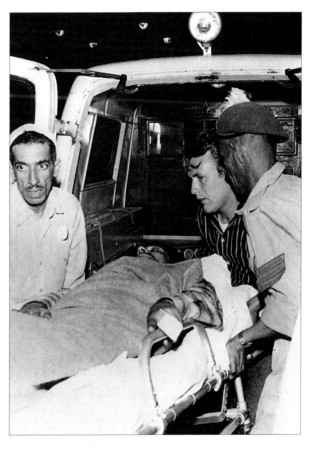

Links: Ein Überlebender von der Dara wird in einen Krankenwagen gehoben, nachdem ein Rettungsschiff ihn an Land gebracht hat.

Links: Das britische Linienschiff Dara von der British India Steam Navigation Company. Es befand sich im Persischen Golf, als eine Explosion das Schiff erschütterte und außer Gefecht setzte.

MENSCHLICHES VERSAGEN

Niemand ist unfehlbar, aber bei allen, die das Kommando über Passagiere oder gefährliche Frachten auf ihrem Schiff haben, setzt man das voraus. Kapitäne und ihre Offiziere tragen eine doppelte Verantwortung: für die Sicherheit der Passagiere und Besatzung an Bord ebenso wie für die Sicherheit der Fracht. Von allen Offizieren, die zur See gehen, wird erwartet, daß sie hundertprozentig kompetent und erfahren sind und mit jedem Aspekt ihrer Arbeit bis hinunter zum kleinsten, oft scheinbar unbedeutenden Detail vertraut sind. Allerdings sind sie so etwas wie eine kleine Gemeinde. Und wie jede Gemeinde auf dem Festland gibt es auch unter ihnen Menschen mit unterschiedlichen Fähigkeiten und Schwächen.

Eine gründliche Untersuchung der Ursachen eines Unglücks, wissenschaftliche Analysen und eine zähe Entschlossenheit, die Wahrheit herauszufinden, bringen zumeist sehr schnell an den Tag, ob sich Kapitän und Besatzung eines Versäumnisses schuldig gemacht haben. Aber auch Schiffseigner und ihre Manager mußten sich schon vor Gericht verantworten, vor allem, wenn die bei ihnen angestellten Matrosen aus Billiglohnländern stammten und nicht ausgebildet waren.

Rechts: Nach der Havarie der Exxon Valdez, *bei dem über 50 Millionen Liter Rohöl in den Prince-William-Sund, Alaska, ausliefen, wurde ein umfassendes Säuberungs- und Rettungsunternehmen in die Wege geleitet, um wild lebende Tiere in der Gegend zu retten. Aber für diese mit Öl verschmierten Seeotter kam jede Rettung zu spät.*

DIE GRÖSSTEN KATASTROPHEN AUF SEE

DIE HMS VICTORIA
22. JUNI 1893

Der Verlust der *HMS Victoria* im östlichen Mittelmeer 1893 ist das bis heute schlimmste Unglück in Friedenszeiten, das die britische Marine je erlitten hat. Als das Kriegsschiff unterging, war es mit zwei Kanonen, von denen jede 111 Tonnen wog, ausgerüstet. Sie waren so schwer, daß sich ihr Lauf immer wieder unter seinem Eigengewicht senkte, und man hielt es für besser, sie nicht abzufeuern, wenn sie voll geladen waren.

Der Verlust der *Victoria* ging im wesentlichen auf die Fehleinschätzung eines einzigen Mannes, Vizeadmiral Sir George Tyron, zurück. Tyron, der Oberbefehlshaber der englischen Marine im Mittelmeer, war ein erfahrener Offizier. Er hatte das Kommando über das erste gepanzerte Kriegsschiff der Marine, die *Warrior*, geführt und galt als Experte der Marinekriegsführung.

Die *Victoria* war an dem Tag, an dem sie unterging, Tyrons Flaggschiff. Tyron hatte die Flotte aufgeteilt und ließ Manöver ausführen. Die *Victoria* und das zweite an dem Vorfall beteiligte Schiff, die *HMS Camperdown*, führten jeweils ihre Flottenhälfte an. Tyron erteilte den Befehl, die beiden Linien von Schiffen sollten sich einander zuwenden. Die Kapitäne der beiden führenden Schiffe kamen seinem Befehl nach, obwohl Ihnen klar war, daß die beiden Schiffe viel zu nahe beieinander waren, als daß sie die Richtung wechseln konnten, ohne zu kollidieren.

Die beiden Schiffe kollidierten dann auch, und die *Victoria* ging mit 359 Männern, darunter auch Tyron selbst, unter. Zum Glück waren die anderen Schiffe der Flotte da, um die 284 Überlebenden zu retten.

Unten: Die HMS Victoria, *das Flaggschiff der britischen Flotte im Mittelmeer, sank nach einer Kollision mit der* Camperdown *während eines Manövers vor Tripolis.*

MENSCHLICHES VERSAGEN

DIE GENERAL SLOCUM
15. JUNI 1904

Jeder Schiffbruch, bei dem Menschen ums Leben kommen, ist eine Tragödie, aber der Untergang der Seitenradfähre *General Slocum* und die damit einhergehenden Riesenverluste an Menschenleben wirkten noch lange auf die Nordamerikaner nach. Das Unglück wirkte umso schrecklicher, weil auf der Fähre viele New Yorker mitfuhren, die der Hitze in der Stadt entflohen waren, um ein sommerliches Picknick zu genießen. Unter den Passagieren befand sich auch eine große Gruppe von Schulkindern von der St. Mark's School mit ihren Lehrern und Eltern.

Die *General Slocum* war ein großes Schiff und voll belegt, als sie von New York auslief. Sie war für Throg's Neck gechartert worden, einem beliebten Ort für einen angenehmen Sommertag. Als die Fähre unter dem Kommando von Kapitän van Schaick den East River hinunterfuhr, hatten die Menschen an Bord keinerlei Ahnung von dem Unglück, das sie gleich ereilen sollte. Die meisten Passagiere schauten auf die vorbeigleitende Silhouette von New York und genossen die kühle Brise, die bei der Fahrt des Schiffs den Fluß hinunter entstand.

Die Augenzeugenberichte zum Ursprung des Feuers, das kurz darauf ausbrach, sind widersprüchlich. Alle sind sich aber einig, daß es unter Deck ausbrach.

Innerhalb von Minuten befand sich das Schiff in Schwierigkeiten, aber die für die Feuerbekämpfung eingeteilten Besatzungsmitglieder versäumten es, ihrer Aufgabe nachzukommen. So hatten die Passagiere zwei Möglichkeiten: Sie konnten auf der *General Slocum* bleiben und hoffen, daß die Flammen gezügelt würden, oder sie konnten ihr Glück im Wasser des East Rivers versuchen. Einige sprangen ins Wasser, aber davon ertrank der Großteil. Die meisten blieben auf dem Schiff und kamen in den Flammen um.

Das Fähre ging schließlich unter, nachdem die Aufbauten bis zum Wasserspiegel abgebrannt waren. Man veranschlagte die Zahl der toten Passagiere und Besatzungsmitglieder auf 1 021 Menschen, aber tatsächlich dürfte ihre Zahl höher gewesen sein, da niemand wußte, wie viele Personen eigentlich an Bord gewesen waren.

Ein Unglück dieses Ausmaßes wurde natürlich von den Behörden untersucht. Kapitän van Schaick hatte das Inferno überlebt. In dem Urteil des Untersuchungsausschusses wurde ihm mindestens eine Teilschuld für die Katastrophe gegeben. Im Anschluß kam er vor Gericht und wurde wegen Totschlags zu einer Gefängnisstrafe verurteilt. So groß war die Trauer in ganz New York, daß die Stadt eine Gedenktafel zur Erinnerung an den Untergang der *General Slocum* anbrachte.

Oben: *Verzweifelte Passagiere springen von der brennenden* General Slocum.

DIE GRÖSSTEN KATASTROPHEN AUF SEE

DIE PRINZESSIN VICTORIA LUISE, IN DER KARIBIK
16. DEZEMBER 1906

Die *Prinzessin Victoria Luise* wurde für die Hamburg-Amerika-Linie gebaut und ursprünglich so ausgerüstet, daß sie bis zu 200 wohlhabenden Passagieren gerecht wurde, die bereit waren, für eine Kreuzfahrt auf dem Mittelmeer in beträchtlichem Luxus gut zu bezahlen. Dann wurde die *Prinzessin Victoria Luise* aber für die Route Hambur-New York eingesetzt, als die Eigentümer zusätzliche Schiffe brauchten, um sich an dem blühenden transatlantischen Überseegeschäft zu beteiligen.

Am 12. Dezember 1906 war das Kreuzfahrtschiff zwischen New York und Jamaika unterwegs. Die Hinfahrt verlief ohne Zwischenfälle, dann trat das Schiff die Heimreise an. Der Kapitän, H. Brunswig, fuhr ohne Lotse, deshalb legte er selbst den Kurs entlang der Küste von Jamaika fest, den das Schiff in der Nacht des 16. Dezember fahren sollte.

In jener Nacht fuhr die *Prinzessin Victoria Luise* beim Leuchtturm nahe Port Royal auf einen Fels auf. Die Passagiere gerieten in Panik, weil sie meinten, das Schiff werde jeden Augenblick untergehen. Aber die Besatzungsmitglieder beruhigten sie und brachten sie ohne ein weiteres Mißgeschick an Land. Die *Prinzessin Victoria Luise* hing jedoch wie festgeklebt am Fels. Als am nächsten Tag nachmittags ein Sturm aufkam, fing sie an, auseinanderzubrechen. Der Kapitän, der wußte, daß er einen Lotsen an Bord hätte haben müssen, statt allein zu fahren, zog sich in seine Kajüte zurück, verriegelte die Tür und erschoß sich. Dies war der einzige Todesfall des gesamten Unglücks.

Oben: Der Luxusdampfer Prinzessin Victoria Luise *strandete beim Leuchtturm Plumb Point vor Kingston, Jamaika. Das geschah am 16. Dezember 1906. Nach einem Sturm brach das Schiff auseinander.*

MENSCHLICHES VERSAGEN

DIE DAKOTA, IM PAZIFIK
7. MÄRZ 1907

Die *Dakota* war der Stolz der amerikanischen Great Northern Steam Ship Company. Sie wog 20 700 Bruttoregistertonnen, war 191 Meter lang und bot 2 700 Passsagieren Platz. Sie wurde 1905 als das größte je in den Vereinigten Staaten gebaute Passagierschiff in Auftrag gegeben, und diesen Rekord hielt sie bis in die späten zwanziger Jahre. Aber die *Dakota* sollte sich nur einer kurzen Laufbahn erfreuen.

Zusammen mit der *Minnesota* war auch die *Dakota* eine Erfindung von James Hill, dem Eigentümer der Great North Railroad. Er erkannte eine Marktlücke auf der Route von den Vereinigten Staaten in den Fernen Osten. Sowohl die *Dakota* als auch ihr Schwesterschiff, die *Minnesota*, wurden für die Beförderung von Passagieren und Fracht gebaut, die seine Eisenbahn von und in den Fernen Osten brachte. Hill ging sogar auf den Geschmack seiner vorwiegend aus dem arabischen Raum stammenden Passagiere ein, als er auf beiden Schiffen eine Opiumhöhle einrichten ließ.

Das Ende für die *Dakota* kam am 7. März 1907. Das Schiff war vom nordwestlichen Pazifik aufgebrochen und fuhr in Richtung Japan. Aber es kam dort nie an. Rund 40 Seemeilen (64 km) vor Jokohama, dem Haupthafen in der Bucht von Tokio und dem ersten japanischen Hafen, der im 19. Jahrhundert Besuchern aus dem Westen offenstand, fuhr die *Dakota* auf ein Riff im Wasser auf.

Das Schiff hing dort fest, und Passagiere und Besatzungsmitglieder konnten es verlassen. Aber ein Sturm am 23. März vernichtete alle Hoffnungen, das Schiff zu retten. Es brach unter den Schlägen der Wellen auseinander und wurde als Schrott verkauft.

Der Kapitän gab das Leben zur See auf, vielleicht, weil er sich schuldig fühlte oder weil er den Schock über den Verlust des Schiffes nicht überwinden konnte, und arbeitete für den Rest seines Lebens als Wächter in einer Werft in San Francisco.

Oben: *Eines der letzten Bilder von der* Dakota: *Sie ging 40 Seemeilen (64 km) vor Jokohama unter.*

Die grössten Katastrophen auf See

Die Morro Castle
8. September 1934

Das Schicksal der *Morro Castle* ist ein klassisches Beispiel dafür, wie Unfähigkeit und Fahrlässigkeit zu unnötigem Verlust von Menschenleben führen. Als die *Morro Castle* Feuer fing, war sie nur sechs Seemeilen (11,1 km) von der Küste von New Jersey entfernt. Trotzdem kamen 137 Menschen ums Leben.

Die *Morro Castle* wurde für den Passagierverkehr zwischen New York und Havanna, Kuba, gebaut. Am 23. August 1930 lief sie von New York zu ihrer Jungfernfahrt aus. Knapp vier Jahre später, im September 1934, hatte die *Morro Castle* mit 316 Passagieren und 231 Besatzungsmitgliedern an Bord beinahe ihre Heimreise vollendet.

Am 7. September starb der Kapitän Robert Wilmott vermutlich an einem Herzinfarkt und wurde vom ersten Offizier William Warms ersetzt. Als Warms das Kommando über das Linienschiff übernahm, kämpfte es mit schwerem Seegang und starkem Wind. Am 8. September entdeckte ein Passagier gegen 02.00 Uhr morgens Feuer in einem Schreibzimmer. Er rief einen Steward, der versuchte, das Feuer zu löschen. Leider hatte der Steward die Brücke nicht von dem Problem unterrichtet. Erst 60 Minuten später hörte Warms von dem Feuer, das sich mittlerweile schon ausgebreitet

Links: *Als der Kapitän den Befehl zum Verlassen des Schiffs gab, stiegen viele von der Besatzung als erste in die Rettungsboote.*

MENSCHLICHES VERSAGEN

Oben: *Die noch schwelende* Morro Castle, *gestrandet vor der Kongreßhalle, Ashbury Park, New Jersey.*

Rechts: *Ein Mann von der Küstenwache kehrt von den verkohlten Überresten der gestrandeten* Morro Castle *zurück. Im Arm hält er den Leichnam eines Kindes.*

hatte, was wegen der Holzvertäfelung des Schiffs und dem starken Wind zu erwarten war. Um das Ganze noch zu verschlimmern, fehlte es auf dem ganzen Schiff an Wasserschläuchen. Viele Wasserhydranten waren verschlossen worden, so daß sie unbrauchbar waren.

Während der Fahrt waren keine Feuerbekämpfungs- und Rettungsübungen veranstaltet worden, deshalb wußten weder die Passagiere noch die Besatzung, wie sie sich in diesem Notfall verhalten sollten. Warms war zu unerfahren, so daß er nicht wußte, welche Vorschriften zu befolgen waren. Obwohl das Feuer eindeutig völlig außer Kontrolle geriet, brauchte er längere Zeit, bis er begriff, daß es an der Zeit war, ein Notsignal auszusenden, das aber nur unzureichend gesendet werden konnte, da der Generator kurz darauf ausfiel.

Als die Evakuierung begann, verhielt sich die Besatzung absolut egoistisch. Passagiere und Besatzung versammelten sich entweder backbords oder steuerbords, da der Mittelteil des Schiffs brannte. Im ersten Rettungsboot saßen 92 Besatzungsmitglieder und nur sechs Passagiere. Mehrere Schiffe hatten das Notsignal der *Morro Castle* aufgefangen und eilten zum Unglücksort, wo sie doch einige Passagiere retten konnten. Das verlassene Linienschiff trieb schließlich in Ashbury Park, New Jersey, an Land.

Der anschließende Untersuchungsausschuß lastete die Schuld an der Katastrophe den Schiffseigentümern und der Besatzung an. Warms wurde der Fahrlässigkeit für schuldig befunden und zu zwei Jahren Gefängnis verurteilt, der Chefingenieur des Schiffs, einer der ersten in einem Rettungsboot, kam für fünf Jahre ins Gefängnis, und der Vizepräsident der Schiffahrtslinie wurde mit einer Geldstrafe belegt. Die Passagiere erhielten eine Entschädigung.

DIE GRÖSSTEN KATASTROPHEN AUF SEE
DIE HERAKLION, IN DER ÄGÄIS
8. DEZEMBER 1966

Oben: Die griechische Autofähre Heraklion, *die auf halbem Weg zwischen Kreta und Piräus unterging.*

Lasche Disziplin und Mißachtung von Sicherheitsbestimmungen auf Passagierfähren kommen im allgemeinen erst nach einer Tragödie ans Licht. So war das auch bei der griechischen Fähre *Heraklion*, **die bei stürmischer See auf ihrer regulären Fahrt von Kreta nach Piräus unterging. Ein Rettungsschiff traf innerhalb von 30 Minuten am Ort ein, aber die Fähre war spurlos verschwunden, und mit ihr 231 Passagiere. Nur 47 Menschen überlebten das Unglück.**

Die *Heraklion* befuhr die britische Burma-Route, wurde 1964 aber an die griechische Typaldos Linie verkauft. Sie sollte zwischen Piräus und Kreta verkehren.

Am 8. Dezember 1966 war das Wetter über dem Ägäischen Meer trügerisch und stürmisch. Trotzdem hielt die *Heraklion* den regulären Fährverkehr von Kreta aufrecht. Durch das Hin- und Herrollen des Schiffes im aufgewühlten Meer entstanden auf dem Frachtdeck beträchtliche Probleme, denn dadurch lockerte sich die Befestigung von Wagen und Lastwagen. Ein 16 Tonnen schwerer Sattelschlepper riß sich los und prallte gegen die Frachttür, die dem Druck nachgab und sich öffnete. Große Mengen von Wasser strömten ein, und am 8. Dezember, um 2 Uhr morgens, funkte die Besatzung SOS, auf das sowohl die griechische Luftwaffe und Marine als auch zwei britische Kriegsschiffe schnell reagierten. Aber als diese am Unglücksort ankamen, fanden sie in der rauhen See nur einige umhertreibende Trümmer.

Die anschließende Untersuchungskommission kam zu dem Ergebnis, daß die Schiffsoffiziere versagt hätten. Man erhob Anklage wegen Totschlags und Fälschung. Zwei höhere Angestellte des Unternehmens erhielten eine Gefängnisstrafe.

MENSCHLICHES VERSAGEN

DIE TORREY CANYON, IM ÄRMELKANAL

18. MÄRZ 1967

Rechts: Der Supertanker Torrey Canyon: *Er brach auseinander, nachdem er auf die Seven Stones Rocks aufgelaufen war.*

Als der Supertanker *Torrey Canyon* auf Pollard Rock, dem westlichsten der Seven Stones Rocks vor Englands Land's End auflief, gab er den Anstoß zu einem radikalen Umdenken bezüglich der Gefahren und Methoden, wie mit auslaufendem Öl auf hoher See umzugehen sei. Berechnungen ergaben, daß ungefähr 100 000 Tonnen Rohöl ausgelaufen waren. Das war zehnmal mehr als bei jedem früheren Zwischenfall.

Die *Torrey Canyon* war vom Persischen Golf zum Ölterminal in Milford Haven in Süd-Wales unterwegs. Der Tanker unter dem Kommando des erfahrenen Kapitäns Pastrengo Rugiati fuhr unter liberianischer Flagge. Zwar befand er sich im Besitz der Barracuda Tanker Company auf den Bermudas, aber für ihre verhängnisvolle Fahrt war die *Torrey Canyon* von British Petroleum gechartert worden. Kapitän Rugiati wurde von den Behörden in Milford Haven unter Druck gesetzt: Wenn er nicht mit der Abendflut am 18. März eintraf, würde er mit seiner kostbaren Fracht erst wieder am 24. anlegen können.

Der Vorfall begann um 06.30 Uhr, als einer der Offiziere auf dem Schiff ein Radarsignal vor steuerbord entdeckte. Zwar erwartete er ein Echo von den Scilly-Inseln, aber von backbord. Er ordnete einen Richtungswechsel an, um das Schiff westlich am Radarecho vorbeizuführen, aber Rugiati griff ein und brachte die *Torrey Canyon* wieder auf ihren ursprünglichen Kurs zurück. Außerdem schaltete er die Steuerung des Schiffs auf Autopilot, was mehr als ungewöhnlich war. Ein Leuchtturm nahebei erkannte die Gefahr und schoß zur Warnung Raketen ab, das half aber nichts mehr. Um 09.15 Uhr lief der Tanker auf

DIE GRÖSSTEN KATASTROPHEN AUF SEE

Pollard Rock auf. Das Geräusch von Metall, das auf Fels schabte, ließ außerdem darauf schließen, daß der Boden aufgerissen wurde.

Im Laufe der nächsten Tage wurde immer wieder versucht, die *Torrey Canyon* von Pollard Rock freizubekommen, aber ohne Erfolg. Als bei einer Explosion im Maschinenraum auch noch ein Besatzungsmitglied getötet wurde, wurde das Schiff aufgegeben. Das Wetter verschlechterte sich, und das Öl, das bis dahin aus dem beschädigten Schiffskörper nur ausgesickert war, begann nun vollends auszulaufen. Luftaufnahmen zeigten einen 56 km langen und bis zu 24 km breiten Ölteppich. Die Strände im südwestlichen England, in der Bretagne und den Kanalinseln waren mit Öl verschmutzt. Der Tourismus wurde stark geschädigt, und Tausende von Seevögeln verendeten. Auch die Fischerei wurde nachhaltig gestört.

Die Behörden versuchten mit Spezialmitteln und Sperren, dem Ölteppich beizukommen. Schließlich bombardierte die englische Luftwaffe die *Torrey Canyon* in der Hoffnung, das noch an Bord befindliche Öl in Brand zu stecken. Keine dieser Maßnahmen war völlig erfolgreich, wenngleich bei der ersten Bombardierung etwas Öl angezündet wurde, das zwei Stunden brannte. Der anschließend eingesetzte liberianische Untersuchungsausschuß machte allein Kapitän Rugiati für das Unglück verantwortlich. Ferner wurde ihm Fahrlässigkeit vorgeworfen und gefordert, ihm das Kapitänspatent zu entziehen.

Links: Ein Hubschrauber läßt einen großen Kompressor auf das Deck der Torrey Canyon *herunter, während eine Rettungsmannschaft verzweifelt versucht, den Tanker für die nächste Flut wieder flottzumachen.*

Unten: Nach der Evakuierung der Besatzung von der Torrey Canyon *setzte die englische Luftwaffe das Öl an Bord in Brand. Es brannte zwei Stunden und verbreitete Wolken dicken schwarzen Rauchs um sich.*

MENSCHLICHES VERSAGEN

DIE EXXON VALDEZ, IM PRINZ-WILLIAM-SUND
24. MÄRZ 1989

Unten: Ein Schleppkahn zieht die beschädigte Exxon Valdez durch den Prinz-William-Sund.

Alaska ist eine der letzten großen Wildnisse der Welt – aber es verfügt auch über reichhaltige Erdölreserven. Wie hoch die Kosten für die Umwelt im Falle einer Ölspillage sind, wurde klar, als die *Exxon Valdez* vor der Küste Alaskas auf ein Riff auflief. Mit der Havarie dieses Schiffes wurde zum ersten Mal die Frage nach der Veranwortlichkeit der Ölkonzerne gestellt.

Das Kommando über die *Exxon Valdez* führte Kapitän Joseph Hazelwood mit einer 20köpfigen Besatzung. Hazelwood war zwar noch jung, konnte aber auf zehn Jahre Erfahrung auf See zurückblicken und hatte die Strecke schon wiederholt befahren. Wie immer nahm er einen Lotsen, Ed Murphy, an Bord, kurz bevor er am 24. März um 21.00 Uhr von Valdez auslief. Murphy sollte den Tanker über eine Entfernung von ungefähr

DIE GRÖSSTEN KATASTROPHEN AUF SEE

20 Seemeilen (32 km) durch die Valdez-Engen und vorbei am Valdez-Arm leiten. Das war kurz vor 23.30 Uhr erledigt, und Murphy verließ das Schiff am Rocky Point.

Nachdem Murphy den Tanker verlassen hatte, entdeckte der Kapitän mehrere kleine Eisberge auf seiner Route und erhielt vom Fahrzeugverkehrs-Überwachungszentrum die Erlaubnis, seinen Kurs leicht zu ändern. Anschließend übergab er seinem dritten Maat, Greg Cousins, die Aufsicht über die *Exxon Valdez*. Cousins sollte das Schiff durch eine Meeresenge zwischen Busby Island und Bligh Reef steuern. Um Mitternacht wurde der Steuermann abgelöst, und Cousins gab Anordnung, den Kurs zu ändern, was aber nicht geschah, so daß die *Exxon Valdez* Bligh Reef gefährlich nahe kam. Greg Cousins wandte sich daraufhin an den Kapitän, aber bevor dieser reagieren konnte, war das Schiff schon auf das Riff aufgelaufen.

Das Schiff schlug leck, und das Erdöl lief in den Kanal aus. Niemand konnte das Ausmaß der anschließenden Verschmutzung voraussagen. Schätzungen zufolge liefen über 50 Millionen Liter Erdöl aus,

Rechts: Öl von der Exxon Valdez *wird in einen anderen Tanker gepumpt. Damit soll die Ölspillage reduziert werden.*

MENSCHLICHES VERSAGEN

Rechts: *Bei der Säuberungsaktion wurden auch durchlöcherte Schläuche verwendet. Damit wurde Meerwasser auf die verschmutzte Küste gesprüht, um das Öl zurück ins Meer zu spülen. Dort wurde es mit Spezialgeräten abgesaugt.*

Unten: *Im Hafen Valdez, Alaska, beginnen Arbeiter, das Öl von der Meeresoberfläche abzusaugen.*

die eine Fläche von 1 300 Quadratkilometern verschmutzten. Dickes Rohöl wurde auf einer Länge von 1 300 Kilometern an die Küste von Alaska gespült.

Die Spillage ereignete sich an einem entlegenen Ort, und das Winterwetter komplizierte die Sache noch weiter. Auch wurde das Ganze zusätzlich durch die Tatsache verschlimmert, daß eines der lebenswichtigen Schiffe zur Bekämpfung von Verschmutzung zwei entscheidende Tage lang betriebsunfähig war und das Gebäude im Flughafenterminal in Valdez zwei Tage nach dem Auflaufen von einem Sturm beschädigt wurde. Die Verzögerungen beim Beginn der Säuberungsaktionen erwiesen sich als kostspielig. Zwei Wochen nach dem Vorfall hatte man nur ungefähr 20 Prozent des ausgelaufenen Öls zurückgewonnen oder mit Ölsperren begrenzt, so daß sich vom Tanker ein riesiger Ölteppich von 115 Kilometern erstreckte. Über 30 000 Seevögel sowie unzählige Säugetiere dürften durch die Verschmutzung verendet sein.

Hazelwood wurde in den Vereinigten Staaten von der Anklage verbrecherischer Fahrlässigkeit freigesprochen, aber das Gericht sagte ausdrücklich, der Unfall hätte sich vermutlich nicht ereignet, wenn er auf der Brücke der *Exxon Valdez* geblieben wäre. Die Firma Exxon wurde dagegen voll verantwortlich gemacht und erhielt die Auflage, die Kosten für die gesamte Säuberungsaktion zu tragen.

DIE GRÖSSTEN KATASTROPHEN AUF SEE

DIE HERALD OF FREE ENTERPRISE, IN SEEBRÜGGE
6. MÄRZ 1987

Vor allem vor der Eröffnung der Zugverbindung durch den Tunnel unter dem Ärmelkanal war der Fährverkehr über den Kanal ein Geschäft, in dem scharfe Konkurrenz herrschte. Townsend Thoresen, einer der ganz großen Betreiber, übernahm im April 1987 die P&O-Gruppe, und im Rahmen dieser Transaktion erwarb er auch eine Reihe von RO-RO-(Roll-on-roll-off)-Fähren, darunter die *Herald of Free Enterprise*.

Die Roll-on-roll-off-Fähren befördern Busse, Lastwagen und PKWs über den Ärmelkanal, und sie sind für schnelles Be- und Entladen backbords und steuerbords mit wuchtigen Toren ausgerüstet. Damit sie rentabel sind, müssen sie schnell die Rückfahrt antreten können. Die *Herald of Free Enterprise* wurde gewöhnlich auf der Strecke zwischen Dover und Calais eingesetzt, aber Anfang März wurde sie nach Seebrügge verlegt, um eine andere Fähre zu ersetzen, die gewartet wurde. Am 6. März lief die *Herald* um 11.30 Uhr aus Dover aus. Am Spätnachmittag hatte das Schiff Seebrügge erreicht und lief nach einer mehrstündigen Pause wieder aus.

Der Hafen von Seebrügge ist etwas eng, und die Fähren müssen sorgfältig manövrieren, um das offene Meer zu erreichen. Die *Herald* mußte wenden, indem sie zuerst mit dem Heck voran an einen seitlichen Anlegeplatz fuhr und danach mit dem Bug voraus auf

Links: *Als die Autofähre* Herald of Free Enterprise *direkt vor dem Seebrügger Hafen kenterte, saßen viele Passagiere wie in einer Falle und ertranken.*

MENSCHLICHES VERSAGEN

Links: *Riesenschleppkräne richten die* Herald of Free Enterprise *wieder auf, bevor die Fähre abgeschleppt wird.*

den Kanal zusteuerte. Die *Herald* vollführte den ersten Teil des Manövers, aber als sie vorwärts fuhr, geschah das Unglück. Das Hauptbugtor, das zum Autodeck führte, war offen gelassen worden, so daß riesige Wassermassen in das offene Parkdeck strömten. Von den Rollbewegungen des Schiffs zum Hin- und Herschwappen gebracht, führte das schließlich dazu, daß das Schiff kenterte.

Auf dem angeschlagenen Schiff herrschte Chaos. Die Passagiere unter Deck gerieten in Panik. Die Lichter gingen aus, und Wasser überflutete das Schiff. Der belgische Rettungsdienst war schnell am Unglücksort und begann mit der Rettung von Besatzung und Passagieren. 408 Menschen wurden fast sofort lebend herausgeholt, doch die endgültige Zahl von Opfern belief sich auf beinahe 200. Die *Herald* wurde schließlich von einer niederländischen Rettungsgesellschaft, der Smit International, aufgerichtet und zum Verschrotten in den Fernen Osten gebracht.

Die mit der Untersuchung des Unglücks beauftragten Experten machten allein Townsend Thoresen für die Katastrophe verantwortlich. Schließlich wäre die Reederei schon wiederholt darauf hingewiesen worden, daß auf der Brücke kein Licht gab, das dem Kapitän anzeigte, ob die Tore geschlossen waren. Der Ausschuß erklärte, die Geschäftsführung der Gesellschaft sei durch und durch mit der Krankheit der Fahrlässigkeit infiziert. Fortan müssen Fähren mit einem Signal ausgerüstet sein, dessen Licht anzeigt, ob die Tore geöffnet oder geschlossen sind.

Links: *Ein Froschmann in einem Schlauchboot untersucht die geöffneten Bugtore der gekenterten Fähre.*

Die grössten Katastrophen auf See

Die Sea Empress, vor der walisischen Küste
15. Februar 1996

Die Pembrokeshire-Küste von Südwales gehört mit zu den malerischsten der britischen Inseln. Hier lebt auch eine große Population von Grauseehunden und Tausenden von Seevögeln, darunter Pfeifenten, Höhlengänse, Brachvögel und Krickenten. Dieses Naturparadies geriet am 15. Februar 1996 in höchste Gefahr.

An jenem Donnerstag abend gegen 20.00 Uhr näherte sich ein Öltanker mit dem Namen *Sea Empress* der Mündung von Milford Haven an der südwalisischen Küste. Er hatte 128 000 Tonnen Rohöl aus der Nordsee geladen. Der in Liberia registrierte Tanker mit seiner 28köpfigen russischen Besatzung strebte der Texaco-Ölraffinerie weiter in der Mündung zu. An Bord des 400 Meter langen Riesentankers befand sich ein Lotse, und er fuhr gerade in die Mündung ein, als er auf Felsen unter Wasser auffuhr und strandete. Der Schiffskörper schlug leck, und Unmengen von Rohöl begannen auszulaufen. Trotzdem gelang es den zum Unglücksort herbeigeeilten Rettungsmannschaften, den Tanker wieder flottzumachen. Aber es gelang nicht, den Ölfluß

Oben: Ein Ornithologe hält einen geretteten Seetaucher hoch. Er ist über und über mit Öl verschmiert.

Oben: Der Supertanker Sea Empress, *der am 15. Februar auf Felsen unter dem Wasser vor Cape Ann's Head aufgelaufen war. Trotz wiederholter Versuche, das Schiff wieder flottzumachen, wurde der Tanker erst sechs Tage später nach Milford Haven geschleppt. Unterdessen waren 70 000 Tonnen Rohöl aus dem Schiff ausgelaufen.*

80

MENSCHLICHES VERSAGEN

zu stoppen. Die Besatzung, von der niemand verletzt worden war, blieb an Bord des angeschlagenen Tankers und bemühte sich, das Öl aus den beschädigten Reservoirs in unbeschädigte zu pumpen.

Über das Wochenende verschlechterte sich das Wetter. Wegen des starken Winds am Samstag abend rissen die Taue, und die *Sea Empress* strandete ein zweites Mal. Man befürchtete, daß sich die Öldämpfe entzündeten, deshalb wurde die Besatzung von Rettungshubschraubern der englischen Luftwaffe ausgeflogen. In den nächsten Tagen wurden die Rettungsarbeiten durch orkanartigen Wind behindert. Währenddessen sickerte weiter Rohöl aus dem Tanker und breitete sich über die Küste von Pembrokeshire aus. Schwarzer Schleim bedeckte Strände und Felsen und gefährdete die dort wild lebenden Tiere. Außerdem trieben Ölteppiche auf die Vogelschutzgebiete auf den Skomer- und Skokholm-Inseln im Westen zu.

Eine umfassende Säuberungsaktion wurde in die Wege geleitet, bei der Experten für Verschmutzung aus der Luft Lösungsmittel auf einen 19 Kilometer großen Ölteppich sprühten. Insgesamt liefen rund 70 000 Tonnen Rohöl aus.

Oben: *Schleppkähne kämpfen mit orkanartigem Wind in dem Bemühen, den gestrandeten Tanker von den Felsen zu befreien.*

Links: *Eine Dakota-Maschine sprüht Spezialmittel auf das Meer, um das Öl aufzuspalten, während ein Hubschrauber über dem Tanker schwebt, bevor er Pumpen abwirft, mit deren Hilfe das Öl abgepumpt werden soll.*

Wetter und Technisches Versagen

Oft müssen Schiffe auf hoher See mit gewaltigen Belastungen durch Riesenwellen, orkanartigen Wind und Tropenstürme zurechtkommen. Selbst die größten und stärksten Schiffe werden mitunter solange hin- und hergeworfen, bis sie von den unkontrollierbaren Kräften der Natur zerstört werden. Die Rollbewegung auf hoher See wirkt sich unter Umständen ebenfalls verheerend auf ein Schiff aus, indem sie die Sicherheit seiner Fracht gefährdet. Sobald sich die Fracht losgerissen hat, wird sie im Laderaum eines Schiffs von einer Seite zur anderen geworfen und bewirkt schließlich, daß sich das Schiff auf eine Seite neigt.

Schlechtes Wetter bei einem Unglück erschwert auch ungemein die Räumung eines Schiffes und die Rettung von Überlebenden durch andere. Bei ungünstigen Witterungsbedingungen geraten Passagiere eher in Panik, und es ist sehr viel schwieriger, bei rauher See Rettungsboote herunterzulassen. Viele Passagiere und Rettungsboote verschwanden einfach, weil sie von Riesenwellen verschluckt oder in dichten Nebel eingehüllt waren.

Auch technisches Versagen kann zur Katastrophe führen. Selbst regelmäßige Wartung und ständiges Beobachten der Maschinerie können technisches Versagen nie ganz ausschließen.

Rechts: Das deutsche Linienschiff Hanseatic *läuft von Southampton aus. Dieser große Dampfer wurde später an seinem Anlegeplatz im New Yorker Hafen auf Grund eines Versagens im Maschinenraum zerstört, das zu einem katastrophalen Feuer führte.*

DIE GRÖSSTEN KATASTROPHEN AUF SEE

DIE PRINCIPESSA MAFALDA, IM ATLANTIK
25. OKTOBER 1927

Rechts: Als die Principessa Mafalda *sank, kamen über 300 Menschen ums Leben.*

Der Luxusdampfer *Principessa Mafalda* wurde 1909 gebaut und beförderte bis zu 1 700 Passagiere (in zwei Klassen) und rund 300 Besatzungsmitglieder bei einer Spitzengeschwindigkeit von 16 Knoten. Das Schiff befuhr im Auftrag der Lloyd-Italiano-Linie die lukrative Route nach Südamerika, vor allem nach Buenos Aires entweder von Neapel oder Genua aus, bis die Gesellschaft im Juni 1918 von der italienischen Navigazione Generale Italiana übernommen wurde.

Auf ihrer letzten Reise war die *Principessa Mafalda* unterwegs nach Rio de Janeiro, aber sie traf nie an ihrem Bestimmungsort ein. Als die *Principessa Mafalda* am 8. Oktober von den Cape-Verde-Inseln auslief, um den letzten Teil ihrer Reise anzutreten, hatte sie 288 Besatzungsmitglieder und 971 Passagiere an Bord.

Am 25. Oktober morgens, nahe der Abrolhos-Insel vor der brasilianischen Küste brach dann plötzlich die Schiffsschraube. Der in der unmittelbaren Umgebung angerichtete Schaden war beträchtlich, dazu gehörte auch ein riesiges Loch im Schiffsrumpf. Wasser überflutete Maschinenraum und Kessel. Es kam zur Explosion.

Der Kapitän funkte SOS, aber die *Principessa Mafalda* hatte schon zu sehr Schlagseite, als daß sie noch hätte geborgen werden können. Als sie einige Stunden später sank, riß sie 300 Menschen mit in den Tod.

WETTER UND TECHNISCHES VERSAGEN

DIE VESTRIS, IM ATLANTIK
12. NOVEMBER 1928

Die unglückselige *Vestris* wurde von Lamport und Holt in Liverpool, England, in Auftrag gegeben und 1912 eingesetzt. Als sie vom Stapel lief, ahnten ihre Eigentümer noch nicht, daß der Verlust des Schiffes 16 Jahre später zum Teil dafür verantwortlich war, daß sich die Gesellschaft von dem lukrativen Liniendienst nach New York zurückzog.

Als die *Vestris* zuerst in Betrieb genommen wurde, befuhr sie die Route zwischen New York und La Plata in Südamerika, dann wurde sie von der Cunard Line und später den Royal Mail Lines gechartert, 1922 kam sie zu Lamport und Holt zurück. Am 10. November 1928 trat sie ihre verhängnisvolle Reise an. Kapitän W. Carey lief mit seinem Schiff aus dem Hafen von New York aus und nahm Kurs auf Buenos Aires. An Bord befanden sich 197 Besatzungsmitglieder und 129 Passagiere.

Die *Vestris* geriet schon bald in rauhe See, wodurch sich ein Teil der Fracht löste und das Schiff schwere Schlagseite bekam. Als sich die Schlagseite ungefähr 300 Seemeilen (480 km) hinter Hampton Roads verstärkte, ließ Carey ein SOS-Signal aussenden und die Rettungsboote klarmachen. Aber bevor alle Passagiere gerettet werden konnen, kenterte die *Vestris* und ging mit 68 Passagieren und über 40 Besatzungsmitgliedern unter. Das schnelle Eintreffen der Rettungsschiffe, darunter des Kriegsschiffs *USS-Wyoming* und des Linienschiffs *Berlin* des Norddeutschen Lloyd, verhinderte, daß der Verlust an Menschenleben noch höher war.

Rechts: Eine Aufnahme an Bord der Vestris, *einige Minuten vor dem Untergang des Linienschiffs aufgenommen. Dabei kamen über 100 Menschen ums Leben.*

DIE GRÖSSTEN KATASTROPHEN AUF SEE

DIE PAMIR, IM ATLANTIK
21. SEPTEMBER 1957

Der Untergang der *Pamir* löste in der westdeutschen Öffentlichkeit große Trauer aus. Die *Pamir* diente als Schulschiff und war von Buenos Aires über den Atlantik nach Hamburg unterwegs. An Bord befanden sich 86 Besatzungsmitglieder, darunter 53 junge Marinekadetten.

1905 von Blohm und Voss gebaut, erlebte die deutsche Viermastbark *Pamir* eine wechselvolle Geschichte.

Anfang der dreißiger Jahre wurde die *Pamir* von einem Finnen, Kapitän Gustav Erikson, gekauft, 1951 wechselte ihr Besitzer noch einmal. 1954 wurde das Schiff von der Pamir-Passat-Stiftung übernommen. Wenngleich die *Pamir* ihre Segel behielt, war sie nun auch mit Hilfsmotoren mit Ölantrieb ausgerüstet.

Zum Zeitpunkt ihres Untergangs diente die *Pamir* deutschen Marinekadetten als Schulschiff. Sie befand sich 600 Seemeilen (1 111 km) südwestlich der Azoren, als sie in einen Wirbelsturm geriet. In der letzten Botschaft vom Schiff hieß es, die Segel seien zerfetzt, der Fockmast abgebrochen und das Schiff habe eine Schlagseite von 45 Grad. Das war das letzte, was man von der *Pamir* hörte. Von den 86 Besatzungsmitgliedern an Bord überlebten nur sechs das Unglück.

Oben: *Karl Otto Dummer, einer der sechs Überlebenden von der* Pamir, *begrüßt seine Familie.*

Links: *Der deutsche Viermaster, die Windjammer* Pamir.

WETTER UND TECHNISCHES VERSAGEN

DIE HANSEATIC, IN NEW YORK
7. SEPTEMBER 1966

Wie der Verlust der *Hanseatic* beweist, muß sich ein Schiff nicht auf hoher See befinden, um eine große Katastrophe zu erleiden. Die *Hanseatic* lag friedlich im Hafen von New York vor Anker, als das Versagen eines kleinen Teils im Maschinenraum zu einem Feuer führte, das schnell das ganze Schiff verschlang.

Die *Hanseatic* begann ihre Laufbahn als *Empress of Japan* und befuhr die Strecke zwischen Vancouver und Jokohama in Japan. Wegen des Kriegs wurde der Name 1942 in *Empress of Scotland* abgeändert und 1958 nochmals geändert, nachdem die Hamburger Atlantik-Linie das Schiff erworben hatte. Die *Hanseatic* befuhr vor allem die Route zwischen Deutschland und New York, wurde im Winter aber auch als Kreuzfahrtschiff eingesetzt. An jenem verhängnisvollen 7. September wurde das Schiff kurz vor seinem Aufbruch zu einer dieser Kreuzfahrten zerstört. Als das Feuer um ungefähr 07.30 Uhr ausbrach, befanden sich glücklicherweise nur drei der registrierten 425 Passagiere an Bord der *Hanseatic*.

Das Feuer brach im Maschinenraum aus und wurde entweder von einer zerbrochenen Dichtung oder einer fehlerhaften Kraftstoffleitung verursacht. Was immer die Ursache gewesen sein mag, die Flammen griffen jedenfalls schnell auf zwei weitere Maschinenräume über, und von dort verbreiteten sie sich unentdeckt über die Lüftungsschächte zu den Passagierdecks. Schließlich bekam man das Feuer in den Griff, aber der Schaden war zu umfassend, als daß Reparaturen eine wirtschaftlich vertretbare Option dargestellt hätten. Die *Hanseatic* wurde nach Hamburg abgeschleppt und im Dezember verschrottet.

Oben: *Feuer auf der* Hanseatic *im Hafen von New York. Die 500 Besatzungsmitglieder und die drei Passagiere an Bord wurden alle in Sicherheit gebracht.*

DIE GRÖSSTEN KATASTROPHEN AUF SEE

DIE WAHINE, IN NEUSEELAND
11. APRIL 1968

Der Untergang der *Wahine* hatte nicht nur Konsequenzen für Passagiere und Besatzung gleichermaßen, sondern auch für deren Schiffseigner, der Union Steamship Company in Neuseeland, denn dieser Vorfall ruinierte den Ruf der angesehenen Gesellschaft, die 1875 gegründet worden war.

Die *Wahine*, die mehr als 900 Passagiere aufnehmen konnte, war ein richtiges Arbeitspferd. Sie wurde 1966 von Fairfield Limited in Glasgow für die Beförderung von Passagieren und PKWs zwischen Wellington auf der neuseeländischen Nordinsel und Lyttelton auf der Südinsel gebaut. Sie sollte jede Woche sechs nächtliche Überfahrten zwischen beiden Häfen machen. Die See um Neuseeland ist für ihre heftigen Stürme berüchtigt.

Am 11. April war die *Wahine* inmitten eines orkanartigen Sturms mit Windgeschwindigkeiten von über 192 km/h nach Wellington unterwegs. Es gab praktisch keine Sicht. Das Schiff blieb nur mühsam auf seinem Kurs, und Kapitän und Steuermann fiel es zunehmend schwerer, die *Wahine* zu steuern. Kurz nach 06.30 Uhr wurde sie auf die scharfen Felsen von Barretts Reef nahe der Einfahrt zum Hafen von Wellington geworfen. Irgendwie befreite sich die *Wahine* wieder vom Riff, hatte aber erhebliche Schaden genommen, denn Berichte aus dem Maschinenraum ließen vermuten, daß Wasser eindrang.

Um 13.30 Uhr wurde angeordnet, das Schiff zu verlassen. Da die Rettungsboote der *Wahine* wegen der Schlagseite backbords unbrauchbar waren, mußten die an Bord befindlichen über 700 Passagiere und

Unten: Die Wahine am 11. April mittags. Das Schiff wurde beschädigt und bekam Schlagseite nach steuerbord. Die ersten Rettungsboote werden heruntergelassen.

88

WETTER UND TECHNISCHES VERSAGEN

Besatzungsmitglieder zu den Rettungsbooten auf der Steuerbordseite gebracht werden. Berichten zufolge gab es etwas Chaos, aber die Sache wurde leichter, als der heftige Wind nachließ. Wenngleich das Meer noch immer rauh war, erfolgte die Evakuierung größtenteils ruhig und beherrscht. Trotzdem kamen 50 Menschen ums Leben.

Was geschah mit dem Schiff selbst? Die *Wahine* kippte schließlich ganz auf ihre Steuerbordseite. Damit wurde eine Reparatur des Schiffes aussichtslos.

Der Union Steamship Company gelang es, 1972 endlich die *Wahine* zu ersetzen, aber sie hatte nicht begriffen, daß die Öffentlichkeit nach dem Unglück umzudenken begann: Die Neuseeländer zogen andere Formen der Beförderung zwischen Lyttelton und Wellington vor. 1974 schloß die Union Steamship Company.

Links: *Einen Tag nach dem Unglück: Die gekenterte* Wahine *liegt im Hafen von Wellington auf der Seite.*

Rechts: *Überlebende von der* Wahine *werden in einem Rettungsboot an Land gebracht. Bei dem Unglück kamen 50 Menschen ums Leben.*

Die grössten Katastrophen auf See

Die Patra, im Roten Meer
25. Dezember 1976

Die *Kronprins Frederik* war ein schönes, schnelles Schiff, das die Route zwischen England und Dänemark befuhr, bis sie 1976 an Arab Navigators verkauft und in *Patra* umbenannt wurde.

Die neuen Eigentümer setzten die *Patra* als eine Roll-on-roll-off-Fähre zwischen Dschedda in Saudi-Arabien und Suez in Ägypten ein. Sie faßte über 350 Passagiere. Am 25. Dezember 1976 lief die Fähre von Dschedda zu ihrer letzten Fahrt aus. An Bord befand sich eine große Anzahl muslimischer Pilger, die nach der Pilgerfahrt in die heilige Stadt Mekka nach Ägypten zurückkehrten. Ungefähr 50 Seemeilen (80 km) und fünf Stunden von Dschedda entfernt, mitten auf dem Roten Meer, wurde der Kapitän der *Patra*, Muhamed Shaaban, informiert, daß im Maschinenraum Feuer ausgebrochen war und sich die Flammen schnell ausbreiteten. Daraufhin gab Shaaban Order, das Schiff zu verlassen. Außerdem funkte er SOS.

Viele Passagiere weigerten sich, ohne ihre persönliche Habe, die sie zurücklassen sollten, in die Rettungsboote zu steigen, bis Besatzungsmitglieder sie mit Äxten dazu zwangen. Ein sowjetischer Tanker, die Lenino, kam der *Patra* zusammen mit mehreren anderen Schiffen zu Hilfe, und es gelang ihnen, 201 Passagiere und Besatzungsmitglieder zu retten. Weitere 100 kamen ums Leben, das Schiff ging später unter. Eine Untersuchung ergab, daß das Feuer wohl durch ausströmendes Gas verursacht worden war.

Unten: Die dänische Fähre Kronprins Frederik. *Das später in* Patra *umbenannte Schiff war als Roll-on-roll-off-Fähre im Einsatz, als es 1976 von einem Feuer zerstört wurde.*

WETTER UND TECHNISCHES VERSAGEN

DIE AMOCO CÁDIZ, IM ÄRMELKANAL

16. MÄRZ 1978

Noch hatten viele die Ölspillage der *Torrey Canyon* im März 1967 nicht vergessen, da havarierte auch schon knapp zehn Jahre später der vollbeladene Supertanker *Amoco Cádiz* auf dem Weg vom Persischen Golf nach Rotterdam. Der Supertanker fuhr unter liberianischer Flagge.

Die *Amoco Cádiz* passierte das Kap der Guten Hoffnung, denn für den Suezkanal war sie viel zu groß, und fuhr dann ohne Zwischenfälle die afrikanische Küste hinauf. Als der Tanker die Westküste Frankreichs ansteuerte, näherte er sich ungefähr 30 Seemeilen (48 km) vor der Nordspitze der Bretagne einer vielbefahrenen Gegend auf dem Meer und steuerte dann in den Ärmelkanal. Die Bestimmungen sahen vor, daß Schiffe in nördlicher bzw. südlicher Richtung nur in eigens für sie bestimmten Kanälen fahren durften.

In diesen Bereich gelangte die *Amoco Cádiz* zu einer Jahreszeit, in der orkanartige Stürme, die ungemein heftig sein können, die Norm sind. Aber ein Supertanker mit vollem Antrieb sollte mit diesen Bedingungen eigentlich zurechtkommen. Am 16. März morgens mußte die *Amoco Cádiz* manövrieren, um gemäß dem Trennungsplan in den Kanal in Richtung Norden einzufahren. Kurz vor 10.00 Uhr fiel die Steuervorrichtung des Schiffes total aus: Das Ruder klemmte an der Backbordseite. Der Kapitän des Tankers, Pasquali Bardari, handelte schnell. Er stoppte die Maschinen des Tankers, hißte ein Signal „Nicht steuerbar" und schickte ein Funksignal aus, um andere Schiffe vor der Gefahr zu warnen.

Ein deutscher Rettungskahn, die *Pacific*, fing Bardaris Notsignal auf und eilte zu Hilfe. Bardari hatte aber ein Problem: Er mußte die Schiffseigner in Chicago um die Erlaubnis bitten, abgeschleppt zu werden. In Chicago war es jetzt Nacht, und die Erlaubnis wurde

Unten: *Der Supertanker Amoco Cádiz, auf Felsen vor der Küste der Bretagne gekentert.*

DIE GRÖSSTEN KATASTROPHEN AUF SEE

Rechts: Die Amoco Cádiz, wenige Tage nachdem sie in zwei Teile gebrochen war. Hier ist das Wrack inmitten des Ölteppichs zu sehen.

erst um 15.45 Uhr erteilt. Ein erstes Abschleppseil von der *Pacific* riß, ein zweites, am Heck befestigt, konnte das Abtreiben der *Amoco Cádiz* nicht verhindern. Nicht einmal die eigenen Anker hielten das Schiff fest. Um 21.00 Uhr strandete der Tanker vor der Küste der Bretagne.

Monatelang strömte Rohöl aus der *Amoco Cádiz*. Der Ölfluß konnte trotz aller Anstrengungen verschiedener Agenturen, Spezialmittel und Ölsperren nicht eingedämmt werden. Am 19. März erstreckte sich der Ölteppich auf beinahe 32 Kilometer und richteten an der Küste der Bretagne teilweise irreparable Schäden an.

Schließlich wußten sich die Franzosen keinen anderen Rat, als das Wrack, das mittlerweile in zwei Teile gebrochen war, zu bombardieren. Als die *Amoco Cadiz* letztendlich im März 1979 von einem Sturm fortgefegt wurde, waren über 250 000 Tonnen Rohöl ausgelaufen.

Rechts: Beginn der Säuberungsaktion am Strand des kleinen Hafens Portsall, Bretagne. Erst nach vielen Monaten erholte sich die Küste der Bretagne von dem Unglück.

WETTER UND TECHNISCHES VERSAGEN

DIE OCEANOS, IM INDISCHEN OZEAN

4. AUGUST 1991

Links: *Die letzten Augenblicke des griechischen Linienschiffs* Oceanos, *als es am 4. August 1991 im rauhen Meer vor der Küste von Südafrika versank.*

Das Linienschiff *Oceanos* war nach mehrmaligem Besitzerwechsel 1976 von der griechischen Epirotiki-Linie erworben und für den blühenden Markt von Luxuskreuzfahrten neu ausgestattet worden, bevor es zwischen den griechischen Inseln verkehrte.

Die *Oceanos* hatte ihr Rendezvous mit dem Schicksal auf einer Charter-Kreuzfahrt zwischen East London und Durban in Südafrika. Am 3. August 1991, als das Schiff mit starkem Wind und rauher See kämpfte, wurde dem Kapitän mitgeteilt, im Maschinenraum gebe es ein Leck. Plötzlich fiel der Strom aus, und es wurde klar, daß die *Oceanos* unterging. Der Kapitän verließ daraufhin sofort sein Schiff, angeblich um an der Küste die Rettungsmaßnahmen zu koordinieren. So war es seltsamerweise den Animateuren an Bord des Schiffs überlassen, für Rettung zu sorgen. Unter den Umständen bemerkenswert ist die Tatsache, daß es keine Todesopfer gab.

Die Evakuierung, angeführt von über einem Dutzend südafrikanischer Hubschrauber, ging am 4. August glatt und effizient vonstatten. Alle 580 Personen an Bord wurden in Sicherheit gebracht, die letzten mit Hilfe eines niederländischen Containerschiffs.

Der Verlust der *Oceanos* (am Nachmittag verschwand sie mit dem Bug zuerst im Wasser) und das Verhalten des Kapitäns brachten die griechischen Eigentümer in große Verlegenheit.

DIE GRÖSSTEN KATASTROPHEN AUF SEE

DIE ESTONIA, IN DER OSTSEE
28. SEPTEMBER 1994

Die *Estonia* war eine große, speziell für den Einsatz in der Ostsee entworfene Tiefseefähre. Sie fuhr mit einer Geschwindigkeit von 21 Knoten und konnte 2 000 Passagiere befördern, etwas mehr als die Hälfte in Kabinen. Das Schiff wurde Anfang der achtziger Jahre in Deutschland gebaut und war unter dem Namen *Viking Sally* zwischen Stockholm, Mariehamm und Abo für die Sally Linie im Einsatz. Anfang der neunziger Jahre gehörte die Fähre zwei verschiedenen Eigentümern, bevor sie 1992 an die Estländische Dampfschiffahrtslinie veräußert wurde. Zwei Jahre später machte die *Estonia* auf der ganzen Welt Schlagzeilen, als sie mit einer erschreckend hohen Zahl von Todesopfern unterging. Es war das schlimmste Unglück mit einer Tiefseefähre, das man je erlebt hatte.

Die Estländische Dampfschiffahrtslinie, ein gemeinsames Unternehmen der estländischen Regierung und einer schwedischen Gesellschaft, setzte die *Estonia* auf der Route zwischen der estländischen Hauptstadt Tallin und Stockholm ein.

Am 27. September um 19.00 Uhr brach die *Estonia* zu ihrer letzten Fahrt auf. Die Fähre lief aus Tallin aus, allerdings gab es beunruhigende Probleme bezüglich

Oben: Die *Estonia, Passagierschiff und Autofähre, an ihrem Anlegeplatz in Stockholm, Schweden. Zwei Jahre, nachdem die Fähre von der Estline erworben wurde, ging sie in der Ostsee unter. Dabei kamen mehr als 850 Menschen ums Leben.*

Links: Ein Rettungshubschrauber auf der Suche nach Überlebenden.

WETTER UND TECHNISCHES VERSAGEN

der Sicherheit ihrer Bugtore. Bei einer Inspektion kurz vor dem Auslaufen hatte man Probleme mit ihrem Schließmechanismus festgestellt, der eigentlich sicherstellen sollte, daß die Tore wasserdicht verschlossen waren.

Knapp 90 Minuten nach dem Auslaufen in die Ostsee traf die *Estonia* auf schweren Seegang. Einige Passagiere zogen sich zum Schlafen in ihre Kabinen zurück, andere hielten sich in den Gesellschaftsräumen des Schiffs auf. Diese Wahl sollte sich als lebenswichtig erweisen, denn sie entschied über Überleben oder Sterben. Gegen Mitternacht stellte ein Ingenieur auf einem Routinerundgang fest, daß Wasser durch die Bugtore einströmte. Die Pumpen des Schiffes wurden angestellt, die das Wasser wieder herauspumpen sollten. Aber die Menge des in das Frachtdeck einströmenden Wassers war so groß, daß die Pumpen es nicht bewältigten.

Um 01.24 Uhr funkte die *Estonia* SOS. Kurz darauf setzten die Maschinen des Schiffes aus, und um 02.00 Uhr kenterte die *Estonia*. Da sie schnell unterging, hatten nur die Passagiere eine Chance zu entkommen, die sich zur Zeit des Unglücks in den Gesellschaftsräumen aufgehalten hatten, aber auch von diesen ertranken viele in der eisigen Ostsee.

Rettungsschiffe wußten, daß die *Estonia* vor der Küste von Turku untergegangen war, und die ersten trafen in weniger als 60 Minuten, nachdem sie das Notsignal aufgefangen hatten, am Ort ein. Es war pechscharz, und die See war sehr rauh, trotzdem wurden einige Menschen gerettet. Die meisten waren Männer, die vermutlich über größere Kraftreserven verfügten, um der Kälte und dem schweren Seegang zu trotzen. Aber über 850 Passagiere und Besatzungsmitglieder (ihre endgültige Zahl wird man wohl nie kennen) kamen ums Leben.

Drei Tage später entdeckte man die letzte Ruhestätte der *Estonia* und nahm sie mit Video auf. Sie lag in einer Tiefe von 80 Metern im Wasser, mit aufgerissenem Bugtor.

Oben: *Männer der finnischen Küstenwache tragen den Leichnam eines Opfers auf die kleine Ostseeinsel Uto.*

95

REGISTER

A
Achille Lauro, 30. November 1994 28, 49
Ancona, 8. November 1915 57
Aegean Captain 26
Algonquín 20
Amoco Cádiz, 16. März 1978 91 f.
Andrea Doria, 25. Juli 1956 22 f., 42
Atlantic Empress, 19. Juli 1979 26

B
Bahama Star 39
Brandstiftung 35 f., 48
Bremen 30
Britannic 15

C
Camperdown, HMS 11, 66
Caribia, 13. August 1974 25
Caronia 25
Carpathia 16 f.
City of Honolulu, 12. Oktober 1922 31
Commodore Straits (Schleppkahn) 44

D
Dakota, 7. März 1907 69
Dara, 8. April 1961 63
Doña Paz, 20. Dezember 1987 12, 27
Dresden, 20. Juni 1934 21

E
Empress of Japan 87
Empress of Scotland 87
Estonia, 28. September 1994 9, 94 f.
Evangeline 39
Explosionen 50 ff.
Exxon Valdez, 24. März 1989 8, 10, 64, 75 ff.

F
Feuer 28 ff.
Finnpulp 39
Flavia 46 f.
Flavian 47
Fort Victoria, 18. Dezember 1929 20
Friedrich der Große 31

G
General Slocum, 15. Juni 1904 8, 67
Georges Philippar, 15. Mai 1932 32
Gettysburg 49
Grand Camp, 16. April 1947 61 f.

H
Hans Hedtoft, 30. Januar 1959 24
Hanseatic, 7. September 1966 82, 87
Heraklion, 12. Dezember 1966 72
Herald of Free Enterprise, 6. März 1987 7, 78 f.
Herkules (Schleppkahn) 38
High Flyer (Frachtschiff) 62
High Flyer (Kreuzfahrtdampfer) 58
Huron 31

I
Imo 58
Ismay, J. Bruce 15 ff.

J
Johan van Oldenbarnevelt 37

K
Kaiser Wilhelm 30
Kollisionen 11 ff.
Kronprins Frederik 90

L
Lakonia, 22. Dezember 1963 37 f.
Lavia, 7. Januar 1989 46 f.
Leonardo da Vinci, 3. Juli 1980 42
Liberté 36
Lusitania, 7. Mai 1915 53 ff., 56

M
Maine, USS, 15. Februar 1898 50, 52
Matrosen 9 f., 64 ff.
Mechanischer Schaden 84, 87, 90 f., 93 ff.
Media 46
Mont Blanc, 7. Dezember 1917 50, 58 f.
Morro Castle, 8. September 1934 6, 70 f.

O
Ocean Monarch 45
Oceanos, 4. August 1991 93
Ölspillagen 73 f., 77, 80 f., 92
Olympic 15
Ormuz 21

P
Pamir, 21. September 1957 9, 86
Paris, 19. April 1939 35 f.
Patra, 25. Dezember 1976 90
Paul Lacat 32
Pictou 58
Pieter Corneliszoon Hooft, 14. November 1932 33
Pluton 57
Princess Alice, 3. September 1878 14
Principessa Mafalda, 25. Oktober 1927 84
Prinsendam, 4. Oktober 1980 43 f.
Prinzessin Victoria Luise, 16. Dezember 1906 68

Q
Queen Elizabeth 40

R
Reina del Mar, 28. Mai 1981 45
Rivera 45

S
Saale, 30. Juni 1900 30
Santa Maria, 24. Dezember 1492 8
Scandinavian Star, 7. April 1990 48
Sea Empress, 15. Februar 1996 80 f.
Seawise University, 9. Januar 1972 40 f.
Smith, Edward (Kapitän) 15 ff.
Stockholm 23
Storstad 19

T
Terrorismus 63
Titanic, 15. April 1912 8 f., 12, 15 ff., 18
Torrey Canyon, 18. März 1967 73 f.

V
Varna 45
Vestris, 12. November 1928 85
Victor (Tanker) 27
Victoria, HMS, 22. Juni 1893 11, 66

W
Wahine, 11. April 1968 88 f.
Weltkrieg
  Erster, Lusitania, 7. Mai 1915 53 ff., 56
  Zweiter, Wilhelm Gustloff, 30. Januar 1945 60
West Faralon 31
Wetter, Unglücke durch 85 f., 88, 94 f.
Wilhelm Gustloff, 30. Januar 1945 60
Willochra 20

Y
Yarmouth Castle, 13. November 1965 28, 39

Z
Zeppelin 21